Russell Grant

Illustriertes Traum-Lexikon

Was Träume bedeuten

Illustrationen von Vicky Emptage

Urania

1. Auflage: 1. – 5. Tausend

ISBN 3-908645-69-7

Titel der Originalausgabe: »Illustrated Dream Dictionary. Your Dreams and What They Mean«,
Virgin Publishing, London.

Übersetzt aus dem Englischen von Susanne Reichert
Satz: Hissek Satz & Litho, Konstanz
Illustrationen: Vicky Emptage und Carolyn Price (für Virgin Publishing)

Printed and bound in Spain by Bookprint S.L.

EINFÜHRUNG

Träumen ist eine unserer intimsten Erfahrungen. Wir alle träumen jede Nacht, und jeder Traum ist einzigartig. Unsere Traumwelt offenbart, auch wenn sie verwirrend, erschreckend, wunderbar oder sexy ist, all unsere Geheimnisse.

Jede menschliche Regung und Erfahrung kann in unseren köstlichen Träumen widergespiegelt werden: Sie spiegeln unsere tiefsten Wünsche, Hoffnungen, Ängste und Phantasien. Unser verborgenes Selbst, das wir oft vor der Außenwelt zu verbergen versuchen, taucht im Schlaf aus dem Unterbewußten auf. Im Traum gibt es keine Schranken mehr: Wir sehen uns – manchmal buchstäblich – im Rohzustand! Genau diese Entblößung macht unsere Träume so wichtig.

Da Träume so viel über uns verraten, kann uns ihre Deutung dabei helfen, uns selbst zu verstehen. Ein Traum kann uns vor möglicher Gefahr warnen, und die Entschlüsselung unserer Träume hilft oft bei der Lösung eines Problems. Oft treten Dinge, die uns beunruhigen, im Traum deutlich zutage. Einige Träume sagen sogar die Zukunft voraus.

Die Beschäftigung mit Träumen und ihre Deutung ist nicht neu: Sie faszinieren schon seit frühester Zeit viele Menschen. Träume wurden sogar auf Höhlenwände eingeritzt, in Stein gemeißelt, und jede römische Legion ließ sich von einem Wahrsager »nächtliche Visionen« deuten. In der Antike befragten Priester Orakel und Heiligtümer um Rat und Führung, um die Bedeutung von Träumen herauszufinden. Unsere Vorfahren hielten Träume für Botschaften von den Göttern, und in vergangener Zeit suchte man Traumdeuter öfter auf als heute die Ärzte.

Die Zeiten mögen sich geändert haben, aber die Faszination der Träume bleibt. Viele heute bekannte Persönlichkeiten haben Theorien der Traumdeutung vorgeschlagen. Sigmund Freud dachte, daß viele unserer Träume sexueller Natur seien. Ein anderer Psychoanalytiker, C.G. Jung, erkannte, daß den Menschen andere, tiefere Wünsche antreiben. In seinem faszinierenden Buch *An Experiment with Time* schlug Professor Dunne vor, sich die Zeit wie einen Fluß vorzustellen, auf dem man mit dem Schiff der Träume rückwärts und vorwärts reisen könne.

Der Schlaf ist die Straße ins Land der Träume, und heutzutage wissen wir dank der Fortschritte in der Medizin bestimmt mehr darüber als unsere Vorfahren.

Wir verschlafen durchschnittlich ein Drittel jeden Tages; bis wir 75 Jahre alt sind, haben wir 25 Jahre geschlafen – und zehn Jahre geträumt. Das bedeutet eine Menge Schlaf und viele Träume. Neue Studien zeigen, daß so einfache Dinge wie Einkaufen oder Essen im Traum genausolang dauern wie in Wirklichkeit. In komplizierten Träumen aber, in denen Sie sich, sagen wir, an weit entfernten Orten aufhalten, sehen Sie lediglich die »redigierten Highlights«.

Studien haben auch gezeigt, daß man mit offenen Augen träumen kann. Das ist der Fall, wenn das Gehirn mit zu vielen, aufgrund von Ermüdung entstehenden Giftstoffen belastet wird. Bei extremer Erschöpfung wird sich die betreffende Person dem Schlafbedürfnis ergeben – aber der Traum wird von einem eingebauten Überlebenswunsch abgekürzt, zum Beispiel wenn sie am Steuer angefangen hat zu träumen.

Seit langem ist bekannt, daß man für guten Nachtschlaf am besten auf der rechten Seite schlafen soll. Das Bett sollte in Nord-Südrichtung stehen, damit der Körper die Magnetlinien, die von den Polen ausgehen, möglichst umfassend nutzen kann. Versuchen Sie auch, vor dem Zubettgehen Ihre Hände unter kaltes Wasser zu halten: Das kann überschüssige statische Aufladung beseitigen. Versuchen Sie, bei Einschlafschwierigkeiten ganz tief durch die Nase ein- und durch den Mund auszuatmen. Das ist eine hilfreiche Beruhigungstechnik.

Wenn wir abends einschlafen, finden mehrere komplexe Veränderungen in unserem Bewußtsein statt. Tiefschlaf ereilt uns fast sofort. Auf ihn folgt eine kürzere Phase von leichterem Schlaf, in der unsere Augäpfel unter unseren geschlossenen Lidern schnell hin- und herwandern. In dieser REM-Phase *(Rapid Eye Movement – schnelle Augenbewegung, Anm. d. Übersetzerin)* träumen wir. Während einer achtstündigen Phase geschieht dies etwa fünfmal. Normalerweise wachen wir nach der letzten Phase auf, und natürlich erinnern wir uns an diese Träume am besten. Es gibt Beweise, daß Frauen länger träumen als Männer. Vielleicht genießen sie ihre Träume einfach mehr!

Jede Art von Medikamenten – Stimulanzien oder Beruhigungsmittel – verkürzen die Zeit des Träumens. Das heißt, wenn Sie krank sind oder Medikamente einnehmen, träumen Sie wahrscheinlich seltener. Träume, die Sie während einer Krankheit haben, können Sie vernachlässigen, da Sie eher auf die Krankheit als auf einen normalen Verlauf von Ereignissen reagieren.

Einige Menschen behaupten, nie zu träumen, aber das kommt einfach daher, daß sie sich an ihre Träume nicht so gut wie andere erinnern. Klinische Tests haben bewiesen, daß sogenannte Nicht-Träumer, wenn man sie während der REM-Phase weckt, lebhaft die Bilder schildern, die sie gerade gesehen haben und die wie reale Ereignisse farbig sind. Sogar unsere Haustiere träumen. Wenn Sie einen schlafenden Hund oder eine Katze beobachten, können Sie deren schnelle Augenbewegungen ausmachen.

Versuchen Sie, ein Traumtagebuch zu führen, das Ihnen hilft, sich an Ihre Träume zu erinnern. Stehen Sie beim Aufwachen nicht sofort auf oder ändern gar Ihre Stellung. Legen Sie einen Notizblock und einen Stift oder auch einen Kassettenrekorder neben Ihr Bett, und notieren oder nehmen Sie alles auf, woran Sie sich erinnern. Versuchen Sie auch, sich darauf zu besinnen, was Ihnen vor dem Zubettgehen Sorgen machte, denn das kann entscheidende Hinweise auf die Interpretation geben. Versuchen Sie, die Stimmung des Traumes wieder einzufangen, denn sie ist wichtig. Wenn Sie sich noch immer nicht erinnern können, aber ein anderes Ereignis im Verlauf des Tages Ihre Erinnerung auslöst, schreiben Sie es auf. Es könnte beim Finden der Bedeutung des Traums nützlich sein. Wenn Sie dies regelmäßig tun, sollten sich allmählich die Erinnerungen an Ihre Träume einstellen.

Träume sind eine bewährte kreativ-künstlerische Quelle: Einige der größten Schriftsteller und Dichter wie Robert Louis Stevenson und William Wordsworth erinnerten sich regelmäßig an ihre Träume und ließen sich von ihnen inspirieren.

Im Land der Träume können viele wunderbare Dinge geschehen: Wir reisen zu entfernten Orten, begegnen geliebten Menschen, ja trinken sogar Tee mit Prinzessin Diana! Einige Träume sind jedoch einfach unheimlich, und einen besonders furchteinflößenden Traum nennt man Alptraum. Diese schlimmen Angstträume – bei denen man schweißgebadet aufwacht und große Angst verspürt – geschehen, weil das Traumgeschehen zu überwältigend ist, als daß man es im Schlaf unter Kontrolle halten kann. Deshalb wacht man auf. Echte Alpträume finden in der traumlosen Schlafphase statt, und man erinnert sich nur vage an ihren Inhalt.

Sex spielt sowohl in unserem Alltagsleben wie auch in unserer Traumwelt eine wichtige Rolle. Er ist eine machtvolle Antriebskraft, wie Hunger und Ehrgeiz. Wenn wir wach sind, wird Sexualität durch gesellschaftliche Einschränkungen und Konventionen geregelt, aber im Traum können sogar die Schüchternsten unter uns eindeutige und aufregend sexgeladene Träume haben, sobald unser unterdrücktes Selbst schläft.

Bei einem sexuellen Traum müssen Sie sich fragen: Erfolgte er aufgrund unerfüllter sexueller Spannung? Oder kommen dadurch Probleme in Ihrem Sexualleben zur Sprache? Viele auf Sexualität beruhende Träume benutzen Symbole für die männlichen und weiblichen Geschlechtsorgane. Lange spitze Gegenstände stehen für den Penis und hohle Gefäße für die Vagina.

Aber können Träume wahr werden? Können wir tatsächlich die Zukunft in unseren Träumen voraussagen? Die Antwort ist Ja. Solche als präkognitiv bezeichneten Träume gibt es, aber viele offensichtlich präkognitiven Träume werden durch Dinge ausgelöst, die im tatsächlichen Leben stattgefunden haben. Wenn Sie zum Beispiel träumen, ihr Auto geht kaputt, und am nächsten Tag ist es tatsächlich kaputt, könnte es gut sein, daß Sie eine winzige Veränderung am Motorengeräusch bemerkten, aber vergaßen, irgend etwas dagegen zu tun. Geht es jedoch in Ihrem Traum um ein Mietauto, mit dem Sie noch nie gefahren sind, dann war es wirklich ein präkognitiver Traum.

Einmal träumte ich, daß ich zum Bahnhof ging. Ich sah auf die Uhr: Es war zehn nach vier. Dann zeigte die Uhr plötzlich fünf vor halb acht an, was mir selbst im Traum komisch vorkam. Ich sah weiterhin auf die Uhr, und sie zeigte dauernd etwas anderes an. Etwa eine Woche später wollte ein Freund mit dem Zug um zehn nach vier vom Bahnhof abfahren. Ich warnte ihn: »Nimm nicht diesen Zug, sondern den nächsten.« Der Zug um zehn nach vier entgleiste. Hätte mein Freund dringesessen, hätte er leicht verletzt oder sogar getötet werden können. Statt dessen hielt er sich an meinen Rat und nahm den nächsten Zug, der um fünf vor halb acht abfuhr.

Präkognitive Träume zapfen über unser Unterbewußtes direkt unsere psychische Quelle an. Sie können nicht nur Informationen über tatsächlich Geschehenes liefern, sondern uns auch über unsere allgemeine geistige Verfassung Wichtiges mitteilen.

Manchmal kommt derselbe Traum immer wieder. Diese Träume sind wichtig, weil sie uns die schwachen und starken Anteile unserer Persönlichkeit zeigen. Im wiederkehrenden Traum geht es um einige noch ungeklärte oder nicht abgeschlossene Bereiche unseres Lebens oder um ein noch ungelöstes Problem. Diese Träume spiegeln oft einen Verlust wider – vielleicht eine Beziehung oder eine andere Form von Vergnügen oder Aufregung. Sobald die Angelegenheit bereinigt ist, hört der wiederkehrende Traum auf. Die Träume wiederholen sich deshalb immer wieder, weil ihre Botschaft nicht angekommen ist oder nicht verstanden wurde. Dieses Buch kann dabei helfen, diese alte Schallplatte, die immer wieder abläuft, anzuhalten.

Uns bekannte Menschen tauchen oft in unseren Träumen auf, vor allem Eltern und Großeltern. In neun von zehn Fällen sollten sie nicht als solche interpretiert werden, sondern als das Bild, das sie repräsentieren. Unsere Mütter beispielsweise verkörpern die weiblichen Prinzipien von Trost und Mitgefühl, während unsere Väter oft für Autorität stehen. Geschwister kann man unter dem Aspekt platonischer Liebe betrachten. Der Müllmann, der Arzt, der Klempner haben alle symbolische Entsprechungen – wenn also ein Polizist in Ihren Träumen auftaucht, können Sie darauf wetten, daß das mit Gesetz und Ordnung in Ihrem Leben zu tun hat. Diese Art Symbolik ist bei der Deutung eines Traums sehr wichtig.

Manchmal erscheinen uns im Traum auch Verstorbene, und zwar deshalb, weil wichtige Beziehungen nicht mit dem Tod eines Menschen enden. Etwas an dem Verstorbenen ist vielleicht wichtig für Ihre gegenwärtige Situation oder steht mit einem Problem in Zusammenhang, das Sie gerade haben. Dasselbe gilt für berühmte Menschen, die in Träumen auftauchen. Wir sind ihnen zwar nie begegnet, aber vielleicht hat uns ein Teil ihrer Persönlichkeit ganz persönlich angesprochen, und diese Verbundenheit bringen wir im Traum zum Ausdruck.

Ereignisse in Träumen erscheinen oft unlogisch und merkwürdig, und zwar aus dem Grund, weil unsere emotionale Zeitbombe tagsüber tickt, ohne daß wir es hören, und schließlich nur nachts im Traum explodiert. Das liegt daran, daß wir uns im Schlaf keine Gedanken über die natürliche Abfolge von Dingen machen, sondern damit beschäftigt sind, sie neu zu ordnen, um unsere Gefühle visuell zum Ausdruck zu bringen.

Genau wie einige Menschen haben auch Dinge symbolische Bedeutung. Ein geträumter Schlüssel zum Beispiel bedeutet oft, daß sich bald eine Tür mit neuen Möglichkeiten für Sie auftun wird – es sei denn, daß Sie kürzlich einen verloren haben. Eine Leiter kann Ihnen den Weg nach oben weisen. Deshalb ist es so wichtig, alles miteinzubeziehen, wenn Sie sich an Ihre Träume erinnern oder Ihr Traumtagebuch führen. Nichts ist in einem Traum bedeutungslos, und alles muß bewertet werden.

Wir geraten im Leben täglich in mehr oder weniger schwierige Situationen. Unsere diesbezüglichen Befürchtungen erscheinen in unseren Träumen und lösen sogenannte »widersprüchliche Träume« aus, die die widerstreitenden Kräfte unseres Alltagslebens zusammenfassen. Wenn Sie beispielsweise davon träumen, daß Sie Ihr Recht geltend machen, dann machen Sie sich in Wahrheit Sorgen, ausgenutzt zu werden. Träume von Unabhängigkeit bedeuten, daß Sie Angst haben, zu sehr auf jemanden oder etwas angewiesen zu sein.

Bestimmte Träume haben wir anscheinend alle hin und wieder, und an sie können wir uns offenbar am besten erinnern: fliegen oder durch die Luft treiben; nackt sein und nichts dagegen tun können; fallen; Zähne; Wasser; nicht um Hilfe schreien können; in einer Gefahrensituation am Boden festgenagelt sein; hilflos in eine Gefahr gezogen oder gestoßen werden. Dies sind weitverbreitete Träume, weil es darin um die Art von Emotionen geht, die wir alle immer mal wieder verspüren.

Bevor Sie Ihre Träume mit Hilfe dieses Führers deuten, bedenken Sie, daß äußere Einflüsse auf unseren Schlaf dem Traum eine ganz andere Bedeutung geben können. Anhand der folgenden Checkliste können Sie Träume aussortieren, die keinerlei Bedeutung haben: Träume, nachdem Sie zuviel gegessen haben oder betrunken zu Bett gegangen sind; auch Geräusche von draußen wie Straßenverkehr, Musik oder Hämmern beeinflussen einen Traum; wie oft haben Sie von läutenden Glocken geträumt und sind aufgewacht, weil das Telefon läutete? Oder Sie träumten, Ihnen sei kalt, und merkten, daß die Bettdecke am Boden lag? Oder Sie träumten sogar, sie seien von Wasser umgeben, und wachten auf, weil Sie dringend auf die Toilette mußten?

Andere äußere Einflüsse müssen berücksichtigt werden, bevor Sie Ihre Träume erfolgreich deuten können. Wenn Sie gerade einen großen Schock erlitten haben, beraubt wurden oder sich einen Gruselfilm im Fernsehen angesehen haben, dann müssen Sie dem Traum keine Beachtung schenken: Hier läuft bloß Ihre Phantasie auf Hochtouren. Träume in Verbindung mit Dingen, die Sie tagsüber gesehen oder getan haben, können Sie natürlich ebenfalls streichen.

Bevor Sie versuchen, mit Hilfe dieses Buches spezifische Begriffe oder Ereignisse in Ihren Träumen zu interpretieren - und anhand der Checkliste die nichtssagenden Träume aussortiert haben –, helfen Ihnen vielleicht die folgenden Richtlinien: Eine Aufwärtsbewegung weist auf Erfolg und Verbesserung hin, eine Abwärtsbewegung bedeutet das Gegenteil; saubere oder glänzende Gegenstände oder Bedingungen sind meistens ein gutes Zeichen, aber schmutzige bedeuten Hindernisse oder Schwierigkeiten. Wenn Sie in einem Traum krank sind, sollten Sie sich am besten vom Arzt untersuchen lassen. Erfolgreiche Bemühungen in einem Traum sind gut, Versagen bedeutet Schwierigkeiten.

Obwohl Träume aus allen möglichen Dingen bestehen, gibt es in ihnen wahrscheinlich ein hervorstechendes Merkmal. Dieses übergeordnete Wort sollen Sie zuerst nachschlagen. Als nächstes schlagen Sie alle anderen Elemente nach und bilden aus ihrer Gesamtzahl ein Gesamtbild. Manchmal werden Sie auch auf einen Querverweis (Siehe auch) zu einem Hauptbegriff stoßen. Dort sind zusätzlich viele sinnverwandte Themen aufgeführt. Wenn Sie Ihr Traumthema nicht im Hauptteil dieses Buches finden können, können Sie auch im Register verwandter Traumthemen nachlesen. Erinnern Sie sich auch an die Stimmung des Traums – war sie glücklich oder düster? Auch damit können Sie ungelöste Fragen klären.

Unsere geheimnisvollen, unerklärlichen Träume können alles offenbaren. Im Traum machen wir uns von der Spannung des Alltagslebens frei. Wir bringen unsere Befürchtungen, Probleme und unsere gesamte geistige Verfassung im Schlaf zum Ausdruck. Wir offenbaren jenen Teil unserer Persönlichkeit, den wir kaum verstehen und den wir in der Öffentlichkeit selten zeigen. Mit diesem Führer zur Deutung Ihrer Traumbilder werden Sie Ihr inneres Selbst vielleicht umfassender verstehen.

Träumen Sie süß!

ABDANKEN *Siehe auch:* Ankommen/Abreisen. Wenn ein König, eine Königin oder ein Präsident abdankt, so heißt das Störung im Geschäftsleben. Versuchen Sie, methodischer vorzugehen.

ABEND *Siehe auch:* Dunkelheit/Licht. Eine Mondnacht ist ein Zeichen dafür, daß Ihr Liebesleben in Schwierigkeiten ist. Bei einer dunklen Nacht müssen Sie aufhören, so kindisch zu sein. Keiner findet das mehr lustig. Ein schöner Abend bedeutet zufriedenen Ruhestand.

ABENTEUER Ein aufregendes Abenteuer bedeutet große bevorstehende Veränderungen. Sind Sie der Abenteurer, könnten Ihnen Qualen bevorstehen. Ein Abenteuer mit einem Mann kündet von neuer Umgebung und neuen Interessen. Bei Abenteuern mit einer Frau beobachtet Sie jemand.

ABFÜHRMITTEL Nehmen Sie es ein, wird man von Ihnen Schwieriges verlangen, aber Sie werden es schaffen. Verabreichen Sie eines, werden Sie in unerwarteten Bereichen gewinnen.

ABGRUND *Siehe auch:* Fallen. Das ist ein Hindernistraum. Wenn Sie nicht fallen, werden Sie Schwierigkeiten überwinden, wenn Sie hineinfallen, müssen Sie bei geschäftlichen Dingen vorsichtig sein.

ABSTIMMUNG Ein Wunsch, den Sie aufgegeben hatten, wird wahr werden, wenn Sie bei einer Wahl abstimmen. Andere dabei beobachten oder einfach die Wahlurnen sehen bedeutet andere Umgebung und andere Freunde, die sich für Sie als schlecht erweisen werden.

ABSTINENZ *Siehe auch:* Getränke. Abstinenz bei Alkohol, Zigaretten oder irgendeiner anderen Versuchung ist ein widersprüchlicher Traum: Seien Sie nicht allzu selbstsicher. Aber notgedrungene statt gewählte Abstinenz bedeutet Erfolg und Wohlstand.

ABTREIBUNG Wenn Sie ein Mann sind, bedeutet Abtreibung Mißerfolg in Sachen Liebe oder Geld. Für eine Frau ist es ein warnender Hinweis, auf ihre Gesundheit zu achten.

ABWESENHEIT *Siehe auch:* Abreisen/Ankommen; Tod. Wenn ein geliebter Mensch abwesend ist, ist Ihr Liebesleben in Gefahr. Wenn Sie von anderen abwesenden Personen träumen, werden Sie die Sache in den Griff bekommen. Der Tod eines abwesenden Freundes sagt eine Hochzeit voraus.

ABZEICHEN *Siehe auch:* Uniform. Jedes Abzeichen, das Sie oder jemand anderer tragen, bezieht sich auf Ihre Sicherheit. In dem Bereich, der Sie am meisten betrifft – Arbeit, Familie, Geld –, wird sie sich einstellen. Trotz feindlicher Konkurrenz werden Sie Fortschritte machen. Wenn Sie Abzeichen tragen, wartet eine spannende neue Liebesaffäre auf Sie.

ABZWEIGUNG Von einer Straßenabzweigung zu träumen heißt, daß Sie bald eine Entscheidung treffen müssen.

ACHSE *Siehe auch:* Fahren. Eine gebrochene oder beschädigte Achse bedeutet Widerstand von unerwarteter Seite. Ist die Achse aber repariert oder neu, werden Sie Ihre Schwierigkeiten überwinden.

ADAM UND EVA Erscheint einer der beiden in Ihrem Traum, ist es ein gutes Zeichen für einen sehnlichen Wunsch. Mit ihnen zu sprechen bedeutet Verzögerung eines Plans, der Ihnen am Herzen liegt, auch wenn er nur von kurzer Dauer ist. Erscheinen Adam und Eva zusammen, so ist das ein sehr glückliches Vorzeichen. Wenn Sie als Frau von Adam träumen, werden Sie ein Baby bekommen. Träumt ein Mann von Eva, wird er ein Familienessen veranstalten.

ADOPTIEREN Jemanden adoptieren bedeutet, daß Verwandte um Hilfe bitten werden. Werden Sie adoptiert, achten Sie auf Ihre Feinde. Kinder adoptieren: Es gibt Probleme in der Liebe.

ADRESS/TELEFONBUCH *Siehe auch:* Lesen/Schreiben. Ein gutes Zeichen für eine Wette oder einen Flirt. Aber flippen Sie nicht aus. Tun Sie nichts, was Sie bereuen müssen!

ADRESSEN *Siehe auch:* Orte/Schauplätze. Eine Adresse schreiben ist eine Warnung, nicht um Geld zu spielen, falls es eine persönliche Adresse ist. Eine Geschäftsadresse heißt jedoch, daß Sie Glück im Spiel haben könnten. Von einer Adresse hören oder darüber sprechen bedeutet, mit Ihrem Privatleben diskret zu sein.

AKROBAT *Siehe auch:* Auftreten. Der Auftritt von Akrobaten ist eine Warnung, wenigstens eine Woche lang keine Reisen zu unternehmen. Sind Sie selbst Akrobat, werden Sie Ihre Feinde besiegen. Führt ein Freund oder Verwandter Akrobatik vor, sollten Sie sich vor einer Enttäuschung durch die betreffende Person hüten. Stürzt ein Akrobat oder hat er einen Unfall, handelt es sich um einen widersprüchlichen Traum: Sie werden einer Gefahr glücklich entrinnen.

AKTENTASCHE *Siehe auch:* Arbeit. Eine verbeulte Aktentasche bedeutet geschäftlichen Erfolg. Eine neue bedeutet, daß Sie keine Veränderungen vornehmen sollten, bevor Sie nicht die Fakten geklärt haben. Eine Aktentasche mit Unterlagen ist eine

Warnung, sich mehr Ihrem Privatleben zu widmen. Eine leere bedeutet, daß derzeitige Pläne verwirklicht werden. Der Verlust Ihrer Aktentasche bedeutet, daß Sie einen kleinen Gewinn zu erwarten haben. Wenn Sie eine finden, müssen Sie im Geschäftsleben aufpassen, sonst gibt es Ärger.

ALLEE Eine dunkle Allee bedeutet, daß Nachbarn tratschen. Ist sie hell, liegt ein leichter Weg vor Ihnen. Aber bei einer Allee, die in einer Sackgasse endet, sollten Sie gründlich nachdenken, bevor Sie handeln.

ALLERGIE *Siehe auch:* Krankheit. Leiden Sie selbst an einer Allergie, so werden Sie bald erfreuliche gesellschaftliche Neuigkeiten erfahren. Hat ein anderer Allergie, dann werden sich Ihre derzeitigen Pläne erfolgreich entwickeln.

ALMANACH *Siehe auch:* Zeit. Wenn Sie eine Frau sind, warnt ein Almanach Sie davor, Ihre persönlichen Verpflichtungen nicht einem unbedeutenden gesellschaftlichen Aufstieg zu opfern. Für einen Mann ist es ein Zeichen für ein gutes Geschäft.

ALMOSEN *Siehe auch:* Geld. In gewisser Hinsicht ein widersprüchlicher Traum. Almosen erbitten oder bekommen bedeutet eine baldige Verbesserung Ihrer finanziellen Situation. Wenn Sie Almosen geben, werden Sie auch Glück haben, aber wenn Sie sich weigern zu geben, steht Ihnen ein unerwartetes Elend bevor. Ein Armenhaus besagt, daß Ihre Bemühungen mit Sicherheit belohnt werden.

ALPEN Ein alpiner Schauplatz bedeutet unerwartete Gewinne. Ein Bergsteiger ist eine Warnung, sich vor boshaftem Gerede zu hüten.

ALPHABET *Siehe auch:* Lesen/Schreiben. Buchstaben des Alphabets bedeuten die Rückkehr eines abwesenden Freundes. Wenn Sie das Alphabet aufschreiben, dann gibt es bald unerwartete gute Neuigkeiten. Handelt es sich um Buchstaben eines ausländischen Alphabets, wird bald ein Geheimnis gelüftet.

ALPTRAUM Es kommt selten vor, daß man im Traum von einem Alptraum träumt, aber wenn es so ist, weist das auf ein tieferliegendes emotionales Problem hin, über das Sie mit einer Vertrauensperson oder sogar mit einer qualifizierten Person reden sollten.

ALTER Machen Sie sich um Ihr Alter Sorgen, so ist das eine Warnung, einen Arzt aufzusuchen, da sich eine Krankheit anbahnen könnte. Machen Sie sich Sorgen um das Alter Ihres Partners, dann werden Sie betrogen. Sind Sie in Sorge über das Alter eines Verwandten, ist das ein Zeichen für einen Todesfall in der Familie. Alte Menschen im Traum sind ein Omen für großes Glück. Erreichen Sie das Rentenalter, dann steht Ihnen – Entschuldigung! – eine Menge Arbeit bevor.

ALUMINIUM *Siehe auch:* Metalle. Ist das Metall glanzlos, erleben Sie möglicherweise Enttäuschungen. Glänzt es, kommen bald glückliche Tage.

AMBOSS Eine wirklich spektakuläre Glückssträhne wartet auf Sie. Wird laut auf den Amboß geschlagen, gibt es wahrscheinlich eine unerwartete Ortsveränderung. Der Kauf eines Ambosses ist ein sicheres Zeichen für Glück.

AMMONIAK Dies ist eine Warnung, keine unnötigen Risiken auf sich zu nehmen. Möglicherweise haben Sie Pech in der Liebe.

AMPUTATION *Siehe auch:* Ärzte/Krankenhäuser. Dieser Traum verheißt Risiko, Gefahr und persönlichen Verlust. Sie könnten etwas Wertvolles verlieren, ein Freund könnte plötzlich aus Ihrem Leben treten, oder eine Arbeit, die Ihnen Spaß macht, wird Ihnen plötzlich weggenommen.

ANAGRAMME *Siehe auch:* Verwirrung. Dieses Wortspiel signalisiert eine glückliche Lösung derzeitiger Probleme.

ANARCHIST Eine Warnung, besonders vorsichtig in geschäftlichen Angelegenheiten zu sein. Sind Sie im Traum ein Anarchist, könnten Sie in gewisser Hinsicht Ihre Freiheit verlieren.

ANBETUNG Jemanden oder etwas anzubeten verheißt eine Zeit großen Friedens und der Zufriedenheit.

ANEKDOTE Eine Anekdote hören bedeutet, daß ein großes gesellschaftliches Ereignis in Sicht ist. Eine Anekdote erzählen bedeutet, daß Sie wahrscheinlich bald ungewöhnlichen gesellschaftlichen Erfolg haben werden.

ANERKENNUNG Ein widersprüchlicher Traum. Bekommen Sie Anerkennung, müssen Sie bald mit unerwarteter Kritik rechnen. Aber wenn Sie Anerkennung zeigen, haben Sie Glück, es sei denn, Sie erkennen etwas an, das Sie normalerweise nicht anerkennen würden: In diesem Fall täuscht ein Freund Sie.

ANGEBOT Ein Angebot gleich welcher Art machen oder annehmen: Die Dinge werden besser. Beruflich mag es zu Verzögerungen kommen, aber langfristig gesehen könnten Sie befördert werden.

ANGEWOHNHEIT/TRACHT Eine schlechte Angewohnheit wie das Rauchen ist ein Zeichen, daß Sie versuchen, sich aus einer schwierigen Situation herauszuwinden. Geben Sie es auf, und das Problem ist gelöst. Eine religiöse Tracht wie die einer Nonne deutet an, daß Sie fest entschlossen sein müssen, eine Beziehung abzubrechen. Sie langweilt Sie, also seien Sie ehrlich, und beenden Sie die Sache.

ANGRIFF Werden Sie angegriffen, so werden Sie gute Informationen erhalten. Andere im Traum anzugreifen bedeutet, daß Geld unterwegs ist. Aber es heißt auch, daß Sie möglicherweise Ihren guten Namen verteidigen müssen.

ANHALTER Seien Sie etwas selbständiger. Wenn Sie einen Anhalter mitnehmen, sollten Sie mit Ihrem Geld vorsichtig sein und vor allem keines verleihen.

ANHÄNGER/TALISMAN Wenn Sie einen Anhänger tragen, werden Sie bald eine wichtige Entscheidung treffen müssen. Schenkt man Ihnen einen, wird es ab jetzt in Ihrem Leben viele Höhen und Tiefen geben.

ANKOMMEN/ABREISEN Wenn Sie selbst ankommen, werden Ihre Bemühungen sicher belohnt. Die Ankunft anderer ist eine Warnung vor Glücksspielen. Die Ankunft eines Freundes bedeutet eine erfreuliche Überraschung.

An einem **Bahnhof** ankommen oder ihn verlassen: Sie warten auf ein Ergebnis, das wahrscheinlich mit der Arbeit zu tun hat.

Wenn jemand Sie verläßt und Ihnen somit eine Zeit der Trennung auferlegt, werden Sie sich bald besser mit Ihrem Partner verstehen.

Die Ankunft eines **Briefs** bedeutet, daß die Arbeit gut laufen wird.

Wenn Sie sich über eine **Feuerleiter** entfernen, haben Sie zu große Schulden. Zahlen Sie Ihre Kreditkarten ab.

Wenn Sie am Eingang eines **Gebäudes** ankommen, fühlen Sie sich unsicher. Versuchen Sie, etwas dazuzulernen, dann fühlen Sie sich sicherer.
Die Ankunft eines **Pakets** bedeutet, daß eine Ihrer Beziehungen auf sicherer Basis steht. Vielleicht will die andere Person mehr als nur eine gute Freundschaft mit Ihnen?

Ein eintreffendes **Telegramm** ist eine Warnung, nicht soviel Geld auszugeben.

Werden Sie gezwungen, von irgendwo abzureisen, und werden Sie aus Ihrem Zuhause oder sogar aus Ihrer Heimat **verbannt**, dann erwartet Sie großer Wohlstand.

Kommt einfach ein Zug an, werden Sie in der Arbeit bald eine wichtige Freundschaft schließen. Ein abfahrender **Zug** bedeutet, daß Sie Ihre Probleme nur mit rationalem Denken lösen können.

ANLEHNEN Ein widersprüchlicher Traum. Lehnen Sie sich an jemanden oder etwas an, bedeutet das größere Unabhängigkeit. Lehnt sich jemand an Sie, dann werden Sie bald Hilfe benötigen.

ANNÄHERUNG Das bedeutet einfach, daß Sie sich um Ihre Angelegenheiten kümmern sollen! Wenn sich Ihnen jemand nähert oder Sie sich selbst jemandem nähern, lassen Sie sich nicht auf Familienstreitigkeiten ein.

ANORMALITÄT Wenn Sie von irgend etwas Anormalem träumen, zum Beispiel von einem Hund mit Federn oder einem Mann, der wie ein Känguruh hüpft, ist eine glückliche Lösung für Ihre Probleme in Sicht.

ANPÖBELN Werden Sie von einem Mann angepöbelt, heißt das, daß ein falscher Freund versucht, Ihnen etwas anzuhängen. Aber Geld könnte in Form einer Erbschaft oder eines Gewinns auftauchen, wenn eine Frau, ein Bekannter oder ein Bettler Sie anpöbelt.

ANSTIEG *Siehe auch:* Erfolg. Jedes Fortkommen nach oben kündet letztendlichen Erfolg an. Wie leicht oder schwierig es ist, hat damit zu tun, wie mühelos oder schwer Sie Ihre Ziele im Leben erreichen werden.

ANSTOSSEN Dies ist eine Warnung, bei allem, was Sie tun, vorsichtig zu sein.

ANTENNE *Siehe auch:* Kommunizieren. Bald gibt es eine Prämie. Eine Antenne oder eine Antenne zu installieren bedeutet, daß Sie etwas wiederfinden werden, das Sie für immer verloren glaubten.

ANTIQUITÄTEN Sie werden lange leben. Der Kauf von Antiquitäten bedeutet eine Erbschaft, ihr Verkauf aber einen großen Geldverlust. Sie einfach zu betrachten weist auf ein glückliches Familienleben hin.

APOTHEKE In eine Apotheke gehen: Seien Sie wählerischer mit Ihren Freunden. Tagsüber eine aufsuchen: Eine leichte Krankheit wird Ihnen zu schaffen machen. Ist sie auch nachts geöffnet, könnte sie etwas ernsthafter sein. Sehen Sie den Apotheker, werden Sie eine lohnende Investition machen, aber es wird darüber Gerüchte geben.

APPARTEMENT *Siehe auch:* Zuhause. Wenn Sie träumen, Sie seien in einem Appartement, ist dies eine Warnung, Feiern zu vermeiden. Der Besitz eines Appartements bedeutet Familienstreitigkeiten. Das Appartement einer anderen Person bedeutet bevorstehenden Ärger. Ein kleines, ungemütliches Appartement heißt, daß Sie sich sehr dafür einsetzen müssen, um Familienstreit zu vermeiden. Bei einem geräumigen, großzügigen Appartement können Sie von einer stetigen Zunahme Ihres Wohlstandes ausgehen.

APPETIT *Siehe auch:* Essen. Wenig Appetit ist ein Anzeichen für gesundheitliche Probleme. Großer

Appetit bezieht sich auf Geld und ist eine Warnung, vorsichtig damit umzugehen, sonst herrscht Chaos in Ihren Finanzen. Den Appetit verlieren bedeutet Gefahr.

APRIL/APRILSCHERZ *Siehe auch:* Zeit. Wenn man Sie im Traum in den April schickt, werden Sie Macht über jemanden haben. Jemand anderem einen Aprilscherz spielen bedeutet, einen Freund zu verlieren.

AQUÄDUKT *Siehe auch:* Brücken. Ist der Aquädukt trocken, werden Sie kleine Kümmernisse haben, aber wenn Wasser hindurchfließt, werden Sie zufrieden sein und sich bester Gesundheit erfreuen. Der Bau eines Aquädukts bedeutet, daß sich der Erfolg verzögert, und die Reparatur eines Aquädukts bedeutet das Erreichen hochgesteckter Ziele.

ÄQUATOR *Siehe auch:* Hitze. Ihn überqueren bedeutet eine völlige Änderung in Ihrem Leben. Wenn Sie ihn sehen, aber nicht überqueren können, heißt das, daß Sie wegen einer Sache nicht erfolgreich sein werden. Seien Sie mutig und treffen Sie die Entscheidung.

ARBEIT Sehen Sie sich ohne Arbeit, werden sich Ihnen bald mehrere Möglichkeiten bieten. Bieten Sie anderen Arbeit an, werden Sie in bezug auf etwas Bestimmtes zu leichtsinnig. Das könnte teuer werden.

Bei **Akten** sollten Sie mit anderen lieber Klartext reden, sonst wird man böse über Sie herziehen.

Wenn Sie von einer abgewetzten **Aktentasche** träumen, wird es geschäftlich Erfolg geben. Eine neue bedeutet: Verändern Sie nichts, ohne vorher die Fakten überprüft zu haben. Eine volle Aktentasche heißt: Achten Sie mehr auf Ihr Privatleben. Eine leere bedeutet: Ihren derzeitigen Plänen steht nichts mehr im Weg. Verlieren Sie Ihre Aktentasche, können Sie mit einem kleinen Profit rechnen. Finden Sie eine, müssen Sie in geschäftlichen Belangen achtgeben, damit es keinen Ärger gibt.

Suchen Sie nach **Arbeit** oder kündigt man Ihnen, werden Sie bald befördert. Bietet man Ihnen eine Stelle an, sollten Sie in der Arbeit mehr aufs Detail achten.

Ein **Chef**, mit dem Sie gut auskommen, besagt: Überraschende Neuigkeiten werden Sie bald in Verlegenheit bringen. Sehen Sie Ihren direkten Vorgesetzten, dann sind Sie viel zu leicht zu beeindrucken. Treffen Sie Ihre eigenen Entscheidungen. Ein wütender Chef heißt, daß Sie der falschen Person vertrauen. Aber jeder Chef ist eigentlich ein Zeichen dafür, daß Sie unsicher sind. Verhält er sich Ihnen gegenüber freundlich, waren Sie zu empfindlich und fühlen sich von einem Freund im Stich gelassen. Hat er (oder sie) etwas Unvernünftiges getan, könnte das Ihrer Karriere schaden. Bleiben Sie ruhig und entschlossen.

Treten Sie zurück oder verlieren Sie den **Direktorposten**, werden Sie durch eigene Dummheit an Status verlieren. Tun Sie nichts, wofür Sie sich – sollte es herauskommen – schämen müssen.

Wenn Ihnen Ihr Chef die ersehnte **Gehaltserhöhung** verweigert, fließt Ihnen von unerwarteter Seite Geld zu. Gewährt er sie Ihnen, sollten Sie in der Arbeit umsichtiger sein, sonst stuft man Sie zurück. Zahlen Sie jemandem Gehalt, läuft finanziell alles gut.

Jede Art von **Geschäft** verspricht rauhe Zeiten. Sie werden es mit feindseligen, ja unehrlichen Konkurrenten zu tun bekommen. Tauchen geschäftliche Unterlagen auf, wird sich alles in Ihrem Sinne aufklären.

Kündigen Sie Ihre Stelle, zeichnen sich große Veränderungen ab.

Gehen Sie in **Rente**, werden Sie leider sehr viel zu tun bekommen.

Sehen Sie sich mit einer **Sekretärin**, bedeutet daß, daß Ihnen alte Gewohnheiten hinderlich sind. Stellen Sie eine ein, wird sich Ihr Status verbessern.

Werden Sie in den **Vorstand** gewählt, gibt es gute Neuigkeiten in bezug auf Geschäftliches und rechtliche Angelegenheiten.

ARCHE *Siehe auch:* Meer/Wasser/Reise. Wichtige Ereignisse stehen bevor.

ARCHITEKT Taucht ein Architekt auf, wird ein schwieriges Projekt erfolgreich sein. Sind Sie selbst der Architekt, ist es der geeignete Zeitpunkt, Ihrem/r Auserwählte/n nachzulaufen.

ARCHIVE Ein schlechtes Zeichen für unerwartete gerichtliche Angelegenheiten.

ÄRGER *Siehe auch:* Ärger/Konfrontation. Ein widersprüchlicher Traum: Wenn Sie verärgert sind, werden all Ihre Pläne reibungslos ablaufen. Andere zu ärgern bedeutet, daß Ihre Einkünfte steigen werden.

ÄRGER/KONFRONTATION Dieser Traum kann das Gegenteil von dem bedeuten, was Sie zunächst glauben.
Genau wie in der Realität kann sich ein Traum auf verschiedene Arten ausdrücken.

Werden Sie verbal **beschimpft**, sind schlechte Geschäfte zu erwarten. Andere in dieser Weise zu beschimpfen bedeutet, daß jemand Sie ausnutzt. Seine Kinder zu beschimpfen bedeutet Erfolg in Ihrem Liebesleben.

Ein altmodisches **Duell** ist ein sicheres Anzeichen dafür, daß jemand Unfrieden stiftet. Schaffen Sie Ordnung, bevor es zu Auseinandersetzungen mit Familie oder Freunden kommt. Handelt es sich um eine zeitgemäßere Kampfform, sind derzeit ein paar Leute gegen Sie. Wenn Sie gewinnen, werden Sie Ihnen nichts anhaben können. Andere kämpfen zu sehen bedeutet, daß Sie Ihre Zeit und Ihr Geld für Vergnügungen vergeuden. Versuchen Sie, ein bißchen härter zu arbeiten.

Wenn er aber in einen offenen **Kampf** umschlägt, dann sind ernsthafte Auseinandersetzungen angesagt. Gewinnen Sie den Kampf, wird Ihr Liebesleben in Ordnung sein. Verlieren Sie ihn, werden die törichten Geschäfte anderer Sie verletzen.

Manchmal **klagen** wir andere Menschen im Zorn **an**, und wenn Sie selbst beschuldigt werden, ist es eine Warnung, sich vor skrupellosen Menschen zu hüten. Wenn Sie sich dagegen verteidigen, werden Sie Schwierigkeiten überwinden. Sind Sie der Ankläger, könnten Ihre persönlichen Beziehungen ins Verderben rennen. Werden Sie von einer Frau angeklagt, könnte es ein paar beunruhigende Neuigkeiten geben; werden Sie von einem Mann angeklagt, werden Sie geschäftlichen Erfolg haben, der Ihre kühnsten Erwartungen übersteigt.

Aus Wut zu **schreien** ist ein gutes Zeichen für Ihre wichtigsten Belange. Jemanden schreien hören kündet beunruhigende Neuigkeiten an.

Wird aus dem Ärger in Ihrem Traum ein **Streit**, kann dies ein gutes Zeichen sein. Sich streiten ist ein Omen für ein schönes, langes Leben.

Aus Wut jemanden zu **verprügeln** kann – anders als eine Beschimpfung – ein gutes Zeichen sein.

Sind jedoch Fremde beteiligt, bedeutet das, Dinge nicht hinauszuzögern. Tiere zu schlagen oder Teppiche zu klopfen ist ein warnender Hinweis, sich zu konzentrieren und zu organisieren, sonst wird einiges schiefgehen. Erhalten Sie eher Schläge als echte Prügel, werden Sie sich nach der Auseinandersetzung wieder aussöhnen. Teilen Sie Prügel aus, werden Sie etwas Verlorengeglaubtes wiederfinden.

Direkte **Wut** auf einen Freund bedeutet, daß Sie durch einen Freund einen materiellen Gewinn bekommen werden. Richtet sich Ihre Wut aber gegen etwas Unbekanntes, werden Sie sich bald über ein paar gute Neuigkeiten freuen.

Durch einen richtigen **Wutanfall** könnten Sie einen einflußreichen Freund verlieren. Ist jemand in Rage und Sie beruhigen ihn, bedeutet das, daß Sie eine andere Gangart oder sogar einen Umzug vertragen könnten.

ARMBAND *Siehe auch:* Schmuck. Ein Armband ist ein glückverheißendes Zeichen. Wenn Sie es an Ihrem Arm sehen, läuft in der Liebe alles bestens. Wenn jemand es Ihnen umlegt, werden Sie sich verlieben und bald heiraten. Ein Armband finden ist eine Warnung, daß Sie in Kürze jemandem begegnen werden, der Sie verwirrt. Wenn Sie eines verlieren, gibt es eine Enttäuschung.

ARMBANDUHR *Siehe auch:* Zeit. Ein einflußreicher Freund wird Ihnen zu Hilfe kommen. Eine Taschenuhr warnt Sie davor, sich gehenzulassen. Tun Sie etwas Positives, um Ihr Leben wieder in Ordnung zu bringen.

ARMEE Eine marschierende Armee besagt, daß Sie reisen müssen, um das Gewünschte zu bekommen. Kämpfen Armeen, ist Verrat im Gang!

ÄRMEL *Siehe auch:* Kleidung. Es gibt eine kleine Enttäuschung, wenn Sie kurze Ärmel sehen. Lange Ärmel: Ihre Dienste werden anerkannt werden. Enge Ärmel sind ein Omen für sexuelles Vergnügen. Puffärmel ermahnen Sie, Ihr Temperament zu zügeln.

ARROGANZ Jedes Zeichen von Arroganz steht für gesellschaftlichen Erfolg.

ARTILLERIE Hören Sie mit der Angeberei auf! Niemand kann von allen geliebt werden! Seien sie einfach Sie selbst.

ÄRZTE/KRANKENHÄUSER Siehe auch: Krankheit. Ein Arzt ist ein gutes Zeichen. Er läßt Verbesserung in allen Lebensbereichen erwarten.

Ein **Chirurg** ist ein Zeichen dafür, daß Sie möglicherweise die Stelle wechseln.

Ein **Geburtshelfer** bedeutet, daß Sie wegen eines Streits mit einem geliebten Menschen nervös sind. Beruhigen Sie sich, sonst gibt es niemals eine Versöhnung. Sehen Sie ihn bei der Geburt eines Kindes, werden Sie in der Arbeit einen Fehler machen.

Eine **Hebamme** deutet an, daß ein Geheimnis gelüftet werden wird. Wenn Sie ihr helfen, kommen gute Zeiten. Sind Sie selbst die Hebamme, will Ihnen jemand in den Rücken fallen. Sorgen Sie dafür, daß Sie mit dem Rücken zur Wand stehen.

Ein **Krankenhaus** ist ein sicheres Zeichen dafür, daß Sie deprimiert sind. Ein Lazarett bedeutet, daß Sie jemanden vermissen, der weit weg ist. Ein Krankenhaus besichtigen oder dort arbeiten: Bald gibt es überraschende Neuigkeiten.

Wenn Sie alleinstehend sind und eine **Krankenschwester** sehen, steht eine Hochzeit bevor. Für Verheiratete sagt sie Einigkeit in der Familie voraus. Kümmert sich die Krankenschwester um Sie, heißt das, daß Sie sich zur Zeit etwas unerwünscht fühlen. Sind Sie die Krankenschwester, warten günstige Neuigkeiten auf Sie.

Wenn Sie **Medikamente** einnehmen, sind Ihre Kümmernisse unbedeutend. Verabreichen Sie welche, können Sie sich nach viel Anstrengung über den Erfolg freuen.

Unterziehen Sie sich einer **Operation**, werden sich Ihre Lebensumstände dramatisch ändern. Sehen Sie bei einer Operation zu, werden ein paar überraschende Nachrichten eintreffen. Eine Herztransplantation ist ein Zeichen, daß Ihre Pläne zum Erfolg führen werden. Eine Gehirnoperation bedeutet, daß Sie immer noch ein großes Hindernis überwinden müssen, um ans Ziel Ihrer Wünsche zu gelangen.

Wenn ein Arzt die Ergebnisse einer **Röntgenaufnahme** prüft, blicken Sie vertrauensvoll in die Zukunft. Werden Sie geröntgt, erhalten Sie gute Nachrichten aus der Ferne. Eine Röntgenaufnahme des Brustkastens sagt eine neue Freundschaft mit jemandem vom anderen Geschlecht voraus.

Ein **Stethoskop** besagt, daß Sie bald etwas Ungewöhnliches erreichen und ein dickes Kompliment bekommen werden.

ASCHE *Siehe auch:* Tod. Mit Asche bedeckt sein bedeutet, daß Sie sich auf ärgerliche, aber vorübergehende Rückschläge gefaßt machen müssen. Asche ausleeren bedeutet unter Umständen finanzielle Unannehmlichkeiten, aber daran sind Sie selbst schuld, weil Sie unvorsichtig waren. Asche durchsieben bedeutet Wohlstand.

ASCHENBECHER Ist er aus Glas, bedeutet das, daß Sie über das Verhalten Ihres Partners unglücklich sind. Ist er aus Onyx, sind Sie in einer Sache zu schüchtern, und wenn er aus Metall ist, könnte es Krach mit Ihrem Chef geben. Ein sauberer Aschenbecher bedeutet, daß Sie bald eine Entscheidung treffen müssen, sonst machen Sie einen Fehler. Ist er schmutzig, wird es um Ihr Vermögen schlecht bestellt sein.

ASPIRIN *Siehe auch:* Ärzte/Krankenhäuser; Krankheit; Schmerz. Behalten Sie das Geheimnis für sich, wenn Sie dieses Medikament sehen. Es ist besonders wichtig. Also halten Sie den Mund!

ASTROLOGIE Diese alte Wissenschaft bedeutet Glück. Die Beschäftigung mit Astrologie besagt, daß ein wichtiges, sehr vorteilhaftes Ereignis bevorsteht.

ASTRONOM Ein Astronom bedeutet, daß Sie hochgesteckte Ziele erreichen werden. Sind Sie selbst der Astronom, kündet dies Krankheit in der Familie an.

ATLAS Vielleicht ziehen Sie um. In einem Atlas nachschlagen heißt, Sie können Ihre Geldsorgen vergessen. Der Kauf eines Atlas bedeutet eine lange Auslandsreise.

ATMEN Wenn Sie außer Atem sind oder Atembeschwerden haben, fühlen Sie sich wegen einer zurückliegenden Handlung schuldig. Langsames, ruhiges Atmen bedeutet, daß Sie vertrauensvoll in

die Zukunft blicken; jetzt können Sie alles Mögliche erreichen.

ATMOSPHÄRE *Siehe auch:* Wetter. Eine klare, sonnige Atmosphäre ist ein sehr gutes Omen für häuslichen Segen, treue Freunde und Wohlstand. Aber bewölkter Himmel bedeutet, daß sich über Ihrem Liebesleben ein Unwetter zusammenbraut.

ATOME Wenn Sie diese im Traum sehen, bedeutet es den Bruch einer seit langem bestehenden Beziehung. Aber es wird zu Ihrem Besten sein. Wurde über die Atome bloß geredet, ohne daß man sie sieht, ist es ein Hinweis darauf, den Gürtel enger zu schnallen.

AUDIENZ *Siehe auch:* Auftreten. Wenn Sie um eine Audienz beim Papst anfragen, werden Sie unter Umständen in Schwierigkeiten geraten, die Sie für unüberwindlich halten.

AUFKLEBER Ihre Investitionen werden Dividenden ausschütten, wenn Sie einen sehen. Gepäckaufkleber bedeuten eine Überraschung, wahrscheinlich einen Besucher. Ein Flaschenetikett zeigt, wie praktisch Sie sind.

AUFRÄUMEN *Siehe auch:* Sauberkeit. Bücher in ein Regal einräumen bedeutet die Wiederaufnahme eines Projekts, das Sie für aufgegeben hielten. Dinge in eine Schublade räumen bedeutet, daß Sie sich Sorgen machen. Den Tisch für eine Mahlzeit decken bedeutet Gesundheit und Stärke und ist ein Zeichen dafür, daß Sie entschlossen und vertrauensvoll sind und Lob von Ihrem Chef verdient haben. Tee- oder Kaffeetassen hinstellen ist eine Warnung, nicht so enthusiastisch zu sein. Eine Konferenz arrangieren bedeutet, daß Sie die Hilfe anderer brauchen, um Ihre Probleme zu lösen.

AUFSTAND Zügeln Sie Ihre Verschwendungssucht, wenn Sie einen Aufstand sehen.

AUFSTEHEN Hier hängt die Bedeutung von den Umständen ab. Können Sie morgens mühelos aufstehen, werden Sie viel Geld machen. Sich vom Bett erheben ist ein Zeichen von Krankheit. Vom Stuhl aufstehen bedeutet gute Neuigkeiten; von einer Couch aufstehen heißt, daß Sie einen überraschenden Brief bekommen werden. Vom Boden aufstehen bedeutet Ärger.

AUFTRETEN Wenn Sie vom Schauspielern träumen, werden Ihre Pläne scheitern. Sie müssen sich durchsetzen. Seien Sie zuversichtlicher. Schauspieler auf der Bühne beobachten bedeutet, daß Ihre Freunde Sie hereinlegen werden. Kindern auf der Bühne zuschauen kündet gute Nachrichten an.

Sieht Ihnen ein **Publikum** zu, fühlen Sie sich unsicher, aber keine Sorge. Eine überraschende Abwechslung wartet auf Sie. Sitzen Sie im Traum im Publikum, wird ein guter Freund eine Glückssträhne haben.

Werden Sie einer **Schauspielerin** vorgestellt, werden Sie Ärger zu Hause bekommen. Ist es ein Schauspieler, sollten Sie keinen Tratsch weitererzählen, sonst verlieren Sie einen Freund. Ein/e Komödienschauspieler/in bedeutet geschäftlichen Erfolg. Eine Gruppe von Schauspielern bedeutet große Befriedigung in Ihrem Leben.

Ein leeres **Theater** ist ein Zeichen von Langeweile. Wohnen Sie aber einer Vorstellung bei, wird in Ihrem gesellschaftlichen Leben einiges passieren.

AUGENBINDE *Siehe auch:* Täuschung. Sie haben etwas auf dem Gewissen, wenn Sie eine Augenbinde sehen. Wenn Sie sie tragen, überprüfen Sie noch einmal Ihre Pläne. Ihre Beweggründe sind etwsa zwielichtig!

AUGENBRAUEN *Siehe auch:* Haare. Buschige Augenbrauen deuten an, daß Ihnen Geld winkt. Gewölbte Augenbrauen bedeuten eine Überraschung für Sie. Schmale kündigen eine geschäftliche Enttäuschung an. Wenn Ihre Augenbrauen ausgehen oder Sie sich Sorgen um sie machen, dann betrügt Sie Ihr/e Liebste/r.

AUGENWIMPERN *Siehe auch:* Haare. Lange, glänzende Augenwimpern sagen eine heiße Liebesaffäre voraus. Falsche bedeuten, daß Sie bald ein Geheimnis entdecken werden und einen Rat brauchen, wie Sie damit umgehen sollen. Wenn Sie jemanden ohne Augenwimpern sehen, dürfen Sie nichts verraten. Behalten Sie vertrauliche Mitteilungen für sich.

AUSLAND *Siehe auch:* Fremde Orte/Menschen. Eine Auslandsreise mit dem Schiff weist auf einen neuen einflußreichen Freund hin. Auslandsaufenthalte bedeuten, daß etwas ungeklärt ist und möglicherweise ein Umzug bevorsteht.

AUSPUFF Bald werden Sie eine gewisse Macht ausüben, wenn Sie einen Fahrzeugauspuff sehen.

AUSREISSEN *Siehe auch:* Hochzeiten. Ein widersprüchlicher Traum. Wenn Sie durchbrennen, trennen Sie sich möglicherweise bald von Ihrem Partner. Wenn andere durchbrennen, wird jemand Sie zu einer Reise aus Sentimentalität verführen wollen. Tun Sie es nicht, das bringt nur Aufregung!

AUSSERIRDISCHE Begegnungen mit Außerirdischen sagen wichtige Veränderungen voraus. Sind Sie selbst Außerirdischer, werden bald wertvolle neue Freunde in Ihr Leben treten.

AUSWANDERN *Siehe auch:* Fremde Orte/Menschen. Ein Signal, den Gürtel enger zu schnallen. Unerwartete Forderungen an Ihre Geldbörse kommen auf Sie zu.

AUTO *Siehe auch:* Fahren. Wenn Sie ein Auto kaufen, werden Sie einen fragwürdigen Ruf bekommen. Wenn Sie ein Auto verkaufen, könnte es sein, daß Sie Geldschulden haben.

AUTOMATISIERUNG Wenn Dinge in Ihrem Traum automatisch funktionieren, müssen Sie zuversichtlicher und entschlossener im Leben werden. Nur zu, seien Sie kein schüchternes Mäuschen mehr!

AXT Eine scharfe, glänzende Axt bedeutet Belohnung für gute Leistung. Ist sie glanzlos, werden Sie einen Prestigeverlust erleiden, der mit etwas mehr Gewissenhaftigkeit vermeidbar gewesen wäre. Eine Axt schwingen bedeutet beruflichen Aufstieg, eine zerbrochene Axt Geldverlust.

BABYS *Siehe auch:* Kindheit/Kinder. Dieser sehr vielversprechende Traum symbolisiert Glück und Erfolg bei allem, was Sie tun. Unverheiratete Frauen seien gewarnt: Jemand versucht, Sie zu verführen! Handelt es sich um ein Neugeborenes, bedeutet es kindhafte Abhängigkeit von einem Nahestehendem. Es heißt auch, daß Sie vom ständigen Mißerfolg, wahrscheinlich in der Arbeit, erschöpft sind. Ein weinendes Baby heißt, daß Sie Mut fassen sollen: Ein Ihnen nahestehender Mensch bietet Ihnen Hilfe und Rat an. Hübsche Babys bedeuten Reichtum durch Freunde. Häßliche Babys warnen vor Verrat durch jemanden, dem Sie vertrauen. Ein Baby, das läuft, bedeutet plötzliche Unabhängigkeit.

BACKEN *Siehe auch:* Lebensmittel. Wenn Sie selbst backen, wird sich Ihr Status erhöhen.

BÄCKER *Siehe auch:* Lebensmittel. Ein gutes Omen. Wenn er Teig knetet, gibt es wichtige Neuigkeiten. Schiebt er Brot in den Ofen, können Sie sich auf eine nette Überraschung gefaßt machen. Nimmt er aber etwas aus dem Ofen heraus, wird etwas Unvorhersagbares geschehen.

BÄCKEREI *Siehe auch:* Lebensmittel. Ein Zeichen für Reichtümer. Ein Jahr des Wohlstands liegt vor Ihnen.

BADEN *Siehe auch:* Meer/Wasser/Reise. Im Meer baden kündet Reichtum an, der Ihre kühnsten Erwartungen übersteigt. Ein Bad in einem See heißt, daß sich Ihre Probleme bald lösen werden. In einem Fluß baden kündigt eine erfreuliche Überraschung an. Mit anderen baden ist ein Zeichen, daß Freunde Ihre Hilfe brauchen.

BAHN Ein unbeständiger Freund wird Sie enttäuschen, wenn es sich um eine Rollschuhbahn handelt. Eine Eisbahn hingegen bedeutet, daß eine gesellschaftliche Einladung unterwegs ist.

BALDACHIN Stehen Sie darunter, können Sie sich auf eine sichere Zeit in Ihrem Leben einstellen. Ein Baldachin steht für Schutz.

BALKEN Sie werden irgendeine Last tragen müssen, wenn es ein schwerer Holzbalken ist. Ein leichter Balken besagt, daß Sie für eine einst erwiesene Gefälligkeit Ihren Lohn bekommen. Ein stählerner Balken weist auf Geld hin, das Sie vergessen haben.

BALL *Siehe auch:* Spiele. Auf einem Ball tanzen bedeutet, daß Sie ein Geheimnis lüften werden. Ist es ein Maskenball, sollten Sie sich vor einigen falschen Freunden hüten.

BALLETT Für eine Frau ist dies eine Mahnung zur Vorsicht. Ihr Liebster ist Ihnen untreu! Für einen Mann bedeutet es geschäftlichen Mißerfolg. Die Aufführung eines Balletts ist ein Hinweis, auf Ihre Gesundheit zu achten.

BALLON Wenn Sie einen Ballon aufsteigen sehen, bedeutet das, daß Sie in Projekte verwickelt werden, die lange reifen müssen. Landet der Ballon, bedeutet dies Veränderungen in Ihren Geschäftsangelegenheiten. In den Korb eines Heißluftballons steigen bedeutet, daß angenehme Zeiten auf Sie zukommen. Je höher er steigt, desto besser wird es Ihnen gehen.

BALUSTRADE Bei einer zerbrochenen Balustrade wird es mit einem derzeitigen Vorhaben ernste Schwierigkeiten geben.

BAND Das zeigt, wie schnell Sie Freundschaften schließen. Ein rosa Band bedeutet, daß ein langfristiges Projekt erfolgreich abgeschlossen wird. Ein Silberband bedeutet, daß Ihr Enthusiasmus ein bißchen übertrieben ist. Binden Sie eine Schleife, dürfen Sie mit beruflichem Erfolg rechnen.

BANDE/GANG Sind Sie Mitglied einer Bande, bedeutet das, daß Sie mit dem Strom schwimmen. Sind Sie der Anführer, sollten Sie etwas Initiative zeigen. Werden Sie von einer Bande eingeschüchtert, dann sind Sie deprimiert. Raffen Sie sich auf und tun Sie etwas Positives! Werden Sie von einer Bande angegriffen, sollten Sie auf Ihre Brieftasche achten.

BANDIT Werden Sie das Opfer eines Banditen, müssen Sie achtgeben, sonst passiert ein Unfall. Greifen Sie ihn an, sollten Sie sich auf Ihr eigenes Urteil verlassen. Werden andere ausgeraubt, werden Sie sich bald auf etwas einlassen, das Ihnen – wie Sie vermuten – Ärger bereitet. Sie haben recht, tun Sie es nicht!

BANK Achten Sie auf Ihre Arbeit, sonst verlieren Sie Ihre Anstellung. Eine Holzbank bedeutet einen kleinen, aber erfreulichen Gewinn. Eine Steinbank bedeutet sogar einen noch größeren Profit. Sitzen andere auf einer Bank, könnte dies den Tod eines Feindes bedeuten.

BANK *Siehe auch:* Geld. Eine leere Bank bedeutet Verluste. Aber wenn Sie Geld einzahlen oder welches von der Bank bekommen, ist mit finanziellen Fortschritten zu rechnen.

BANKETT *Siehe auch:* Lebensmittel. Ein erfolgreiches Bankett bedeutet viel Liebe und Glück in der Familie. Aber wenn es am Tisch leere Plätze gab, sollten Sie sich hüten, Streit anzuzetteln.

BANKROTT *Siehe auch:* Geld. Ein widersprüchlicher Traum. Ihr eigener Bankrott bedeutet, daß es Ihnen gutgehen wird. Gehen andere bankrott, warnt Sie dies davor, sich auf krumme Geschäfte einzulassen – und einen Bogen um die zu machen, die es tun.

BAR *Siehe auch:* Getränke. Wenn Sie hinter der Bar stehen, möchten Sie gern etwas tun, von dem Sie wissen, daß es wirklich falsch ist. Wenn Sie an der Bar trinken, zügeln Sie Ihre Leidenschaften. Andere an der Bar beobachten bedeutet, daß man von Ihnen eine höhere Meinung hat, als Sie denken. Das sollte Ihnen aber nicht zu Kopf steigen!

BARDAME *Siehe auch:* Sexualität. Sie bezieht sich auf Ihr Sexualleben und sagt Ihnen, daß Sie bei Ihren Partnern etwas wählerischer sein sollten!

BARFUSS *Siehe auch:* Kleidung/Nacktheit. Ein barfüßiger Mann bedeutet, daß der Erfolg auf sich warten läßt. Eine barfüßige Frau bedeutet, daß Sie niemals wahre, dauerhafte Liebe erfahren werden. Nacktheit im Traum ist ein glückverheißendes Omen, aber wenn nur die Füße nackt sind, kündet es von bevorstehenden Schwierigkeiten.

BART *Siehe auch:* Haare. Im Grunde genommen bedeutet es: je voller der Bart, desto mehr Glück haben Sie. Aber wenn Sie eine bärtige Dame sehen, sollten Sie keine Glücksspiele machen! Ein falscher Bart könnte auch auf gesundheitliche Probleme hinweisen.

BAUCHREDNER Hören Sie einem zu, so sollten Sie sich in acht nehmen, mit wem Sie sprechen. Man kann nicht jedem trauen. Sind Sie der Bauchredner, heißt das, daß ein Freund ganz sicher illoyal ist.

BAUERNHOF *Siehe auch:* Tiere. Eine ordentlicher Bauernhof im Traum ist ein Zeichen für Gesundheit und Geldeinnahmen. Gehört der Bauernhof Ihnen, werden Ihre Vorgesetzten Ihnen zum Erfolg im Beruf verhelfen. Arbeiten Sie dort, werden Sie einen Vorteil haben, den Ihre Kollegen nicht bekommen – vielleicht ein neues Büro? Ein heruntergewirtschafteter Bauernhof bedeutet Verlust von Geld oder Besitz.

BÄUME/PFLANZEN Gesunde, blühende Pflanzen sind ein Zeichen von Glück bei derzeitigen Projekten. Verwelkte sind eine Warnung vor leichtsinniger Planung. Topfen Sie sie um oder gießen Sie sie, dürfen Sie sich auf ein angenehmes häusliches Leben freuen.

Aprikosen am Baum bedeuten Freude und Zufriedenheit.

Ein **Baum** ist ein gutes Omen. Einen Baum pflanzen: Ihr Liebesleben könnte nicht besser sein.

Einen fällen: Ihre Probleme sind leider alle hausgemacht. Hinaufklettern: Viel Arbeit und wenig Belohnung.

Baumstümpfe sind ein Zeichen für neue Anfänge.

Ein grünes gesundes **Blatt** bedeutet, daß zu Hause und im Beruf alles nach Wunsch läuft. Abgefallene, trockene Blätter sind ein Zeichen für Schwierigkeiten und Krankheit.

Blühende Bäume bedeuten Glück und Freude; eine Baumreihe verheißt unerwartete Beförderung.

Brennesseln bedeuten: Seien Sie tapfer, dann haben Sie auch Erfolg. Aber Sie werden schwer dafür arbeiten müssen. Verbrennen Sie sich daran, müssen Sie sich vor einem untreuen Freund oder untreuen Liebhaber schützen.

Büsche sind ein Zeichen für Aktion. Sie werden ein Angebot bekommen, das einen Umzug bedeutet. Verstecken Sie sich unter Büschen, dann sollten Sie nichts tun, was Ihnen später Schuldgefühle bereitet. Schneiden Sie einen Busch ab, wird eines Ihrer peinlichen Geheimnisse bekannt werden. Tauchen Sie eine Weile unter.

Bleiben Sie an einem **Dorn** hängen, sind Ihre zweifelhaften Freunde Ihrem guten Ruf nicht gerade zuträglich. Ziehen Sie den Dorn heraus, sollten Sie nicht so viel tratschen.

Stechen Sie sich an **Dornengestrüpp**, müssen Sie mit Umstellungen rechnen. Kratzt Sie das Dornengestrüpp nicht, dann stehen Ihnen bald wieder glücklichere Tage bevor.

Efeu draußen ist ein Zeichen für treue Freunde. Drinnen kündet er persönliches Glück an. Die Zukunft bringt Ihnen Geld, wenn Efeu an einem Haus wächst. Um einen Baum gewunden ist er ein Symbol für Gesundheit.

Eine **Eiche** ist ein Zeichen für Geld. Wird sie gefällt, betrügt Sie jemand.

Eicheln sind ein Zeichen für Glück. Alle Probleme werden erfolgreich gelöst werden, und all Ihre künftigen Pläne werden sich erfüllen. Sammeln Sie Eicheln, werden Sie etwas erben. Hält ein Kranker Eicheln in der Hand, bedeutet das unmittelbare Genesung.

Ein **Kirschbaum** besagt, daß sich Ärger in der Arbeit zusammenbraut. Gehen Sie neue Projekte langsamer an.

Sehen Sie einen blühenden **Mandelbaum**, gibt es erfreuliche Familienfeiern.

Geduld heißt das Zauberwort, besonders in der Arbeit, wenn Sie **Misteln** sehen. Aber wenigstens haben Sie die Gewähr, daß in Ihrem Liebesleben alles stimmt.

Trockenes **Moos** bedeutet eine bevorstehende Enttäuschung. Ist es weich und grün, dann wird Ihr Liebesleben nur so prickeln!

Nachtschatten: Zeit, Gelegenheiten beim Schopf zu packen, wenn Sie diese giftige Pflanze sehen. Neue Unternehmungen, neue Beziehungen… alles wird ausgezeichnet laufen.

Ein blühender **Obstgarten** ist ein Zeichen für Glück. Ihr innigster Wunsch wird in Erfüllung gehen, wenn der Garten voller Früchte ist. Gibt es keine, werden Sie einen kleinen Erfolg haben.

Olivenbäume kündigen Wohlstand an. Ernten Sie die Oliven, dann folgt Erfolg in der Arbeit.

Ein loyaler Freund wird Sie im Stich lassen, wenn Sie eine **Palme** sehen. Sie werden eine herbe Enttäuschung erleben.

Rinde ist eine Ermahnung, es mit dem anderen Geschlecht langsam angehen zu lassen. Mit der Tür ins Haus fallen ist wirklich ungeschickt!

Stechginster ist attraktiv, aber stachelig, und genauso wird Ihr Leben eine Zeitlang sein.

Unkraut im Garten ist ein Zeichen, daß Sie sich in schlechter Gesellschaft befinden und Ihren Ruf ruinieren. Jäten Sie es, wird auf Regen Sonnenschein folgen.

Eine blühende **Weinrebe** ist ein Glückszeichen. Es werden Dinge geschehen, die Ihre kühnsten Erwartungen übertreffen. Ist sie aber verkümmert, müssen Sie langsam handeln und sich mehr ausruhen.

Sehen Sie **Wurzeln** von Bäumen oder Pflanzen, sollten Sie sich besser durchsetzen, sonst profitiert ein anderer von Ihrer harten Arbeit.

Eine **Yuccapalme** besagt, daß Sie ein sowohl geistig wie auch spirituell erfülltes Leben haben werden.

BASAR Dies weist darauf hin, daß Sie derzeit Entscheidungen treffen, ohne sie richtig zu überdenken. Aber es ist ein gutes Omen.

BAUMWOLLE Baumwolle ernten oder sie wachsen sehen ist ein Symbol für Wohlstand – aber erst zu einem späteren Zeitpunkt. Watte bedeutet, daß Sie ein Geheimnis haben, und das sollte auch so bleiben. Sagen Sie niemandem etwas davon.

BECHER *Siehe auch:* Getränke. Ein Metallbecher verheißt gute Nachrichten. Ein bunter Becher bedeutet den Verlust eines Freundes. Wenn Sie einen Becher kaputtmachen, ist ein geschäftlicher Verlust zu erwarten.

BECKEN Ein volles Wasserbecken bedeutet, daß Sie bald Ihr Glück finden werden. Ist es leer, ist auch Ihr Erfolg gesichert. Aus einem Becken trinken bedeutet, daß eine Liebesaffäre ins Haus steht. Aber Vorsicht, der erste ist nicht unbedingt der Richtige!

BEIL Wenn Sie mit dem Beil etwas kleinhacken – außer Holz –, erwartet Sie Ärger zu Hause und in der Arbeit. Wenn Sie Holz hacken, steht eine Versöhnung an. Ein Beil schärfen sagt eine Gehaltserhöhung voraus.

BEISSEN Wenn Sie im Traum gebissen werden, werden Sie vermutlich ein Geheimnis lüften, das Sie besser nicht erfahren hätten. Das wird Ihnen eine Lehre sein, nicht herumzuschnüffeln! Wenn Sie jemanden beißen, ist die Beziehung zu Ihrem/r Geliebten leider auf Lügen gebaut.

BEKANNTSCHAFT *Siehe auch:* Beziehungen. Eine neue Bekanntschaft schließen oder eine alte erneuern: Sie werden etwas Verlorengeglaubtes finden oder Geld zurückbekommen. Einen flüchtigen Bekannten treffen bedeutet Auftrieb für Ihr gesellschaftliches Leben, aber wenn Sie mit einem Bekannten streiten, sollten Sie auch wegen eines unbedeutenden Leidens einen Arzt aufsuchen.

BELEIDIGUNG Beleidigt man Sie, dann haben Sie emotionale Probleme. Ihr Partner hat Sie einfach betrogen. Wenn Sie jemanden beleidigen, wird eine unglückliche Phase nur dann zu Ende gehen, wenn Sie eine größere Veränderung vornehmen – z. B. eine neue Stelle antreten oder umziehen.

BELEUCHTUNG *Siehe auch:* Dunkelheit/Licht. Helle Beleuchtung ist ein Vorbote von Glück in den Dingen, die Ihnen am wichtigsten sind.

BELOHNUNG Eine Belohnung erhalten bedeutet: Sie werden bald eine unerwartete Glückssträhne haben. Eine Belohnung austeilen: Sie sollten nicht so selbstgefällig sein.

BERG Stehen Sie auf dem Gipfel, geht in der Arbeit alles gut. Kommen Sie von einem Berg herunter, sind Sie in gewisser Hinsicht zu schüchtern. Treten Sie für Ihre Rechte ein.

BESCHÄFTIGUNG *Siehe auch:* Arbeit. Ein widersprüchlicher Traum. Wenn Sie im Traum beschäftigungslos sind, werden sich Ihnen bald eine Menge Chancen bieten. Wenn Sie anderen Jobs anbieten, werden Sie etwas zu vertrauensselig. Das könnte Sie teuer zu stehen kommen. Wenn Sie einen Chef sehen, mit dem Sie gut zurechtkommen, werden überraschende Nachrichten Sie in Verlegenheit bringen. Wenn Sie Ihren direkten Vorgesetzten sehen, sind Sie viel zu leicht zu beeindrucken. Treffen Sie Ihre eigenen Entscheidungen. Ein wütender Arbeitgeber bedeutet, daß Sie der falschen Person vertrauen.

BESEN Ein moderner Besen ist ein Zeichen dafür, daß neue aufregende Emotionen auf Sie einstürmen werden. Passen Sie auf! Ein Hexenbesen weist darauf hin, daß Sie möglicherweise Ihr Geld für etwas verschwenden. Hat der Besen einen Holzgriff, dann wird eine plötzliche Veränderung Leben in Ihren Alltagstrott bringen.

BESITZ *Siehe auch:* Zuhause. Ein großzügiger Besitz heißt, daß Sie sich nicht länger mit den Nachbarn messen sollten. Die können es sich leisten, aber Sie nicht!

BESTECHUNGSGELD *Siehe auch:* Geld. Kein gutes Omen, egal, ob Sie es annehmen oder nicht. Machen Sie keine Glücksspiele und gehen Sie Leuten aus dem Weg, die Sie Ihrer Meinung nach ausnutzen könnten.

BESUCHER Es besteht die Gefahr, daß Ihnen Schmeichelei zu Kopf steigt, wenn Sie jemanden besuchen. Gäste empfangen bedeutet, daß Sie ungerecht sind.

BETÄUBUNGSMITTEL Werden Sie im Traum betäubt, dann ist jemand so eifersüchtig auf Sie, daß er Sie dazu bringen wird, Fehler zu machen. Betäubungsmittel für medizinische Zwecke weisen auf eine Gehaltserhöhung hin. Werden sie zum Nervenkitzel benutzt, will jemand Sie in die Irre führen. Betäubungsmittel verkaufen oder verteilen bedeutet, daß Sie sich andere Freunde suchen sollten. Ihre jetzigen sind nicht so ehrlich wie Sie.

BETRÜGEN Werden Sie betrogen, können Sie mit einer Glückssträhne rechnen. Betrügen Sie, können Sie damit rechnen, überlistet zu werden.

BETTLER Ein Bettler symbolisiert eine glückliche, weitgehend sorgenfreie Zeit. In ihrem Liebesleben könnten Sie dem Menschen Ihrer Träume begegnen. Und wenn Sie dem Bettler Geld geben, wird diese Liebe erwidert.

BEWUSSTLOSIGKEIT Sehen Sie jemanden in diesem Zustand, erhalten Sie bald Nachrichten von einer Krankheit. Sind Sie selbst bewußtlos, wäre eine ärztliche Untersuchung empfehlenswert.

BEZIEHUNGEN Werden Sie bewundert, könnten Sie wegen Ihrer Eitelkeit einen Freund verlieren. Andere zu bewundern bedeutet Unglück.

Wird Ihre eigene Ehe **annulliert**, wird es einen Anlaß für eine Familienfeier geben. Ist es die Ehe von anderen, werden Sie mit kleinlichem Ärger zu tun haben.

Träumt ein Mann von **Bigamie**, kann das einen Verlust der Männlichkeit bedeuten. Gehen Sie also zum Arzt. Für eine Frau bedeutet es, daß sie in der Wahl ihrer Männer diskreter sein sollte.

Jeder Traum im Zusammenhang mit **Ehebruch** sagt etwas über Probleme in Ihrem Liebesleben aus. Sie werden verletzt und wissen, falls die Wahrheit ans Licht kommt, wahrscheinlich keinen Ausweg mehr. Begeht Ihre Frau Ehebruch, gibt es bald Streit mit den Nachbarn. Geht Ihr Mann fremd, könnten Sie eine Erbschaft machen. Gehen Sie fremd, hüten Sie sich davor, Ihren Freunden Ihre Geheimnisse anzuvertrauen. Widerstehen Sie der Versuchung, werden ein paar enttäuschende Hindernisse von kurzer Dauer sein.

Eifersucht bedeutet, daß Sie bald in Ihrem Liebesleben oder von Freunden in Probleme hineingezogen werden. Richtet sich die Eifersucht aber gegen Sie, wird sich bald alles zu Ihrem Vorteil wenden.

Sind Sie Single und träumen von **Heirat**, stecken Sie in einer Angelegenheit, die kein gutes Ende nimmt. Aber gute Nachrichten gibt es, wenn Sie sich auf der Hochzeit eines anderen sehen. Eine heimliche Heirat bedeutet, daß Sie wegen einer Liebesenttäuschung verwirrt sind.

Einem **Nachbarn** helfen: Ein Überraschungsgeschenk ist auf dem Weg. Mit einem streiten: Halten Sie Ihr Temperament im Zaum.

Wenn Sie verheiratet sind und von **Scheidung** träumen, bedeutet das, daß Sie sich auf Ihren Partner verlassen können. Sind Sie alleinstehend, sollten Sie darauf achten, wem Sie Ihre Zuneigung schenken.

Sind Sie verheiratet und sehen sich als **Single**, ist das wieder eine Warnung, sich nicht auf zwielichtige Geschäfte einzulassen.

Trennen Sie sich im Traum von Ihrem Partner, wird das das Verständnis zwischen Ihnen verbessern.

Ist Ihnen im Traum jemand **untreu**, wird er Ihnen bald seine Hingabe bekunden. Sind Sie selbst untreu, geraten Sie bald in Versuchung. Ich habe Sie gewarnt!

Verlieben Sie sich im Traum, dann liebt Sie jemand – und wird es Ihnen bald sagen. Kommt die Liebe nicht zu Ihnen, ist das in Wahrheit ein Omen dafür, daß Sie bald heiraten werden.

In Sachen Liebe stehen Ihnen harte Zeiten bevor, wenn Sie von **Verlobung** träumen. Nehmen Sie es gelassen. Verbuchen Sie alles unter Erfahrungen. Wenn Sie einen Verlobungsring sehen, haben Sie irgendwo Konkurrenten.

Normale Bekundungen von **Zuneigung** in einem Traum weisen auf ein glückliches Familienleben und erfreuliche private Beziehungen hin. Aber peinliche Zuneigungsbekundungen, die normalerweise nicht Ihre Art sind, bedeuten, daß Ihre derzeitigen Pläne von Hintergedanken beeinflußt werden. Fehlende Zuneigung sagt ein langes Leben voraus.

BIENENKORB *Siehe auch:* Insekten. Dies ist ein Symbol für Ehre, Würde und Wohlstand. Ist er aber leer, werden Sie bald in finanzielle Schwierigkeiten geraten.

BILDER/MALEREI Bilder von Ihnen selbst sind ein Unglückszeichen für Ihr Liebesleben. Malen Sie selbst, sollten Sie einen Plan besser geheimhalten. Aber ist er wirklich vernünftig? Streichen Sie ein Haus, wird etwas offenbart, das man Ihnen verheimlicht hat.

Ein **Ölgemälde** besagt, Sie sollten nicht so snobistisch sein. Ihnen entgeht eine Menge Spaß.

Malt jemand Ihr **Porträt**, heißt das, daß Ihnen Schmeichelei zu Kopf steigt, wenn Sie das Porträt anschließend verschenken oder geschenkt bekommen. Wenn Sie es nur anfertigen lassen, werden Sie eine Liebesenttäuschung erleben. Sitzt jemand anderes Porträt, sagt dies eine Erhöhung Ihres Status voraus.

Sehen Sie **Skulpturen**, sollten Sie nicht wetten. Sie sollten mehr auf Ihre persönlichen Dinge achten. Einem Bildhauer bei der Arbeit zusehen: Bald haben Sie die Gelegenheit zu einer spannenden Veränderung.

BILDSCHIRM Sie wollen einen Fehler ausbügeln. Geben Sie ihn zu oder vergessen Sie ihn.

BINDEN Dinge zusammenbinden oder selbst gefesselt werden ist ein Zeichen für einengende persönliche Verwicklungen. Haben Sie wirklich die richtige Partnerschaft? Wenn Bücher gebunden werden, werden Sie etwas Verlorenes wiederfinden.

BLASEBALG *Siehe auch:* Feuer. Sie werden mit Schwierigkeiten zu kämpfen haben – aber es werden alles selbstverschuldete sein, wenn Sie einen Blasebag benutzen. Wenn Sie den Blasebalg nur sehen, ist es ein Signal, Ihre Zeit nicht mehr mit nichtigen Dingen zu vergeuden.

BLASEN Ihr derzeitiges Problem wird sich in Wohlgefallen auflösen. Wenn Sie Blasen machen, ist das ein Hinweis, nicht soviel Geld auszugeben. Entwickeln Sie eine realistischere Einstellung zu Geld! Ein Schaumbad bedeutet, daß jemand Sie beschützen will.

BLINDHEIT *Siehe auch:* Täuschung. Wenn Sie niedergeschlagen sind, dann wird eine nahestehende Person ein falsches Spiel mit Ihnen treiben. Wenn andere blind oder geblendet sind, besagt das Täuschung. Hüten Sie sich vor Verrat durch jene, denen Sie am meisten vertrauen!

BLITZ Jede Art von Blitz im Traum bedeutet eine bedeutsame Veränderung der Lebensumstände dank einer kreativen Idee Ihrerseits.

BLUMEN Wenn Sie von frischen, farbenfrohen Blumen träumen, werden Sie bald so glücklich wie nie zuvor sein. Verdorrte oder verwelkte Blumen sind ein warnender Hinweis darauf, daß Sie allzu vertrauensselig, ja unbekümmert sind. Künstliche Blumen zeigen, daß Sie unter Druck stehen, Ihre Prinzipien zu gefährden. Tun Sie es nicht! Wilde Blumen sind ein Zeichen dafür, daß es bald abenteuerlich zugehen wird.

Blühende Blumen besagen, Sie sollten sich vor einem Geheimnis hüten. Es könnte Gefahr bedeuten.

Ein **Blumenkranz** besagt, daß es entweder gute Nachrichten gibt oder Sie ein kurzes Vergnügen erleben werden. Ein Kranz auf dem Kopf ist ein Symbol für Erfolg, obwohl Sie sich, sobald Sie oben angelangt sind, eine Menge üble Dinge anhören müssen.

Ein erfreuliches soziales Ereignis steht an, wenn Sie einen frischen **Blumenstrauß** sehen. Ein verwelkter bedeutet Krankheit oder sogar Tod. Bekommen Sie einen Strauß, verspricht Ihnen das Vergnügen. Verschenken Sie einen Strauß, brauchen Sie sich keine Sorgen um Ihre/n Liebste/n zu machen. Er/Sie ist loyal.

Blütenblätter von einer Blume zupfen oder sie abfallen sehen bedeutet, daß der Bruch einer Liebesbeziehung oder der Verlust eines guten Freundes droht. Sie werden traurig sein, werden aber von dieser Erfahrung profitieren.

Butterblumen zeigen, wie empfindsam Sie derzeit sind. In bezug auf Geld müssen Sie langsam handeln und etwas auf die Seite legen. Sie können Ihre Probleme lösen, wenn Sie auf Ratschläge hören. Wenn Sie Butterblumen kaufen, geht in Ihrem Liebesleben alles glatt.

Falsche Blumen bedeuten: ein Freund ist eifersüchtig.

Ein ordentlicher **Garten** ohne Blumen sagt ein bequemes Leben voraus, abgesehen von kleinen emotionalen Problemen. Ein vernachlässigter oder überwucherter Garten signalisiert bevorstehenden Ärger. Ein wunderschöner blühender Garten ist ein sensationeller Traum. Sie haben Liebe und Geld. Was wollen Sie mehr?

Wenn Sie von weißem **Heidekraut** träumen, ist das einer der glücklichsten Träume überhaupt. Auch jede andere Art Heidekraut ist ein hervorragendes Omen für alle Lebensbereiche.

Lavendel sehen oder riechen bedeutet: alles in Ordnung mit dem anderen Geschlecht. Vielleicht wartet ja eine neue Affäre auf Sie.

Ein blühender **Obstgarten** verheißt Glück.

Rosen zu pflücken verspricht großes Glück. Wenn Sie welche verschenken, heißt das, daß jemand Sie sehr liebt. Rosen geschenkt bekommen heißt, daß Sie bald umwerfenden gesellschaftlichen Erfolg haben werden.

Wenn Sie in einem **Treibhaus** sind, läßt das Erfolg und eine strahlende Zukunft erwarten.

Unkraut im Garten bedeutet, daß Sie in schlechter Gesellschaft sind, was Ihrem Ruf schadet. Unkraut jäten heißt, daß auf Regen Sonnenschein folgt.

Eine Glas**vase** besagt, daß Sie unentschlossen sind. Porzellan ist ein Glückszeichen. Eine Vase voller Blumen bedeutet eine rasche Verbesserung Ihrer Finanzen.

Eine **Wiese** voller Blumen heißt, daß Ihr Glück und Ihr Vertrauen in den Partner erwidert werden. Eine frischgemähte Wiese bedeutet, daß etwas Sie deprimiert.

BLUT Wenn Ihre **Arterien** schwach oder durchgeschnitten sind, wird Ihnen durch Ihre Freunde Ehre zuteil.

Wenn Sie stark **bluten**, werden Sie in eine Falle geraten. Bluten andere, bedeutet das, daß Sie sich bald mit Widerstand konfrontiert sehen.

Ein **Blutsturz** ist ein deutlicher Hinweis darauf, daß Sie geistig und körperlich total erschöpft sind. Ruhen Sie sich aus, nehmen Sie sich frei oder buchen Sie eine Urlaubsreise.

Bei **Nasenbluten** bringen andere Sie in Verruf. Eine kleine blutende Wunde an anderer Stelle weist darauf hin, daß ein Wunsch bald wahr werden wird.

BLUTEGEL Eine große Rechnung wird Ihnen ins Haus flattern. Aber bleiben Sie ruhig, Sie werden das Geld schon aufbringen.

BLUTERGUSS *Siehe auch:* Schmerz. Jede Art von Bluterguß bedeutet, daß Sie ein ausschweifendes Leben geführt haben. Haben Sie blaue Flecken an den Beinen, steht Ihr Ruf auf dem Spiel. Machen Sie langsam!

BOGEN Ein Bogen bedeutet Wohlstand und Beförderung. Unter einem Bogen hindurchgehen bedeutet, daß man Sie um einen Gefallen bitten wird. Ein beschädigter Bogen ist ein Zeichen dafür, daß Sie sich bessern müssen!

BOGENSCHÜTZE Wenn Sie Single sind, werden Sie bald den oder die Richtige/n finden. Sind Sie verheiratet, kommen Sie nicht vom rechten Pfad ab – das könnte Sie teurer zu stehen kommen, als Sie meinen.

BOHRER Ein Elektrobohrer bedeutet, daß Sie eine Zeitlang Ihre Depression nicht abschütteln können. Ein Handbohrer heißt, daß Sie im Moment etwas egoistisch sind. Wenn Sie einen Bohrer kaufen, heißt das, daß Sie sich nicht vor Arbeit drücken sollten. Es könnte sein, daß Sie schließlich befördert werden.

BOILER/HEIZEN *Siehe auch:* Hitze. Wenn Sie einen Boiler sehen, können Sie Ihre Hoffnungen begraben. Was immer es ist, es wird einfach nicht geschehen. Ein Dampfkessel weist Sie darauf hin, bei allen geschäftlichen Vorhaben Vorsicht walten zu lassen. Wenn Sie sich im Traum als Kesselschmied sehen, gibt es zu Hause bald Unglück. Lassen Sie sich von Ihren Emotionen nicht überwältigen, wenn Sie kochendes Wasser sehen. Dampfende Suppen verheißen finanzielles Glück, und wenn es siedender Kaffee ist, wird es bald ein kleines emotionales Drama geben.

BOMBE Wenn sie explodiert, gibt es für Sie ein paar hitzige Diskussionen, die aber versöhnlich enden.

BÖRSE Ein widersprüchlicher Traum. Gewinne warnen Sie vor Glücksspielen. Verluste künden finanzielles Glück an.

BÖSES Das Böse oder böse Geister bedeuten, daß Sie einen Richtungswechsel vornehmen sollten. Aus Ihren derzeitigen Plänen wird einfach nichts.

BOTSCHAFT Bald werden Sie mit einflußreichen Personen zu tun bekommen. Sind Sie offiziell dort, müssen Sie etwas für Ihre Wünsche tun. Von selbst gehen sie nicht in Erfüllung.

BOTSCHAFTER *Siehe auch:* Uniformen. Ein Botschafter ist ein Zeichen für treue, zuverlässige Freunde. Sind Sie selbst Botschafter, könnten Sie Ihre derzeitige Stellung verlieren. Eine Konferenz mit einem Botschafter bedeutet, daß Sie hochgesteckte Ziele erreichen werden.

BOXER Sie haben die Qual der Wahl, wenn Sie ihn im Ring sehen. Hängt er in den Seilen, bedeutet das, daß Sie gerade unsanft auf dem Boden der Realität gelandet sind. Wird ein Boxer k.o. geschlagen, werden Sie etwas Wertvolles verlieren. Wenn Sie sich einen Boxkampf ansehen, heißt das, daß Sie nicht tratschen sollten – Sie könnten eine interessante Gelegenheit verpassen.

BRANDSTIFTUNG *Siehe auch:*: Feuer. Eine Chance, etwas zum Besseren zu verändern, bahnt sich an.

BRATEN *Siehe auch:* Lebensmittel. Wenn Sie im Traum etwas braten, wird es in der Liebe bald Schwierigkeiten geben. Wenn das, was Sie braten, verbrennt, werden Sie sich schnell trösten. Aber es könnte sein, daß Sie vom Regen in die Traufe kommen. Passen Sie auf!

BRATENSOSSE *Siehe auch:* Lebensmittel. Wenn Sie sie essen oder servieren, vergeuden Sie Ihre Zeit. Aber Bratensoße zubereiten heißt, daß jetzt ein guter Zeitpunkt für ein Spielchen ist.

BRAUT/BRÄUTIGAM/BRAUTJUNGFER *Siehe auch:* Hochzeiten. Die Braut am Altar bedeutet gute Nachrichten in fast allen Lebensbereichen. Ist sie jedoch allein, ist Ihre Gesundheit leicht angegriffen. Wenn Sie mit einer Braut am Altar stehen, könnte ein geheimer Wunsch bald wahr werden. Wenn Sie die Braut küssen, werden Sie viele neue Freundschaften schließen.

Wenn Sie träumen, Sie seien **Brautjungfer**, steht Ihnen eine große Enttäuschung bevor. Mehrere Brautjungfern verheißen kommendes Glück.

Eines Ihrer Lieblingsprojekte wird sich verzögern, wenn Sie den **Bräutigam** sehen. Aber geben Sie nicht auf, mit einem neuen Anlauf ist der Tag gerettet. Wenn seine Braut sehr jung ist, warnt Sie dies vor einem Krankheitsfall in der Familie.

BRIEF Einen Brief schreiben: In Gefühlssachen geht alles reibungslos. Einen bekommen: Sie werden Nachrichten aus der Ferne erhalten. Einen einwerfen: Bald werden Ihre derzeitigen Probleme gelöst sein. Ein anonymer Brief signalisiert Gefahr. Ein Liebesbrief bedeutet, daß Sie eine törichte Affäre bereuen. Ein Kettenbrief kündet eine ungewöhnliche neue Erfahrung an. Einen Brief finden ist eine Warnung vor einem unloyalen Freund.

BRILLE Tragen Sie eine Brille, verpassen Sie unter Umständen eine günstige Gelegenheit. Eine Sonnenbrille kündigt eine Zeit des Selbstvertrauens an. Kaufen Sie eine Brille, wird Ihnen eine unbedeutende Krankheit zu schaffen machen.

BRÜCKEN Wenn Sie sehen, daß eine Brücke **gebaut** wird, haben Sie eine blühende Phantasie. Gehen Sie über eine Brücke, dann gibt es bald einen Stellenwechsel in der Arbeit.

Eine **Brüstung** bedeutet, daß Sie im Moment nur mit Geduld die Hindernisse auf Ihrem Weg überwinden.

Eine **Eisenbahnbrücke** ist ein Zeichen für Glück in einem riskanten Geschäft; aber eine **Straßenbrücke** bedeutet, daß Sie viel zu ehrgeizig sind, und das könnte zu Streit mit Ihrer besseren Hälfte führen.

Eine **Holzbrücke** weist Sie darauf hin, daß es Ihnen an Willenskraft mangelt.

Eine Brücke aus **Zement** oder Stein bedeutet, daß sich große Pläne bald verwirklichen werden.

BRUNNEN Siehe auch: Wasser. Ein ausgetrockneter Brunnen bedeutet, daß ein gerade begonnenes Projekt zu riskant ist. Ein voller Brunnen ist ein Zeichen dafür, daß eine bestimmte Situation eine schlechte Wendung nehmen wird. Schöpfen Sie Wasser daraus, dann könnte Ihr Liebesleben nicht besser sein. Fallen Sie hinein, werden Sie bald eine kritische Entscheidung treffen müssen.

BRUTKASTEN Sie machen sich zu viele Gedanken; entspannen Sie sich, und alles wird gut.

BUCKEL Es gibt erfreuliche Nachrichten. Berühren Sie den Buckel, winkt Ihnen das Glück. Sind Sie ein Buckliger, sollten Sie lieber zum Arzt gehen.

BÜGELN Für eine Frau bedeutet diese banale Haushaltspflicht eine Erlösung von einer Last. Für einen Mann bedeutet es schnellen Profit oder Gehaltserhöhung.

BUMERANG Kommt er zurück, geben Sie bei der Arbeit acht: Ihre Kollegen sind nicht ehrlich mit Ihnen. Kommt er nicht zurück, werden Sie umziehen.

BÜNDEL Irgendein Bündel tragen besagt, daß Sie bald eine wunderbare Einladung bekommen werden. Wenn Sie es zusammenrollen, dann setzen Sie sich in allen möglichen Bereichen der Kritik aus.

BURGEN *Siehe auch:* Orte/Schauplätze. Ihre schlechte Stimmung wird zu einigen Streitereien führen. Eine alte Burg bedeutet, Sie sollten Ihre Investitionen überprüfen. Eine Burg besichtigen: es gibt ein paar Reisen. Eine verfallene Burg ermahnt Sie, Ihre Leidenschaften zu zügeln. Sie könnten Ihnen Ärger bereiten!

BÜRO Dies bezieht sich merkwürdigerweise eher auf emotionale als auf geschäftliche Dinge. Sehen Sie sich in Ihrem eigenen Büro, wird sich in Ihrem Liebesleben etwas ändern. Ein fremdes Büro kündet einen wichtigen neuen Freund an.

BÜRSTE Eine Haarbürste bedeutet, daß Sie ein paar größere Opfer bringen müssen, um diesen aufregenden Partner zu bekommen. Ein Pinsel bedeutet, daß Sie voller Frühlingsgefühle sind und optimistisch in die Zukunft blicken. Eine Bürste saubermachen deutet auf bevorstehende Schwierigkeiten hin.

BUS Mit dem Bus fahren heißt, daß Sie geradewegs auf Ihren Herzenswunsch zusteuern. Auf einen Bus zu warten bedeutet zeitweilige Rückschläge. Sie kommen in finanzielle Bedrängnis, wenn Sie von einem Busunglück träumen. Ein Busfahrer kündet eine Auslandsreise an.

CARTOON Ein Zeichen für blühende Geschäfte, aber laues Liebesleben. Machen Sie sich nichts daraus, manchmal kann man eben nicht beides zugleich haben.

CHAMPION Ein Sportchampion zu sein deutet an, daß Ihre derzeitige Begeisterung für eine Sache bald verpuffen wird. Wird ein anderer Champion, können Sie mit einigen kleinen Erfolgen rechnen.

CHININ Alte Gewohnheiten oder sogar alte Freunde hindern Sie am Weiterkommen. Brechen Sie aus, und wenden Sie sich neuen Interessensgebieten zu.

CHIPS *Siehe auch:* Lebensmittel. Spielchips zeigen, daß jetzt der Zeitpunkt für ein Spiel ist. Holzspäne sagen kleineren Verdruß voraus.

CLOWN Siehe auch: Auftreten. Bald werden Sie vor Wut kochen, weil man eine Ihrer Taten falsch verstanden hat. Tragen Sie Clownskleidung, werden Sie bald mit einem Problem konfrontiert, das Sie eine Menge Geld kosten könnte.

CODE Kodierte Botschaften sind eine Warnung vor Täuschung. Verlassen Sie sich nicht so leichtfertig auf Ihr Urteil, sondern überprüfen Sie Dinge vorher.

COUCH *Siehe auch:* Möbel. Sie laufen Gefahr, sich in falscher Sicherheit zu wiegen. Hören Sie auf den Rat treuer Freunde.

DACH Auf einem Haus: Sie sollten Ihre neuen Ideen in die Tat umsetzen. Ein Ziegeldach kündigt Glück an. Ein Strohdach: Ihnen steht eine Enttäuschung in der Liebe bevor. Fallen Sie herunter oder klettern Sie auf ein Dach, dann wird Ihr Erfolg, auf den Sie so stolz sind, nur ein Strohfeuer sein.

DEICH Siehe auch: Wasser. Sie sind besorgt darüber, eine Verantwortung zu übernehmen, die Ihnen zu groß erscheint. Reden Sie mit einem Freund oder noch besser mit einem Profi darüber.

DEKORIEREN Ein Fest steht vor der Tür.

DIENER Ein widersprüchlicher Traum. Sind Sie ein Diener, werden Sie das langersehnte Glück finden. Diener haben sagt einen Geldverlust voraus.

DIKTAT Wenn Sie etwas diktieren, werden Ihre derzeitigen Pläne sich als kompliziert erweisen. Nehmen Sie ein Diktat auf, gibt es bald eine wichtige Verbesserung im Beruf.

DIPLOMAT Mit Reisen verbundene Veränderungen stehen bevor. Wenn Sie einen Diplomaten empfangen, sollten Sie sich auf viele gute Nachrichten gefaßt machen.

DIREKTOR *Siehe auch:* Arbeit. Ein Platz im Vorstand bedeutet gute Nachrichten in beruflichen oder rechtlichen Angelegenheiten. Wenn Sie als Direktor zurücktreten oder diesen Posten verlieren, werden Sie aufgrund eigener Dummheit an Status verlieren. Tun Sie nichts, wofür Sie sich schämen müßten, wenn andere es herausfänden.

DIRIGENT *Siehe auch:* Musik. Ein Orchesterdirigent: ein unverhofter Glücksfall wird eintreten.

DOLCH Sie können sich auf überraschende Neuigkeiten gefaßt machen. Im Traum einen Dolch tragen ist eine Warnung, etwas taktvoller zu sein, sonst könnten Sie in eine unangenehme Lage kommen. Andere mit Dolchen sehen ist ein Zeichen, daß Sie trotz heftigen Widerstandes gewinnen werden.

DOMINO Domino spielen heißt: Riskieren Sie eine Zeitlang nichts. Sind die Steine in der Schachtel, sollten Sie sich alle teuren Dinge aus dem Kopf schlagen – ganz egal, ob Sie sie für ein großes Schnäppchen halten!

DORF Liegt es am Meer, werden Sie sich einigen Schwierigkeiten stellen müssen. Ein Bergdorf kündigt unerwartete Gewinne an. Ein Dorf auf dem Land: Sie werden bald eine großartige Leistung vollbringen. Sehen Sie ein Dorf in der Ferne, dann seien Sie mit einem sogenannten »Schnäppchen« vorsichtig: Es ist vielleicht nicht so gut, wie Sie meinen.

DORNENGESTRÜPP Wenn Sie sich an Dornengestrüpp kratzen, müssen Sie mit einigen Rückschlägen rechnen. Wenn das Dornengestrüpp Sie nicht zerkratzt, werden Sie bald wieder glückliche Zeiten erleben.

DRACHEN Das ist ein Hindernistraum. Fliegt er mühelos, können Sie damit rechnen, Ihre Ziele zu erreichen. Reißt aber die Schnur oder fliegt er davon, wird eine Enttäuschung Ihre Stimmung trüben.

DREIECK Ob es sich um die Form oder um eine Triangel handelt: Sie sollten eine Gelegenheit mit beiden Händen ergreifen.

DSCHUNGEL *Siehe auch:* Fremde Orte/Menschen. Wenn Sie sich dort verirren, werden Sie bald große Probleme bekommen. Bahnen Sie sich Ihren Weg durch den Dschungel, werden Sie alles klären.

DUMMKOPF Wenn Sie im Traum ein Dummkopf sind oder einen sehen, werden Sie durch eigene Intelligenz erfolgreich sein.

DUNG Schaufeln Sie Dung, ist das ein günstiges Zeichen. Finanzielles Glück oder irgendein Profit ist auf dem Weg.

DUNKELHEIT/LICHT Ein langjähriges Problem wird schließlich gelöst werden, wenn Sie einen Lichtstrahl sehen. Wenn Sie ein Licht anknipsen, wird es Ihnen im Beruf gut ergehen. Schalten Sie es aus, heißt das, daß Ihr/e Liebste/r Sie hintergeht. Helles Licht ist ein Zeichen für Gesundheit, gedämpftes Licht bedeutet Krankheit.

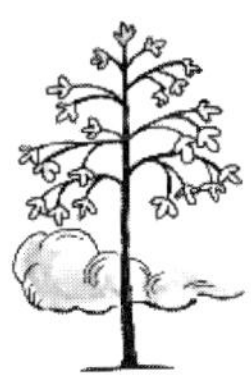

Dunkelheit deutet eine größere emotionale Unruhe an. Aber wenn Sie sich Ihren Weg zurück ins Licht bahnen, läuft in der Arbeit alles gut, und Ihr Liebesleben blüht auf.

Hindernisse und Verzögerungen stehen bevor, wenn Sie von der **Nacht** träumen. Eine wirklich dunkle Nacht bedeutet, daß Sie Ihren Groll auf jemanden verheimlichen, der Ihnen früher geschadet hat. Eine Sternennacht bedeutet, daß Sie eine interessante Entdeckung machen werden.

Eine **Sonnenfinsternis** bedeutet, daß Ihr Sexualleben Sie langweilt. Wenn Sie die Sache nicht beleben können, sollten Sie besser den Partner wechseln.

Ein **Stromausfall** deutet an, daß Sie Ihre Energie für etwas vergeuden. Schlagen Sie einen anderen Kurs ein. Ein Blitz sagt langandauerndes Glück voraus.

Mit Konzentration werden Sie bekommen, was Sie wollen, wenn Sie einen **Suchscheinwerfer** sehen. Wenn er den Himmel erhellt, könnten Sie harte Konkurrenz bekommen.

Tageslicht sagt neuerliche Hoffnung voraus.

DURCHBRENNEN *Siehe auch:* Ankommen/Abreisen. Für einen Mann ist dies ein Zeichen von Verrat unter seinen Kollegen. Für eine Frau ist es eine Warnung, vorsichtiger zu sein, wem sie ihre Zuneigung schenkt.

DURCHEINANDER Ein widersprüchlicher Traum. Was immer Sie beunruhigt, wird zu einem eindeutigen Abschluß kommen.

DÜRRE Ihnen stehen harte Zeiten bevor. Aber sie dauern nicht lange, und Ihre Sorgen werden bald ein Ende haben.

DYNAMIT *Siehe auch:* Geräusche. Nicht explodiertes Dynamit heißt, daß eine Ihrer Sorgen unbegründet ist. Wenn Sie Dynamit explodieren sehen oder hören, sollten Sie jedes neue Vorhaben fallenlassen – es wird nicht funktionieren.

DYNAMO Sie haben mit Ihren Kräften Raubbau getrieben. Machen Sie langsam, sonst brechen Sie zusammen!

ECHO *Siehe auch:* Geräusche. Ihr eigenes Echo bedeutet, daß Sie etwas Merkwürdiges erleben werden – wahrscheinlich mit dem anderen Geschlecht. Ein andersgeartetes Echo ist ein Zeichen, daß Sie ein kräftiges JA auf einen Vorschlag bekommen, den Sie machen; es könnte sich um eine Heirat oder um etwas Geschäftliches handeln.

ECKE *Siehe auch:* Orte/Schauplätze. Das ist ein Hindernistraum. Eine Warnung, nichts zu erzwingen. Ist es eine Straßenecke, wird eine neue Chance Ihr Leben verändern. Wenn Sie um eine Ecke biegen, werden Sie eine nette Überraschung erleben.

EDELSTEIN *Siehe auch:* Farben/Edelsteine. Einen Edelstein finden, stehlen oder geschenkt bekommen weist auf eine Zeit des Unglücks und der Depression hin. Aber wenn Sie einen verlieren, werden Sie unerwartet Gewinn machen. Ein falscher Edelstein ist ein sicheres Zeichen dafür, daß über Sie boshaft geredet wird.

EIFERSUCHT *Siehe auch:* Ärger/Konfrontation. Dieses Gefühl bedeutet, daß Sie in Ihrem Liebesleben oder mit Freunden Probleme bekommen.

Richtet sich die Eifersucht gegen Sie, wird alles zu Ihren Gunsten ausgehen.

EIMER Einen Eimer tragen: Die Lage wird sich bessern. Einen umstoßen: Seien Sie etwas vorsichtiger mit Geld. Ein leerer Eimer bedeutet: Sie bekommen schließlich, was Sie wollen. Ein voller kündet eine kleinere Errungenschaft an.

EINBALSAMIEREN *Siehe auch:* Tod. Andere verstehen Ihre Handlungen ganz sicher falsch. Warum ersparen Sie sich das nicht?

EINGANG *Siehe auch:* Türen. Der Eingang eines Gebäudes besagt, daß Sie unsicher sind. Reißen Sie sich zusammen, das gibt Ihnen mehr Zuversicht.

EINHORN Kein gutes Zeichen. Sie sind mit Problemen konfrontiert, weil Menschen nicht so vertrauenswürdig sind, wie Sie anfangs dachten.

EINLADUNG Dies ist ein Gegensatztraum. Erhalten Sie eine, treten Sie bald in eine Phase der Langeweile ein, die Sie ziemlich deprimiert werden läßt. Handelt es sich aber um eine mündliche Einladung, könnte es mit Ihrem gesellschaftlichen Leben aufwärts gehen.

EINNAHMEN, AUSGABEN/BUCHHALTER *Siehe auch:* Geld. Dies ist ein sehr direkter Traum. Ein- und Ausgaben zusammenrechnen bedeutet, daß Sie kein Geld verleihen sollten. Sie könnten es verlieren. Aber wenn der Saldo stimmt, wird man Ihnen ein gewinnträchtiges Angebot machen. Wenn Sie die Ein- und Ausgaben Ihres Chefs ausrechnen, müssen Sie sich vor Ihren Feinden hüten.

EINSCHNITT Wenn Sie kein Arzt sind, könnten Sie rechtliche Schwierigkeiten bekommen. Überprüfen Sie alle Ihre Unterlagen.

EINSIEDLER Wenn Sie diese Gestalt sehen, ist es Zeit, ein paar Risiken auf sich zu nehmen. Es führt zu nichts, wenn Sie Angst vor dem Versuch haben. Sind Sie der Einsiedler, wird die Straße vor Ihnen holprig sein, aber letztlich ins Glück führen.

EINSTICH Seien Sie nicht so unflexibel. Hören Sie auf andere. Sie haben vielleicht auch etwas zu sagen.

EIS *Siehe auch:* Wetter. Kein gutes Vorzeichen. Eine ausgedehnte Eis- und Schneefläche signalisiert unweigerlich Gefahr oder Schwierigkeiten. Eine vereiste Straße oder ein Pfad zeigen, daß Sie ruhelos sind und auf ein aufregenderes Ereignis warten. Wenn Sie das Eis brechen, sind Ihre Befürchtungen grundlos. Eis in einem Getränk bedeutet, daß Sie Zeit und Geld vergeuden. Wenn Sie von Eis auf einer Mauer oder einem Fenster träumen, machen Sie demnächst eine ungewöhnliche, aber aufregende Erfahrung. Sie Glückliche/r! Erfrierungen warnen Sie, bei allem besonders vorsichtig zu sein, um Probleme, besonders beruflicher Art, zu vermeiden.

EISBERG Verborgene Hindernisse liegen auf Ihrem Pfad, aber mit Vorsicht können Sie sie umgehen.

EISENBAHN Gesellschaftlich könnte es Ihnen nicht besser gehen. Eine U-Bahn zeigt, daß Ihnen jemand oder etwas in die Quere kommt. Sie werden Ihre ganze Kraft aufbieten müssen, um dieses besondere Hindernis aus dem Weg zu räumen. Ein Zugunglück ist ein Omen dafür, daß einer Ihrer Pläne schiefgehen wird.

EISZAPFEN Ihre schlimmsten Befürchtungen werden sich bald zerstreuen. Tropfende Eiszapfen bedeuten: Halten Sie Ihr Geld für mindestens zwei Monate zusammen.

ELEKTRIZITÄT *Siehe auch:* Dunkelheit/Licht. Ein Stromschlag kündet überraschende Nachrichten an. Den Strom einschalten: eine früher erwiesene Gefälligkeit können Sie nun einfordern. Den Strom abschalten: Sie brauchen Urlaub. Eine Hochspannungsleitung bedeutet plötzlichen Widerstand gegen einen Ihrer Pläne – erzwingen Sie nichts. Eine Sicherung bedeutet, daß Sie etwas verlieren oder verlegen werden.

ELFE Wenn Sie eine Elfe, einen Kobold oder ähnliches sehen, könnte der Weg in Ihrem Liebesleben bald steinig werden. Auch in der Arbeit haben Sie einen Konkurrenten.

ELFENBEIN *Siehe auch:* Schmuck. Ein Glückszeichen. Ein unverheiratetes Mädchen, das davon träumt, wird einen freundlichen Mann heiraten und ein glückliches Familienleben führen.

EMPFANG Einen Empfang geben: Die Geschäfte laufen gut, Sie werden viel Geld verdienen. Auf einen Empfang gehen: Es gibt in Sachen Liebe eine aufregende Entwicklung. Ein Empfang zu Ihren Ehren ist ein Zeichen, daß etwas Ungewöhnliches in Ihrem Leben geschehen wird.

ENDE *Siehe auch:* Zeit. Das Ende ist ein Symbol für neue Anfänge für Sie. Aber eine Sackgasse ist ein

Zeichen, daß Sie die Richtung im Leben verloren haben. Beschreiten Sie zur Abwechslung einen anderen Weg.

ENG Ein Hindernistraum, wenn Sie bemerken, daß etwas enger ist, als es sein sollte. Es bedeutet, daß Sie sich zuviel zugemutet haben.

ENTDECKUNG Wenn Sie plötzlich etwas oder jemanden entdecken, könnten Sie etwas erben. Werden Sie entdeckt, werden Sie bald neue Gesichter und Orte sehen. Eine Reise steht an.

ENTFERNUNGEN Sehen Sie Menschen oder Handlungen in großer Entfernung, werden Sie eine Weile warten müssen, damit sich Ihre Wünsche erfüllen. Zuerst müssen Sie ein bestimmtes Hindernis aus Ihrer Vergangenheit aus dem Weg räumen.

ENTFÜHRUNG Sind Sie das Opfer einer Entführung, dann suchen Sie sich andere Freunde, sonst kommen Sie in Schwierigkeiten. Sind Sie der Entführer, dann achten Sie auf Ihre Wertsachen – sie könnten verlorengehen oder gestohlen werden. Prüfen Sie also die Versicherung.

ENTHAUPTUNG *Siehe auch:* Tod. Ein widersprüchlicher Traum. Werden Sie enthauptet, gehört der Erfolg Ihnen. Werden andere enthauptet, bedeutet das immer noch Erfolg, aber erst nach einiger Verzögerung.

ENTSCHULDIGUNG *Siehe auch:* Kommunizieren; Sprechen. Bezieht sich auf Freunde. Entschuldigt man sich bei Ihnen, werden Sie mit Ihrem/r Geliebten glücklich sein. Entschuldigen Sie sich, wird ein alter Freund wieder auftauchen.

ENTSTELLUNG Ein widersprüchlicher Traum. Werden Sie entstellt, dürfen Sie etwas Wunderbares erwarten. Sind aber andere entstellt, dann betrügt Sie jemand, dem Sie vertrauen. Bringen Sie Geschäft und Vergnügen nicht durcheinander, und machen Sie keine Geschäfte mit sogenannten Freunden.

EPAULETTEN *Siehe auch:* Uniformen. Für eine Frau bedeutet dies eine prickelnde Liebesaffäre, für einen Mann eine Beförderung oder Gehaltserhöhung.

ERDBEBEN Machen Sie sich auf eine völlige Umstellung Ihrer Lebensumstände gefaßt. Sie ziehen vielleicht um, wechseln den Arbeitsplatz oder den Partner. Aber alles wird zu Ihrem Besten sein.

ERDE Auf ihr liegen sagt traurige Nachrichten voraus. In ihr beerdigt werden heißt, daß Sie sich dieses Wettspiel leisten können. Sie werden gewinnen! Die Erde küssen läßt emotionale Dramen und Enttäuschungen erwarten.

ERDRUTSCH Sehen Sie ihn aus sicherer Entfernung, gehen Sie mit Ihren derzeitigen Problemen intelligent um. Werden Sie dabei verschüttet, ist zwischen Ihnen und jemand anderem Betrug im Spiel. Aber von wem geht er aus?

ERFINDUNG Ihr liebster Wunsch erfüllt sich.

ERFOLG Jede Art von Aufstieg bedeutet einfach, was er heißt. Es ist ein gutes Omen, das Befriedigung und gute Zeiten bedeutet.

Träumen Sie davon, **berühmt** zu sein, streben Sie nach etwas, das wirklich eine Nummer zu groß ist. Bleiben Sie doch bei Ihren Leisten. Träume von einer berühmten Person sind ein Zeichen dafür, daß Sie nicht aufgeben sollten. Hilfe kommt von unerwarteter Seite.

ERHÄNGEN *Siehe auch:* Tod. Hängen Sie am Galgen, werden Sie auf der Gesellschaftsleiter aufsteigen. Wird jemand anderes gehängt, wird das Geld für eine Weile knapp sein.

ERMORDUNG *Siehe auch:* Tod. Das ist ein schlechtes Zeichen, ganz gleich, ob Sie oder ein anderer die Tat begehen. Es verheißt Pech in vielen Lebensbereichen. Eine Geldeinbuße, ein Brand, ein Streit mit lieben Menschen – all das kann Ihnen widerfahren. Es bedeutet, daß eine düstere Zeit bevorsteht.

ERNÄHRUNG/DIÄT *Siehe auch:* Lebensmittel. Wenn Sie eine Diät machen, wird es im Beruf einen Aufschwung geben. Vegetarische Ernährung: Sie haben Freunde, auf die Sie zählen können. Wenn Sie tatsächlich gerade eine Diät machen, bedeutet Ihr Traum wahrscheinlich, daß Sie Hunger haben!

ERNTE Es steht Ihnen harte Arbeit bevor, aber Sie werden reich belohnt werden.

ERNTEN *Siehe auch:* Lebensmittel. Obst ernten ist ein Signal, daß fast alles im Leben nach Wunsch läuft – genießen Sie es. Handelt es sich um Getreide, werden Sie bald für eine geleistete harte Arbeit die Belohnung einstreichen. Eine magere Ernte warnt Sie davor, daß Sie ausgenutzt werden – seien Sie nicht sanft, setzen Sie sich durch.

ERPRESSUNG Für einen Mann zeigt dies das Bedürfnis, geliebt und verstanden zu werden. Bei einer Frau heißt es, daß sie Geldsorgen hat. Wird ein Freund erpreßt, heißt das, daß Ihnen Selbstvertrauen fehlt und Sie einen Hang zum Pessimismus haben. Sind Sie selbst der Erpresser, sind Sie zur Zeit übermäßig eingebildet und allzu ehrgeizig!

ERRÖTEN Wenn Sie erröten, werden Sie bald merken, daß Sie einem Ihrer Freunde nicht trauen können. Wenn andere erröten, halten Sie bloß Ihren Mund! Es ist eine Warnung vor Gerede.

ERSCHEINUNG Das bedeutet gute Nachrichten, es sei denn, die Erscheinung erschreckte Sie. Dann ist es ein warnender Hinweis, sich ärztlich untersuchen zu lassen. Die Erscheinung eines verstorbenen Verwandten bedeutet Wohlstand.

ERSTAUNEN *Siehe auch:* Verwirrung. Sie werden bald eine ungewöhnlich aufregende Erfahrung machen, wenn dieses Gefühl in Ihrem Traum auftaucht.

ERSTICKEN Eine ärztliche Untersuchung wäre empfehlenswert.

ERUPTION Jede Art von Eruption wie die eines Vulkans sagt eine Veränderung der Umstände zum Besseren voraus.

ERWÜRGEN Sie werden niemals das bekommen, was Sie wollen, wenn Sie sich nicht dafür einsetzen. Werden Sie im Traum erwürgt, ist das ein Zeichen, daß Sie viel zu schüchtern sind. Erwürgen Sie jemanden, sollten Sie Ihren Instinkten folgen, wenn Sie jemandem nicht ganz trauen.

ESSEN *Siehe auch:* Lebensmittel. Im Stehen essen heißt, daß Sie ein bißchen schludrig sind und versuchen, alles in Eile zu erledigen. Mit den Händen essen heißt, daß Sie von Ihrem Partner die Nase voll haben. Heimlich essen heißt Sehnsucht nach der Vergangenheit. Warum? Sie können sie nicht zurückholen. Allein essen bedeutet, daß Sie bald einen Freund verlieren werden. Zu Hause essen weist auf kommende neue Projekte hin; in einem Restaurant essen bedeutet, daß in Ihrem Liebesleben nicht alles stimmt. Finden Sie eine Lösung, bevor es zu Ärger kommt.

EVAKUIERUNG Jede Art der Evakuierung ist eine Warnung vor Glücksspielen. Keine riskanten Unternehmungen und vor allem keine Wetten oder Bingo.

EXPLODIEREN Wenn etwas explodiert, wird Ihnen etwas Lustiges widerfahren!

EXPRESS Wenn Sie sich in einem Express-Zug sehen, werden Sie den Chef beleidigen. Wenn Sie einen vorbeifahren sehen, haben Sie soeben eine gute Gelegenheit verpaßt. Das wird Ihnen eine Lehre sein, besser achtzugeben.

FABRIK *Siehe auch:* Arbeit. Wenn Sie von einer Fabrik träumen, werden Sie sich hart plagen müssen, aber am Ende erfolgreich sein. Arbeiten Sie selbst in einer Fabrik, erhalten Sie bald gute Nachrichten.

FÄCHER *Siehe auch:* Hitze. Dieser Traum betrifft Ihr Liebesleben. Fächern Sie sich selbst Luft zu, steht eine peinliche Verstrickung bevor. Tun es andere, dann übertreiben Sie. Verlieren Sie im Traum einen Fächer, werden Sie Ihren Partner verlieren, weil Sie so viel flirten.

FACKEL Eine brennende Fackel oder Taschenlampe bedeutet, daß Ihr Respekt vor Ihrer Umgebung Ihnen in der Arbeit eine Hilfe sein wird. Ist sie aber ausgeschaltet/ausgelöscht, wird eine Enttäuschung mit dem anderen Geschlecht in eine Zeit der Teilnahmslosigkeit münden.

FAHNE Von wehenden Fahnen träumen hießt, daß Sie ein paar Partyeinladungen bekommen werden. Eine Fahne hissen bedeutet Geldeinnahmen, eine Fahne einholen ebenfalls finanzielles Glück. Verschiedene Fahnen bedeuten, daß jemand Sie sympathisch findet.

FAHREN Sitzen Sie am Steuer, sollten Sie mindestens einige Wochen lang nicht um Geld spielen. Fährt ein anderer, werden Sie eine finanzielle Glückssträhne haben.

Wenn Sie einen **Anhalter** beim Fahren sehen, sollten Sie etwas selbständiger sein. Nehmen Sie einen Anhalter mit, bedeutet das, daß Sie vorsichtiger mit Ihrem Geld umgehen und vor allem keines verleihen sollten.

Sehen Sie einen **Auffahrunfall** – eher einen Aufprall als einen Zusammenstoß –, sollten Sie sich in einer Angelegenheit ganz schnell entscheiden. Wenn Sie es nicht können, fragen Sie andere um Rat, aber machen Sie sich nicht verrückt.

Ein **Auspuff** bedeutet, daß Sie bald Macht über jemanden ausüben werden.

Wenn Sie im Traum zum ersten Mal seit langem wieder **Auto**fahren, haben Sie Ihr Leben im Griff.

Ein **Autounfall** ist eine Warnung, eine Zeitlang nicht öfter als notwendig zu verreisen. Aber jede Art von Zusammenstoß verkündet eine große Leistung. Je größer der Zusammenstoß, desto mehr werden Sie erreichen.

Wenn Sie die **Bremsen** im Auto anziehen, wird man Ihnen ein Angebot machen, das größere Verantwortung mit sich bringt. Geräuschvolle oder kaputte Bremsen bedeuten, daß Sie ganz genau nachdenken müssen, bevor Sie ein neues Angebot annehmen. Es könnte einen Haken haben.

Jeder Traum, in dem ein **Fahrrad** vorkommt, zeigt, daß eine wichtige Entscheidung getroffen werden muß. Denken Sie gründlich darüber nach, bevor Sie Schlüsse ziehen. Sehen Sie einen Radfahrer bergauf fahren oder schnell hinunterfahren, werden Sie Fortschritte und günstige Veränderungen machen.

Je schneller ein **Fahrzeug** in Ihrem Traum ist, desto mehr Aufregungen kommen auf Sie zu. Aber wenn das Fahrzeug stehenbleibt, können Sie mit Erfolg rechnen. Ein kaputtes Fahrzeug bedeutet Verzögerungen, weil sich jemand einmischt, aber Sie schaffen es schon.

Jede Art von **Fuhrwerk** fahren warnt Sie vor übereilten Käufen. Ist es beladen, werden Sie ein überraschendes Geschenk erhalten.

Wenn Sie aufs **Gaspedal** treten, um zu beschleunigen, werden Sie durch eigene Anstrengung Ihre Ziele erreichen. Klemmt das Gaspedal oder ist es defekt, so hüten Sie sich vor einer schlechten Angewohnheit. Sie könnte zu einem Laster werden.

Kreuzungen bedeuten genau das, was Sie sich vorstellen. Bald werden Sie eine wichtige Entscheidung treffen müssen. Hören Sie auf Ratschläge.

Ein **Motorrad** fahren bedeutet Probleme in der Arbeit, und wenn Sie herunterfallen, sieht Ihre finanzielle Situation düster aus. Ein Motorradrennen ist ein Zeichen dafür, daß Sie überraschend Hilfe zur Lösung eines Problems erhalten werden.

Ein **Reifenwechsel** heißt, daß Sie bald eine unerwartete Geldforderung erhalten. Ein geplatzter Reifen bedeutet, daß jemand eifersüchtig auf Sie ist. Bei einem neuen Reifen aber werden Ihre Sorgen bald verschwinden.

Wenn Sie das absolute Luxusfahrzeug, einen **Rolls Royce**, sehen, wird sich ein neues Angebot besser als erwartet darstellen. Halten Sie es mit beiden Händen fest!

Eine gerade oder breite **Straße** spricht für gutes, beständiges Weiterkommen. Ist sie aber holprig, eng oder gewunden, sind Hindernisse zu überwinden. Straßenschilder bedeuten kleine, aber erfreuliche Veränderungen.

Eine **Straßenabzweigung** heißt, daß Sie bald eine Entscheidung treffen müssen.

FAHRRAD Jeder Traum von einem Fahrrad zeigt, daß eine wichtige Entscheidung getroffen werden muß. Denken Sie gründlich nach, bevor Sie sie fällen. Wenn Sie im Traum einen Radfahrer einen Berg hinauf- oder schnell hinunterfahren sehen, werden sich Fortschritt und günstige Veränderungen einstellen.

FÄHRTE Folgen Sie einer Fährte, können Sie mit harter Arbeit Ihre Ziele erreichen. Verlieren Sie sie aus den Augen, sollten Sie nicht so viel Zeit vergeuden.

FALLE Eine Falle aufstellen ist für einen Mann ein Glückszeichen. Für eine Frau ist es eine Warnung, einem Freund nicht zu trauen. Sind Sie selbst in einer Falle gefangen, sollten Sie im Moment nicht auf Gerede hören. Ignorieren Sie es einfach, egal wie sehr es Sie beunruhigt.

FALLEN Fallträume kommen sehr häufig vor. Sie sind ein Symbol für Angst im realen Leben – vielleicht Angst, im Beruf oder im Privatleben zu versagen. Häufiges Fallen drückt das Bedürfnis aus, sich mehr gehenzulassen und das Leben mehr zu genießen. Fallträume rühren oft von Isolation her: Egal, wie erfolgreich Sie sind, Sie können sich immer noch isoliert fühlen, und diesen Traum haben oft berufstätige Männer und Frauen. Im Traum zu fallen ist ein unerfüllter Wunsch nach Unterstützung und Zuneigung. Dieser Traum kommt oft vor, wenn sich der Träumende in einer Situation unverstanden oder nicht akzeptiert fühlt.

Weit hinunterfallen heißt, daß Sie sich allgemein im Leben auf schlimme Umstellungen gefaßt machen müssen. Ist die Fallstrecke kurz, wird es nicht so schlimm sein. Wenn Sie unverletzt landen, werden Ihre Rückschläge nur vorübergehender Natur

sein. Verletzen Sie sich, stehen Ihnen leider schwere Zeiten bevor. Sehen Sie andere fallen, können Sie mit einer beruflichen Beförderung rechnen.

Aus dem **Bett** fallen heißt, daß Sie überempfindlich sind.

Auf den **Boden** fallen warnt Sie davor, einem Ihrer Freunde zu vertrauen.

Freier Fall mit einem **Fallschirm** bedeutet ein reibungsloses Liebesleben. Aber wenn er sich nicht öffnet, wird Sie jemand im Stich lassen, dem Sie vertraut haben.

Wenn Sie ins **Wasser** fallen, müssen Sie mit Geldsorgen rechnen.

FALTEN Sie werden bald allseits beliebt sein. Genießen Sie es!

FAMILIE *Siehe auch:* Beziehungen. Träumen Sie von Ihrer eigenen Familie, sind wichtige Nachrichten unterwegs. Eine große Familie zeigt, daß Sie in punkto Geld keine Sorgen haben, aber unter Umständen bald ein paar Opfer bringen müssen. Verlassen Sie eine Familie, wird es ebenfalls Geldprobleme geben.

Die einzelnen Familienmitglieder haben alle eine eigene Bedeutung:

Bei einem älteren **Bruder** werden Sie bald etwas Mutiges tun. Ein jüngerer verkündet einen Familienstreit. Wenn Sie sich gut verstehen, werden Sie sich bald von einem Freund trennen. Benimmt sich der Bruder schlecht, winkt Ihnen Glück.

Ein/e **Cousin/e** bedeutet immer, daß sich Ihre Sorgen zerstreuen werden.

Wenn Sie sich mit einem **Ehemann** sehen, in Wirklichkeit aber Single sind, steht ein schlimmer Zank unter Liebenden bevor. Wenn Sie von Ihrem eigenen Ehemann träumen, sieht Ihr Eheleben nicht so rosig aus. Wenn Sie den Ehemann einer anderen sehen, zeigt das, daß Sie die Dinge nicht ernst genug nehmen.

Großeltern sind ein Symbol für Schutz und Sicherheit. Sind Sie selbst Großelternteil, können Sie hochgesteckte Ziele erreichen.

Wenn Sie Ihre eigene **Mutter** sehen, bedeutet das harte Zeiten für Sie und Ihren Partner – aber sie sind nicht von Dauer, solange Sie darüber reden und die Sache nicht schwären lassen. Weint Ihre Mutter, sind Sie in bezug auf etwas überbesorgt. Ihre Schwiegermutter bedeutet, daß Sie bald Streit in der Familie haben werden. Mit ihr streiten bedeutet, daß bald ein neuer interessanter Freund auftaucht.

Für einen Mann ist eine **Schwester** ein Zeichen emotionaler Sicherheit, bei einer Frau steht sie für häuslichen Zwist.

Im Traum einen **Sohn** haben bedeutet Erfolg. Ist er unverheiratet, müssen Sie mit Problemen rechnen. Ist er verheiratet, gibt es familiäre Sorgen.

Eine **Tante** mütterlicherseits bedeutet: Eine Familienverbindung wird Ihnen nützlich sein. Bei einer Tante väterlicherseits sollten Sie nicht so ungeduldig sein.

Eine **Tochter** ist ein Zeichen von bevorstehenden guten Nachrichten. Eine unartige Tochter bedeutet ungeklärte Zukunft.

Wenn Sie von Ihrem **Vater** träumen, sollten Sie den Rat einer älteren Person annehmen. Ist er gesund, werden Sie von jemandes Hilfe profitieren. Ist er krank, sollten Sie nicht mehr an sich zweifeln. Stirbt Ihr Vater im Traum, werden Sie eine Verantwortung auf sich nehmen, die Ihnen Respekt verschafft.

FÄRBEMITTEL *Siehe auch:* Farben/Edelsteine; Haare. Eine Farbveränderung durch Färben heißt, daß Sie sich auf Ihr eigenes Urteil verlassen müssen. Gefärbte Kleidung bedeutet gesellschaftlichen Erfolg. Wenn Sie ein Chaos beim Färben anrichten, können Sie mit einem sehr großzügigen Geschenk rechnen.

FARBEN/EDELSTEINE Allgemein bedeuten helle Farben Erfolg. Im einzelnen: Blau: Hilfe von außen löst Ihre Probleme; Schwarz: schlechte Zeiten im Anzug; Braun: finanzielles Glück; Rot ist eine Warnung, Ihre Laune zu zügeln; Grün bedeutet Reisen oder Neuigkeiten aus der Ferne; Mauve bedeutet Unglücklichsein; Orange ist ein Zeichen von unerwartet großem Erfolg; Violett ist ein Omen für gutes gesellschaftliches Leben; Gelb warnt Sie vor Rückschlägen, bevor sich die Lage zum Besseren wendet, und Weiß ist ein Zeichen von Erfolg. Aber wenn Sie Schwarz bei einer Beerdigung sehen, werden Sie erfolgreich sein – besonders im Liebesleben.

Ein **Amethyst** sagt unerwartet gute Neuigkeiten voraus, die Frieden und Zufriedenheit schenken werden.

Aquamarin deutet auf Glück in Ihrem Liebesleben hin. Aber wenn Sie ihn verlieren, achten Sie darauf, wem Sie Ihre Zuneigung schenken.

Bernstein bekommen oder schenken bezieht sich auf Geld. Sie werden entweder welches bekommen oder verlieren. Bernstein besitzen ist eine Warnung, sich vor Hindernissen zwischen Ihnen und Ihrem/r Liebsten zu hüten.

Diamanten sind kein so gutes Omen, wie Sie meinen. Wenn Sie tatsächlich welche besitzen, bedeuten sie Verluste. Wenn nicht, dann verheißt ein Traum von Diamanten kleinere Gewinne. Wenn Sie einen Diamanten finden, wird es in der Familie Unglück geben.

Einen **Edelstein** finden, stehlen oder geschenkt bekommen und nicht wissen, was es für einer ist, deutet auf eine Zeit des Unglücklichseins und der Depression hin. Aber wenn Sie einen verlieren, werden Sie unerwartete Gewinne machen. Ein falscher Edelstein ist ein sicheres Zeichen dafür, daß bösartiges Gerede über Sie in Umlauf ist.

Eine Farbveränderung durch **Färben** ist eine Warnung, daß Sie sich auf Ihr eigenes Urteil verlassen müssen. Haarfärber ist ein Zeichen, daß Sie wegen Ihrer eigenen Dummheit leiden müssen. Gefärbte Kleidung bedeutet gesellschaftlichen Erfolg. Wenn Sie ein Chaos beim Färben anrichten, können Sie mit einem sehr großzügigen Geschenk rechnen.

Jade ist ein Zeichen für Wohlstand. Eine schwierige Aufgabe, bei der man genau überlegen muß, wird für Sie gut ausgehen.

Wenn Sie **Jett** (Gagat) sehen, gibt es schlechte Neuigkeiten, wenn auch nicht unbedingt einen Trauerfall.

Ein farbiges **Kaleidoskop**: Ihr Lebensmuster wird sich ziemlich schnell ändern, aber es wird neue Interessen und Erfolge geben.

Koralle steht für Freunde. Wenn Sie Koralle tragen, werden Sie wieder einer alten Flamme begegnen. Wenn Sie Koralle sehen, wird sich Ihr gesellschaftlicher Kreis erweitern.

Opale sind ein gutes Omen für bevorstehendes Glück.

Perlen bedeuten, daß Ihr Wohlstand und Ihre gesellschaftliche Stellung schwindelnde Höhen erklimmen werden. Aber es stehen Ihnen einige Umstellungen bevor, wenn Sie eine zerrissene Perlenkette sehen.

Alle **Regenbogen**farben sind ein Zeichen für Glück – auch wenn Sie keinen Goldtopf am Ende finden. Erfreuliche Veränderungen bahnen sich an.

Wenn Sie **Saphire** tragen, ist es eine Warnung, nicht so impulsiv zu sein. Wenn andere sie tragen, werden einflußreiche Freunde Sie auf der gesellschaftlichen Leiter weiterbringen.

Schwierigkeiten wegen einer Erbschaft wird es bei **Smaragden** geben. Wenn Sie sie verkaufen oder verschenken, bedeutet das eine Trennung von Ihrem/r Liebsten. Wenn Sie welche besitzen, bedeutet es Glück.

Zirkone sind ein Zeichen dafür, daß Sie Ihre Zuwendung dem Falschen schenken. Ist Ihr Partner wirklich der Richtige?

FASS Ist es voll und steht aufrecht, sind Ihre Finanzen gesichert. Aber ein leeres oder rollendes Faß bedeutet, daß Sie etwas unternehmen müssen, um Ihre Position zu retten.

FEE Wenn Sie von einer Fee träumen, werden Ihre Wünsche wahr, wenn Sie es am wenigsten erwarten.

FEGEN Ein Glückszeichen. Ihre Sorgen werden weggefegt, und Sie werden bald zu Geld kommen.

FEIGLING Ein widersprüchlicher Traum. Sie werden alle Prüfungen, die das Leben für Sie bereithält, bestehen, wenn Sie von Feigheit träumen.

FEILE Wenn Sie von einer Feile träumen, sollten Sie sich besser verständlich ausdrücken, sonst könnte das zu bösartigem Gerede führen. Andere werden Ihre Worte in den falschen Hals bekommen. Metall feilen bedeutet irgendeine Versöhnung.

FEIND Ein widersprüchlicher Traum. Sie können sich auf loyale Freunde verlassen, wenn Sie einen Bekannten als Feind sehen. Wenn Sie mit ihren Feinden kämpfen, werden Sie demnächst ein paar schlechte Entscheidungen treffen. Wenn Sie Ihre Feinde schlagen, heißt das, daß Sie ein Problem haben, das Sie noch nicht lösen können.

FEINDSELIGKEIT *Siehe auch:* Ärger/Konfrontation. Eine Warnung, eine ethische Frage in Ihrem Leben nochmals zu überdenken.

FELD *Siehe auch:* Orte/Schauplätze. Träumen Sie von grünen, saftigen Feldern, werden Sie glücklich sein und Geld verdienen. Trockene Felder signalisieren Rückschläge. Ein frisch gepflügtes Feld bedeutet, daß Sie bekommen können, was Sie wollen, aber Sie müssen ein paar Opfer dafür bringen.

FELSEN Wenn Sie einen Felsen sehen, fällt Ihnen die Chance einer beruflichen Beförderung in den Schoß. Verrücken Sie einen, sind Sie derzeit in düsterer Stimmung. Zerbrechen Sie einen, dann fühlen Sie sich ein bißchen matt. Raffen Sie sich auf! Erklimmen Sie eine Felswand, werden sich Ihre Wünsche erfüllen. Fallen Sie herunter, bedeutet das den Verlust eines Freundes.

FENSTER Schauen Sie aus dem Fenster, ist Reisen angesagt. Schließen Sie es, werden Sie bald eine neue Verantwortung übernehmen. Sehen Sie Licht im Fenster, dann bahnen sich Veränderungen an. Klettern Sie hinaus, findet sich für Ihre Probleme bald eine ungewöhnliche Lösung. Steigen Sie ein, dann bekommen Sie bald eine neue Gelegenheit.

FERNGLAS Beobachtet man Sie durch ein Fernglas, dann überlegen Sie genau, bevor Sie handeln. Wird es zum Spionieren benutzt, werden Sie unter Umständen bald Ihren Ruf verteidigen müssen. Wenn Sie das Fernglas haben, bedeutet es künftiges Glück.

FERNSEHEN Kaufen Sie ein Gerät, ist es um Ihre finanzielle Zukunft schlecht bestellt. Geben Sie eines weg, mangelt es Ihnen derzeit an Selbstsicherheit. Eines reparieren heißt, daß Sie richtige Entscheidungen treffen. Das Gerät einschalten: Sie sind im Moment etwas empfindlich. Schalten Sie es aus, könnte sich eine neue Beziehung als gefährlich erweisen.

FESTESSEN *Siehe auch:* Lebensmittel. Von einem Festessen träumen bedeutet bevorstehende Schwierigkeiten. Wenn Sie eines vorbereiten, wird jemand das bekommen, was Sie möchten.

FETT *Siehe auch:* Lebensmittel. Je fetter Sie oder andere im Traum sind, desto weniger Sorgen werden Sie haben. Wenn Sie Fett essen, ist in Ihrem Liebesleben alles in Ordnung. Wenn Sie damit kochen, werden Sie im Geschäft Geld verdienen.

FEUER Feuer ist ein wichtiges Element im Traum genauso wie in der Realität. Feuer wärmt und reinigt und kann Sie verletzen, wenn Sie sich ihm zu stark nähern. Es ist also ein mächtiges Symbol, das eine Zeit der Erneuerung, aber auch schmerzvolles Nachdenken ankündigt. Wenn Sie ein Feuer legen oder entfachen, steht ein Liebesabenteuer bevor. Löschen Sie es, werden Sie Ihre Probleme überwinden. Legen Sie irgendwo Feuer, müssen Sie lernen, Ihr Naturell zu beherrschen.

Sehen Sie ein Feuer **brennen**, bedeutet das Ärger. Wenn es nicht brannte, gibt es jedoch gute Nachrichten. Ein brennendes Haus oder Gebäude bedeutet, daß ein enger Freund oder eine Beziehung Ihre Hilfe braucht.

Verbrennen Sie sich die Hände oder Füße, ist das ein glückliches Zeichen. Sie können ein Wettspiel riskieren. Aber sprengen Sie damit nicht die Bank.

Jede Art von Brand ist ein positives Zeichen, es kommt allerdings darauf an, was brennt. Brennendes Holz steht für Ihre lebhafte Phantasie. Weihrauch bedeutet, daß Sie bald Verständnis von unerwarteter Seite bekommen werden.

Eine **Feuertreppe** besagt, daß Sie zu viele Schulden haben. Bezahlen Sie Ihre Kreditkarten ab.

Sehen Sie ein **Feuerwehrauto**, werden Sie eine bedeutende finanzielle Glückssträhne haben. Wenn Sie eines lenken, werden Sie sich glücklich aus einer peinlichen Lage befreien können.

Eine flackernde **Flamme** kündet eine bevorstehende Enttäuschung an. Eine rote Flamme ist ein Hinweis, Ihr Naturell zu zügeln. Eine helle Flamme bedeutet Glück.

Höllenfeuer ist ein schlechtes Omen, das Pech, Krankheit und Geldeinbußen voraussagt. Aber wenn Sie aus der Hölle entwischen, sieht die Zukunft rosiger aus.

Frieden und Zufriedenheit kommen, wenn Sie ein **Kaminfeuer** sehen.

Sie werden im Geld schwimmen, wenn Sie Rauch aus einem **Schornstein** sehen. Wissen Sie nicht, woher er kommt, steuern Sie auf eine Enttäuschung zu.

Ein **Streichholz** entzünden kündet von einer bevorstehenden Gehaltserhöhung.

FEUERWERK Je spektakulärer es ist, desto länger werden Sie brauchen, um sich einen Herzenswunsch zu erfüllen.

FIEBER *Siehe auch:* Krankheit. Haben Sie selbst Fieber, machen Sie sich zuviel Sorgen. Sie sind unbegründet, also genießen Sie das Leben. Fieber bei anderen signalisiert bevorstehende aufregende Zeiten.

FILM Träumen Sie von einem Fotofilm, heißt das, daß Sie eine boshafte Bemerkung gegenüber je-

mandem gemacht haben, der Sie anhimmelt. Einen Film im Kino ansehen bedeutet, daß neue Chancen auf Sie warten. Probieren Sie sie aus, sie sind beruflich bedeutsam. Ein gerissener Film bedeutet, daß Ihr Arbeitsplatz sicher ist und Sie eventuell befördert werden könnten, wenn Sie sich darum bemühen.

FINGERABDRÜCKE Fingerabdrücke bedeuten Geldsorgen. Nimmt man von Ihnen einen Fingerabdruck, wird Ihnen ein Freund helfen.

FINGERHUT Kein gutes Zeichen. Benutzen Sie einen, wird jemand Sie kritisieren. Ein silberner Fingerhut weist auf zuviel Hochmut Ihrerseits hin. Und Sie wissen ja, was darauf folgt!

FINGERNÄGEL Lange Fingernägel bescheren Ihnen Ärger mit dem anderen Geschlecht. Kurze Nägel bedeuten ein Überraschungsgeschenk. Nägel lackieren ist eine Warnung, nicht impulsiv zu sein – es könnte skandalöse Folgen haben! Ein abgebrochener Nagel heißt, daß Sie eine Weile mit Ihrem Leben unzufrieden sein werden. Nägelschneiden heißt, daß Sie an Prestige gewinnen werden. Kauen Sie Nägel, sollten Sie sich vom Arzt untersuchen lassen.

FISCHE/FISCHEN Wenn Sie von Fischen in klarem Wasser träumen, werden Sie zu Geld und Macht kommen. Beißen die Fische an, werden Sie bald etwas Wissenswertes erfahren. Fische essen oder zubereiten bedeutet, daß sich jedes derzeitige Projekt gut entwickeln wird. Befestigen Sie einen Köder am Angelhaken, erleben Sie demnächst eine prickelnde Affäre. Tote oder faulende Fische bedeuten eine große Gehaltserhöhung.

Aale kündigen einen Stellenwechsel an. Aber Vorsicht, vielleicht kommen Sie mit Ihrem neuen Chef nicht aus. Ein toter Aal besagt, daß Sie die Oberhand über jemanden gewinnen, der Unruhe stiften will.

Anchovis bedeuten Glück in der Liebe, beim Bingo, bei Pferden oder bei allem, was Sie in die Hand nehmen.

Ein **Angelhaken** zeigt, daß Sie eine heimliche Leidenschaft für jemanden haben, den Sie schon lange kennen.

Sie vergeuden Ihre Talente, wenn Sie vom

Angeln träumen. Und Sie müssen der Versuchung widerstehen, gegen Ihre moralischen Prinzipien zu verstoßen. Wenn Sie einen Fisch fangen, folgen gute Nachrichten. Wenn Sie nichts fangen, hüten Sie sich vor Bösem.

Eine **Auster** in ihrer Schale ist ein Zeichen von Eifersucht, die zu Streit mit Ihrem Partner führen könnte. Ist eine Perle drin, werden Sie in der Arbeit einen beunruhigenden Fehler machen. Der Kauf von Austern mahnt Sie, auf Ihre Gesundheit zu achten. Essen Sie welche, versteht die Familie eine Sache einfach nicht, in die Sie verwickelt sind. Das kann zu Spannungen führen.

Ein großes **Fischnetz** ist ein Zeichen dafür, daß Sie Geld verschwenden. Ein kleines bedeutet eine unruhige Zeit in Ihrem Alltagsleben. Sehen Sie ein zum Trocknen ausgelegtes Netz, erfreuen Sie sich bester Gesundheit. Werfen Sie eines ins Wasser, mißtrauen Sie grundlos einem neuen Freund.

Fischschuppen bedeuten, daß Sie einen falschen Freund haben.

Es gibt einige erfreuliche soziale Ereignisse, wenn Sie **Garnelen** sehen.

Sind Sie Single, bedeutet ein **Goldfisch**, daß Sie reich heiraten werden. Für eine verheiratete Frau bedeutet er Scheidung. Goldfische in einem Glas sind ein Zeichen für baldigen Geldsegen.

Bei einem **Hai** mit spitzen Zähnen könnte Ihnen Gefahr von Ihren Freunden drohen. Seien Sie vorsichtig, besonders wenn Geld im Spiel ist.

Ein lebender **Hummer** besagt, daß Ihnen kleine Schwierigkeiten im Weg sind. Hummer auftischen, essen oder zubereiten heißt, daß jemand einen Kredit zurückzahlen wird oder Sie etwas Verlorenes wiederfinden werden.

Es geht aufwärts, wenn Sie **Jakobsmuscheln** essen. Roh verheißen sie eine Überraschungsfahrt.

Hüten Sie sich vor Konkurrenten in der Arbeit oder auch in der Liebe, wenn Sie eine **Krabbe** sehen. Eine zu kochen ist ein gutes Zeichen, wenn Sie vorhaben zu wetten – aber geben Sie nicht Ihr letztes Hemd dafür her!

Frischer **Lachs** bedeutet, daß ein Zank unter Liebenden geklärt werden kann, wenn Ihnen wirklich daran gelegen ist. Lachs in der Büchse kündigt Abenteuer an.

Eine **Meerjungfrau**, halb Fisch, halb Mensch, bezieht sich auf Ihr Liebesleben, und die genaue

Bedeutung hängt von der Atmosphäre im Traum ab. Ist sie erfreulich, geht alles in Ordnung. Aber ein Gefühl von Verwirrung kündigt eine Enttäuschung an.

Miesmuscheln, die Sie verzehren, zeigen, daß Sie immer beliebter werden. Muscheln sammeln verheißt eine Zeit der Zufriedenheit.

Wenn Sie Theater spielen, werden Probleme auftauchen, wenn Sie von **Quallen** träumen. Sie können nicht ständig schauspielern.

Sardinen in der Büchse bedeuten, daß Sie Gefühle von Groll verbergen. Reden Sie mit jemandem darüber. Frische Sardinen essen bedeutet, daß jemand eifersüchtig auf Sie ist.

Wenn Sie von einem **Tintenfisch** träumen, spricht das für Ihren Abenteuergeist. Wird aber einer getötet, müssen Sie in einer Sache einen sehr moralischen Standpunkt vertreten. Greift ein Tintenfisch an, gibt es Ärger.

Wenn Sie einen dicken Fisch oder einen **Wal** an der Harpune sehen, bekommen Sie eine Gehaltserhöhung. Werden Sie von ihm verletzt, könnte das eine finanzielle Katastrophe bedeuten. Verausgaben Sie sich nicht.

FLASCHE *Siehe auch:* Getränke. Eine volle Flasche steht für Wohlstand. Ist Alkohol drin, werden Sie sich bald bester Gesundheit erfreuen. Eine leere Flasche bedeutet, daß eine Zeit der Unsicherheit bevorsteht. Wird die Flasche fallengelassen oder ihr Inhalt verschüttet, hüten Sie sich vor familiären Problemen.

FLIEGEN *Siehe auch:* Flugzeug. Genau wie beim Fallen ist dies ein wirklich häufiger Traum, dessen Interpretation sich weitgehend auf Sexuelles bezieht. Fliegen ist eine Art Angabe mit sexueller Potenz. Vom Fliegen träumen bedeutet meist, daß Sie unglücklich sind und Ihr Leben nicht im Griff haben. Sie setzen Ihre Ziele nicht vollständig um. Sie haben wenig Selbstachtung, und ein Traum vom Fliegen kompensiert oft mangelnde sexuelle Erfahrung.

Das Fliegen repräsentiert Ihre Ziele. Erfolgreicher Flug bedeutet, daß Sie sie ohne große Mühen erreichen können. Nicht höher fliegen können heißt, daß Sie sich zuviel erhoffen. Warum stecken Sie sich nicht ein einfacheres Ziel?

Eine **Rakete** ist ein Zeichen von kurzlebigem Erfolg. Explodiert eine, bedeutet das Familienglück.

Ein Freund oder Kollege wird Ihnen einen überraschenden Vorschlag machen, wenn Sie ein **Segelflugzeug** sehen. Hören Sie auf den Rat anderer, bevor Sie sich entscheiden.

Ein Flugzeug **steuern** kann bedeuten, daß Sie ein anregendes neues Projekt beschäftigt. Ist es ein Jumbojet, sind Sie gereizt. Seien Sie nicht ungeduldig, sonst leidet Ihre Arbeit darunter. Und wenn Sie im Cockpit eines Jagdflugzeugs sitzen, besitzen Sie viel Zuversicht.

FLORISTIN *Siehe auch:* Blumen. Träumt ein Single von einer Floristin, erwartet ihn eine köstliche neue Liebesgeschichte. Sind Sie verheiratet, könnte das Scheidung oder zumindest eine Trennung bedeuten.

FLUCHT Ein bedrohlicher Traum. Die Flucht aus einem Gefängnis oder ähnlichem mitansehen heißt, daß Sie in letzter Zeit nicht sehr gewissenhaft waren und daher Geld verlieren werden. Fliehen Sie mit anderen, dann werden Sie Ihre Ziele nicht erreichen. Vor etwas wie Feuer oder Wasser fliehen bedeutet, daß Sie eine übereilte Entscheidung treffen werden, aber es wird die richtige sein. Mißlingt die Flucht, gibt es bald einen Kampf, aber Sie werden am Ende siegen.

FLÜCHTLING Sie müssen Ihre Bedürfnisse eine Zeitlang anderen Menschen unterordnen. Sind Sie der Flüchtling, werden Sie bald die Früchte für einen Gefallen ernten, den Sie einmal erwiesen haben. Wenn Sie einen Flüchtling sehen oder ihm helfen, gibt es einen finanziellen Schock.

FLÜGEL *Siehe auch:* Vögel. Haben Sie im Traum Flügel, werden Sie bald hoch fliegen. Ein Vogel mit gebrochenem Flügel heißt: Sie werden Ihr Ziel nicht erreichen. Schrauben Sie Ihre Ansprüche herunter. Meiden Sie Glücksspiele, wenn Sie flatternde Flügel sehen.

FLUGZEUG *Siehe auch:* Tod; Fliegen. Ein abhebendes Flugzeug signalisiert Erfolg. Landet es, so sollten Sie sich vor eifersüchtigen Freunden hüten. Ein Flugzeugabsturz weist auf einen größeren Mißerfolg hin, wahrscheinlich im Geschäftsleben. Wenn Sie der Pilot sind, werden Sie etwas Ungewöhnliches erreichen. Wenn Sie nur mit dem Flugzeug verreisen, heißt das, daß Ihnen bald ein paar Höhen und Tiefen bevorstehen. Bei einem Flugzeugunglück dabeisein, aber nicht umkommen, signalisiert finanzielle Gewinne. Werden Sie bei einem Flugzeugunglück getötet, so ist das eine Warnung, Ihre Leidenschaften zu zügeln!

FORSCHER Ein Zeichen, daß Sie Angst vor der Zukunft haben. Wenn Sie der Forscher sind, beweist das Ihre Abenteuerlust. Machen Sie davon Gebrauch!

FRAGEBOGEN Lästige Verzögerungen werden Ihre Pläne vereiteln, wenn Sie ihn ausfüllen.

FREMDE ORTE/MENSCHEN Von einem fremden Land zu träumen bedeutet, daß Sie getäuscht werden. Reisen Sie selbst in ein fremdes Land, können Sie darauf wetten, daß Ihr Glück zu Hause liegt. Wenn Sie im Traum in ein fremdes Land auswandern, wird es Zeit, den Gürtel enger zu schnallen. Es wird unerwartete Ausgaben geben.

Ein **Aborigine** ist ein gutes Zeichen. Sie können sich auf gesteigerte Energie und ein paar aufregende neue Erfahrungen freuen.

Afrika auf einer Landkarte bedeutet, daß ihr Status sich verbessern wird. Wenn Sie dort hinfahren, erleben Sie eine große Freude. Aus Afrika zurückkehren bedeutet eine große Enttäuschung.

Amerika bedeutet, daß viele Menschen auf Sie eifersüchtig sind. Allein dorthin reisen heißt, daß Sie bald heiraten werden. Mit anderen dorthin reisen kündet eine ungewisse Zukunft an. Wenn Sie im Mai nach Amerika fahren, wird etwas ganz Herrliches passieren! Werden Sie jedoch aus Amerika abgeschoben, werden Sie an ein paar dummen Handlungen schuld sein.

Treten Sie als **Araber** auf, wird sich die Glückswaage zu Ihren Gunsten neigen. Wenn Sie im Traum eine Gruppe Araber sehen, ist Liebe zu erwarten.

Asien läßt ein paar romantische Entwicklungen für Sie und Ihre Familie erwarten.

Ausländern begegnen bedeutet, daß Sie bald verlorene Wertgegenstände wiederfinden. Einen heiraten bedeutet, daß in Ihrem Liebesleben alles in Ordnung ist.

Eine Reise nach **Australien** bedeutet, daß gesellschaftliche Ereignisse geplant sind. Dort sein bedeutet, daß ein Freund Sie hintergeht. Australien einfach sehen heißt, daß Sie Ihre Angelegenheiten in Ordnung bringen sollten. Es bahnen sich bedeutende Veränderungen an.

Verirren Sie sich in einem **Dschungel**, werden Sie in Kürze größere Probleme bekommen. Wenn Sie sich Ihren Weg bahnen, werden Sie die Sache in den Griff bekommen.

Ein **Erdkundebuch** ist ein Zeichen dafür, daß Sie von jemanden, den Sie sehr gern mögen, abgelehnt werden. Eine Erdkundestunde bedeutet eine bevorstehende Reise.

Wenn Sie einen **Eskimo** sehen, wird das Geld knapp. Aber wenn Sie darauf achten, dann bekommen Sie die Sache wieder in den Griff. Es bleibt Ihnen nichts anderes übrig – niemand wird Ihnen Hilfe anbieten.

Sind Sie auf eine **Insel** verbannt, heißt das, daß Sie einsam sind und sich langweilen. Ist die Insel aber unbewohnt, gibt es bald ein paar ermutigende Entwicklungen. Palmen sind ein Zeichen für hoffnungsvolle neue Aussichten.

Kanada ist ein Zeichen für blühende Geschäfte. Eine Reise dorthin warnt Sie davor, zuviel Geld für Ihr Vergnügen auszugeben. Klemmen Sie sich hinter die Arbeit. In Kanada leben bedeutet, daß Sie einen Feind haben, der auf Ihren Ruin wartet.

Den vereisten **Nordpol** sehen heißt, daß Ihre liebsten Wünsche in Erfüllung gehen werden.

Wenn Sie die **Sphinx** sehen, werden Sie bald die Antwort auf eine Fage bekommen, die Sie beunruhigt hat.

FLAUS Dieser Stoff ist eine Warnung, nicht so faul zu sein. Jemand wird auf Ihre Kosten reich! Halten Sie sich ran, bevor es zu spät ist.

FRISEUR *Siehe auch:* Haare. Für eine Frau bedeutet das, daß Sie nicht so reich wie erhofft sein werden. Für einen Mann bedeutet es Erfolg, für den Sie allerdings hart arbeiten müssen.

FRÜHSTÜCK *Siehe auch:* Lebensmittel. Sehen Sie sich allein frühstücken, müssen Sie denken, bevor Sie sprechen. Frühstücken Sie mit anderen, dann setzen Sie mit ein wenig Geduld Ihren Willen durch.

FÜHREN Interessante neue Möglichkeiten, vielleicht durch einen einflußreichen Freund, erwarten Sie, wenn Sie als Führer auftreten, geführt werden oder in einem Führer nachschlagen.

FURCHT Siehe auch: Ärger/Konfrontation. Fürchten Sie sich in Ihren Träumen, werden Sie Ihre Schwierigkeiten erkennen und den Mut haben, sie zu überwinden.

Eine bloße **Befürchtung** sagt Ihnen, sich keine Sorgen mehr zu machen. Es gibt keinen Grund

dazu – lassen Sie sich also nicht von Ihren Vorhaben abbringen.

Jedes Gefühl von **Besorgnis** ist in Wirklichkeit ein Zeichen dafür, daß Sie bald keine Sorgen mehr haben werden.

Wenn Sie voller Angst entfliehen und ein **Flüchtling** werden, lauert ein heftiger Familienstreit auf Sie. Aber wenn Sie die Fassung bewahren, könnte ein Streit die Luft klären. Wenn Sie im Traum einen Flüchtling sehen oder ihm helfen, kommt ein Geldschock auf Sie zu.

Wenn Sie sich **verstecken**, werden Sie einen Ihrer Pläne später bereuen – und in ihrem Innersten wissen Sie das auch, nicht wahr? Verstecken Sie im Traum etwas, sollten Sie über Ihre Probleme mehr reden. Vertrauen Sie sie jemandem an, dann kann er Ihnen vielleicht helfen.

FUSSBALL Vom Fußballspielen träumen bedeutet ein überraschendes Geschenk. Jetzt ist der Zeitpunkt, um zu wetten oder finanziell wirklich etwas zu riskieren. Sie könnten stinkreich werden! Bei einem Fußballspiel zuschauen heißt, daß Sie Ihre Freunde sorgfältiger aussuchen müssen.

FUSSBODEN Ein Holzfußboden bedeutet, daß Ihnen jemand Sympathie bekunden wird. Ein marmorner bedeutet Ärger im Liebesleben. Ein gefliester Boden mahnt Sie, sich nicht so leicht beeinflussen zu lassen. Stellen Sie sich auf eigene Füße. Ein sauberer Boden bedeutet, daß Sie Geld zurückbekommen werden, das Sie verloren glaubten. Den Boden schrubben oder kehren ist ein Zeichen, in allen Dingen vorsichtiger zu sein.

FUSSSPUREN Wenn Sie von weiblichen Fußspuren träumen, wird sich ein neues Unterfangen als erfolgreich erweisen, aber männliche Fußspuren bedeuten, daß Sie gründlich nachdenken sollten, bevor Sie irgendwelche Veränderungen planen. Fußspuren von Kindern heißen, daß Ihre Sorgen sich zerstreuen werden. Ihre eigenen Fußspuren sind ein Zeichen für Erfolg.

GABEL Mit der Gabel essen bedeutet, daß Ihre Sorgen nicht lange dauern. Eine Heugabel bedeutet, daß Sie die Kriecher in Ihrem Bekanntenkreis abservieren sollten. Wird jemand mit einer Gabel erstochen, sollten Sie nicht herumtratschen.

GABELBEIN Eine gute Gelegenheit, Ihr Glück zu versuchen. Glück und ein unerwartetes Geschenk sind auf dem Weg zu Ihnen.

GÄHNEN Negatives Denken hindert Sie am Weiterkommen. Mit positivem Denken kommt wieder etwas in Gang.

GALERIE *Siehe auch:* Gemälde/Malerei. Gemälde in einer Galerie sind ein Zeichen dafür, daß Sie damit rechnen können, eine alte Flamme wieder zu entfachen. Skulpturen warnen Sie davor zu wetten. Eine Aussichtsgalerie bedeutet, daß Ihre derzeitigen Projekte gut laufen werden, aber wenn Sie von einer herunterfallen, heißt das, daß ein Zank mit Ihrem/r Liebsten ansteht.

GALGEN Ein widersprüchlicher Traum. Ein Galgen ist ein Zeichen für Glück. Am Galgen sterben: Bald werden Sie eine ehrenhafte Position bekommen. Einen Bekannten am Galgen sehen ist eine Warnung, um Feinde einen Bogen zu machen.

GALOPPIEREN Mit dem Pferd galoppieren bedeutet schwere Zeiten in emotionaler Hinsicht. Sehen Sie einen Jockey galoppieren, stehen gute Zeiten bevor. Mehrere galoppierende Pferde bedeuten, daß sich Ihre Hoffnungen bald erfüllen werden.

GARN Wickeln Sie es zum Knäuel auf, werden Sie bald neue Freundschaften schließen. Schwarzes Garn bedeutet: Jemand tut Dinge nicht so, wie Sie es sich vorstellen, aber Sie müssen ihm seine Individualität zugestehen. Verworrenes Garn mahnt Sie, nicht so dickköpfig zu sein. Weißes Garn kündigt eine kurze Reise an.

GARTEN *Siehe auch:* Blumen; Bäume/Pflanzen. Ein gepflegter Garten ohne Blumen verheißt ein angenehmes Leben, abgesehen von emotionalen Problemen. Aber ein vernachlässigter oder überwucherter signalisiert unruhige Zeiten. Ein wunderschöner blühender Garten ist ein phantastischer Traum – Liebe und Geld gehören Ihnen, was wollen Sie mehr?

GAS *Siehe auch:* Gerüche. Wird jemand von Gas betäubt, werden Sie bald von einem Skandal hören. Wenn Sie einen Gasbrenner oder Gasofen anzünden, sollten Sie lieber anfangen zu sparen. Jemand mit einer Gasmaske ist ein Zeichen für finanzielle Schwierigkeiten. Tragen Sie selbst eine, müssen Sie mit dem Filialleiter Ihrer Bank sprechen, bevor er die Geduld verliert! Ein Gasmann bedeutet, niemandem irgend etwas zu leihen.

GAZE *Siehe auch:* Ärzte/Krankenhäuser. Ihre Sorgen sind vorbei, wenn Sie Gaze im medizinischen Kontext sehen. Aber jede andere Form von Gaze ist eine Ermahnung, sich allen Groll von der Seele zu reden. Sonst schwärt er und bereitet Ihnen letztlich noch mehr Ärger.

GEBÄUDE *Siehe auch:* Orte/Schauplätze. Ein großes Gebäude läßt Veränderungen in Ihrem Lebensstil erwarten. Ein kleines bedeutet problematische Angelegenheiten. Ein sehr hohes Gebäude bedeutet, daß Sie bald sehr erfolgreich sein werden. Alte, baufällige Gebäude sind ein Zeichen dafür, Geld für kommende schlechte Zeiten zu sparen.

GEBET Eines sprechen: Seelenfrieden ist Ihnen garantiert. Eines hören: Ein Zeichen für zuverlässige, dauerhafte Freundschaften.

GEBURT Es gibt gute Nachrichten, aber wenn Sie ein weiblicher Single sind und davon träumen, ein Kind zu gebären, wird Ihr Geliebter Sie verlassen. Für eine verheiratete Frau sagt eine Geburt große Freude voraus. Eine leichte Geburt bedeutet, daß Sie sehr schmerzunempfindlich sind. Eine schwierige Geburt kündet Probleme und Schwierigkeiten an, die aber alle dank Ihrer rationalen Denkweise gelöst werden. Wenn Sie die Geburt eines Tieres sehen, dann wird jemand, der gegen Ihre Interessen arbeitet, auf die Nase fallen.

GEBURTSTAG Ein vielversprechendes Omen – ob es Ihr Geburtstag oder der eines anderen ist. Gesundheit und Frieden werden Ihnen sicher sein.

GEFAHR Sehen Sie der Gefahr ins Gesicht, und Sie werden Ihre Probleme meistern. Wenn Sie ihr einfach aus dem Weg gehen, sollten Sie auf Ihre Gesundheit achten.

GEFANGENER Werden Sie gefangengehalten, stehen Ihrer Ehe schwere Zeiten bevor. Jede andere Form von Gefangenschaft (oder wenn andere Menschen oder Tiere gefangen sind) zeigt, daß Sie großen Belastungen ausgesetzt sind – vielleicht weil Sie in letzter Zeit zu viel Geld ausgegeben haben und sich nun Sorgen machen.

GEHIRN Tierhirn bedeutet gute Nachrichten von unerwarteter Seite. Menschliches Hirn heißt, daß Sie versuchen sollten, gegenüber geliebten Menschen etwas rücksichtsvoller zu sein.

GEIST Ein wandelnder Geist weist auf Rückschläge und finanzielle Sorgen hin. Ein sprechender Geist ist ein Zeichen, daß Sie sich etwas vormachen. Blicken Sie den Tatsachen ins Auge. Gesundheit ist zu erwarten, wenn die Erscheinung weiß gekleidet ist, aber wenn sie schwarz ist, wird sich Ihr/e Liebste/r völlig danebenbenehmen und so Anlaß zu bitteren Anschuldigungen geben. Laufen Sie vor dem Geist nicht davon, wird beruflich und in der Liebe alles gut laufen.

GELÄNDER Ein Geländer hinunterrutschen sagt viele unbedeutende Ärgernisse voraus. Am Geländer nach oben gehen bedeutet, daß Sie hart arbeiten müssen, um ans Ziel zu gelangen.

GELD Geld ist ein Glückszeichen. Es verschenken: Sie können mit einer Zeit finanzieller Stabilität und des Wohlstands rechnen. Geld bekommen: Eine wichtige Entwicklung, möglicherweise eine Geburt, steht an. Geld finden: Veränderungen zum Besseren in der Arbeit oder in Ihrer Beziehung. Sammeln Sie Geld für einen guten Zweck, heißt das, daß Sie sich im Moment ungeliebt fühlen. Geld ausgeben: Sie werden einen unerwarteten Profit machen. Geld stehlen bedeutet eine unerwartete Glückssträhne. Geldsorgen im Traum lösen eine finanzielle Glückssträhne aus.

Von **Einkommen** träumen ist ein Gegensatztraum. Geldprobleme sind zu erwarten, wenn Sie von einem hohen Einkommen träumen. Bei niedrigem Einkommen werden Ihre finanziellen Lasten bald leichter werden.

Einkommenssteuer: Sie werden dem Freund, den Sie hofften unterstützen zu können, nicht helfen können. Und wenn jemand behauptet, der »Scheck liege im Briefkasten« – glauben Sie ihm nicht!

Träumen Sie von einer **Erbschaft**, dann ist wirklich eine auf dem Weg.

Erhalten Sie **finanzielle Unterstützung**, müssen Sie sich vor ungezügelten Aktionen hüten. Beruhigen Sie sich. Sind Sie der Wohltäter, werden Ihre derzeitigen Pläne glücklich sein.

Geborgtes Geld zurückzahlen: Bald läuft alles reibungslos. Wenn andere von Ihnen Geld borgen, sagt dies den Tod eines Freundes voraus.

Sehen Sie einen **Geizkragen**, ist Ihre finanzielle Zukunft etwas ungewiß. Spielen Sie mit dem Gedanken an eine Affäre, sollten Sie es sich noch mal überlegen. Ihr Partner wird es herausfinden.

Wenn Sie eine **Geldbörse** finden, wird man Ihnen seit langem fällige Schulden zurückzahlen. Verlieren Sie eine, wird ein Freund oder Geliebter Sie enttäuschen.

Je größer der **Gewinn**, desto eindringlicher die Warnung, auf Ihr Geld zu achten. Wenn Sie unehrliche Gewinne machen, wird das Geschäft boomen, oder Sie müssen mit einem Verlust rechnen.

Wenn Sie eine **Hypothek** abbezahlen, droht eine unerwartete Rechnung. Können Sie sie nicht abzahlen, werden Sie eine glückliche Wende erleben. Beantragen Sie eine Hypothek, werden Ihre Sorgen bald verschwinden.

Kaufen ist ein widersprüchlicher Traum. Je mehr Sie kaufen, desto enger sollten Sie den Gürtel schnallen. Aber wenn Sie überlegt kaufen, dürfen Sie mit einer finanziellen Glückssträhne rechnen.

Legen Sie die **Kreditkarte** weg, wenn Sie einen Kassierer sehen. Bald wird das Geld knapp.

Miete einnehmen: Das Geld wird knapp. Miete bezahlen: Es gibt unglückliche Zeiten. Wenn Sie die Miete nicht zahlen können, ist mit einer erfreulichen Überraschung zu rechnen.

Sind Sie im Traum **Millionär**, wird man Ihnen für eine Gefälligkeit, die Sie erwiesen haben, danken. Lernen Sie einen kennen, sollten Sie sich Rat holen, bevor Sie irgendwelche Verpflichtungen eingehen.

Ein glänzender neuer **Pfennig** ist eine Warnung, einem Freund nicht zu trauen. Pfennige verschenken bedeutet finanzielles Glück. Welche bekommen heißt, daß Sie bald Geld einbüßen werden.

Stellen Sie eine **Quittung** aus oder bekommen Sie eine, stehen Ihnen bessere Zeiten bevor.

Schulden bezahlen: Sie erleben bald eine glückliche Zeit. Zahlt Ihnen jemand Schulden zurück, machen Sie sich auf Einbußen gefaßt. Lassen Sie die Finger von Glücksspielen.

Sie werden in irgendeiner Weise zur Kasse gebeten, wenn Sie sich wegen **Steuern** Sorgen machen. Andernfalls können Sie mit Wohlstand rechnen.

Geld **verleihen**: Es gibt bald Krach zu Hause.

Neue soziale Kontakte werden sich als unerwartet nützlich herausstellen, wenn Sie eine **Zulage** bekommen.

Wenn Sie Gehälter zahlen, bietet sich bald die Gelegenheit zu einer Veränderung. Gehalt bekommen: Sie könnten bestohlen werden. Bringen Sie Ihre Sachen in Sicherheit.

Eine lederne Brieftasche ist ein Zeichen dafür, daß Sie sich eine Sache anders überlegen. Ist Geld drin, müssen Sie ernsthafte Probleme überwinden. Eine Brieftasche finden: Eine unerwartete Begegnung steht bevor. Eine verlieren: Sie sollten nicht mehr so unentschlossen sein. Es ist ein guter Zeitpunkt für ein Glücksspiel, wenn Sie eine leere Brieftasche sehen.

GELÜBDE Eine glückliche Lösung für Ihre Probleme ist in Sicht.

GEMÜSE Kein gutes Zeichen. Getrocknet oder gekocht ist es ein Zeichen für familiäre Auseinandersetzungen. Essen Sie welches, werden Sie Geld verlieren. Sehen Sie Gemüse wachsen, machen Sie sich Sorgen über etwas. Gemüse ernten: Sie sind Zielscheibe von Kritik. Verfaultes Gemüse bedeutet Enttäuschung.

Artischocken warnen Sie, in Ihrem Liebesleben vorsichtig zu sein, sonst könnte es ziemlich peinlich werden.

Blumenkohl ist ein Zeichen für Gesundheit und ein aufregenderes Liebesleben. Essen Sie welchen, dann könnte die Zukunft gar nicht besser aussehen.

Bohnen essen: Sie werden an einer ansteckenden Krankheit erkranken. Bohnen kaufen: Achtung: Sie werden kritisiert oder sogar verleumdet werden. Kochen Sie sie, könnten Sie mit einer Gehaltserhöhung rechnen.

Handelt es sich um **Erbsen** in der Dose, dann wird es in Ihrem Leben eine Zeitlang Komplikationen geben. Frische Erbsen sind ein Zeichen, daß Sie in fremde Probleme verwickelt werden. Erbsen enthülsen bedeutet für einen Mann Erfolg durch eine wohlhabende Frau. Für eine Frau ist es der Beweis, daß ihr Partner ein Angeber ist.

Karotten bedeuten ein Überraschungsgeschenk. Essen Sie welche, werden Sie überglücklich sein – auch wenn Sie nicht viel Geld haben.

Kartoffeln auf Ihrem Teller: Die Zukunft ist sicher. Sie anpflanzen oder kochen: Eine geschäftliche Glückssträhne steht bevor.

Essen Sie **Kohl**, ist Ihr Arbeitsplatz nicht so sicher, wie Sie dachten. Kaufen Sie welchen, ist es ein Zeichen für Gesundheit. Sehen Sie Kohl wachsen, sollten Sie bei Geschäften Vorsicht walten lassen.

[redacted]

Essen oder kochen Sie **Lauch**, dann könnte es eine Beförderung geben. Sehen Sie ihn wachsen, dann werden Sie nur langsam vorwärtskommen.

Kaufen Sie einen **Markknochen**, dann werden Sie durch die Schuld eines Verwandten Geld einbüßen. Kochen oder essen Sie einen, winkt Ihnen finanzielles Glück.

Durch kluge Spekulation werden Sie Geld scheffeln, wenn Sie von **Pilzen** träumen. Vielleicht ein paar Aktien und Anteile? Pilze sammeln bedeutet Wohlstand. Sie essen heißt: Sie werden dank einflußreicher Kontakte bald befördert werden.

Gemüse **schälen**: Sie bekommen enttäuschende Nachrichten.

Essen Sie **Sellerie**, wird das Familienleben gesegnet sein. Sehen oder kaufen Sie welchen, dann werden Sie gesund sein und Liebesglück haben.

Spargel bedeutet Erfolg. Ihn kochen bedeutet: Aus Ihren eigenen Plänen wird etwas. Ihn essen spricht für ein gesundes Leben.

Ein gesundes, glückliches Leben wird prophezeit, wenn Sie **Spinat** essen.

Ihr Leben wird Höhen und Tiefen haben, wenn Sie Zwiebeln sehen. Zwiebeln essen: Geldglück wird vorausgesagt, entweder durch ein Glücksspiel oder eine Erbschaft. **Zwiebeln** schälen: Ein Zeichen für familiären Ärger. Sie kochen: Sie werden mit einem Freund brechen.

GENITALIEN Dies ist ein eindeutig sexueller Traum. Wenn im Traum Ihre eigenen Genitalien gesund sind, so haben Sie ein befriedigendes Sexualleben. Kranke Genitalien bedeuten, daß Sie es entweder übertrieben oder mit mehreren Partnern geschlafen haben. Seien Sie etwas treuer. Ungewöhnliche Geschlechtsorgane sind ein Symbol für mangelndes Sexualleben. Sie sind darüber nicht glücklich, sonst würde es Sie nicht beschäftigen. Wenn Sie von schmerzenden Genitalien träumen, wäre eine ärztliche Untersuchung bestimmt nicht falsch.

GEOGRAFIE *Siehe auch:* Fremde Orte/Menschen. Ein Erdkundebuch ist ein Omen, daß Sie bald von jemandem zurückgewiesen werden, den Sie sehr gern mögen. Eine Erdkundestunde bedeutet eine bevorstehende Reise.

GEPÄCK Träumen Sie von Gepäck, dann steht eine lange Reise, wahrscheinlich ins Ausland, bevor. Wenn man Ihnen das Gepäck trägt, liegen glückliche Zeiten vor Ihnen. Gepäck zu verlieren bedeutet eine Erbschaft. Aber Gepäck draußen auf der Straße ist ein warnender Hinweis, daß Sie beraubt werden könnten. Lassen Sie die Schlösser reparieren!

GERÄUSCHE Wenn Sie **Applaus** bekommen, heißt das, daß Sie ein bißchen eitel sind. Hüten Sie sich vor Eifersucht. Sie können damit fertigwerden, aber Sie werden etwas Taktgefühl dazu brauchen. Der Applaus von anderen bedeutet, daß Freunde Sie möglicherweise hereinlegen!

Ein **blökendes** Schaf besagt, daß das Geschäft blühen wird. Hören Sie eine Herde blöken, wird Ihrem Zuhause Glück beschert sein.

Ein **Donnerschlag** bedeutet: Was Sie am meisten beunruhigt, wird bald geklärt werden. Grollender Donner besagt: Sie haben recht, einem Ihrer Freunde nicht zu trauen. Er ist unzuverlässig.

Wenn Sie einen **Gong** hören, wird sich bald etwas Aufregendes ereignen. Den Gong nur sehen: Im Leben eines Bekannten wird es Veränderungen geben.

Eine läutende **Klingel** besagt, daß Ihr gesellschaftliches Leben so turbulent ist, daß Ihnen Hören und Sehen vergeht. Bald werden Sie Grund haben, stolz zu sein, wenn Sie jemanden singen hören.

Das Glück wird Ihnen lachen, wenn Sie jemanden an der Tür **klopfen** hören. Klopfen Sie selbst an, sind Sie im Moment etwas nostalgisch. Aber beschwören Sie nicht die Vergangenheit wieder herauf. Es wird nie mehr so sein wie früher. Klopfen Sie an ein Fenster, dann machen Sie sich auf Ärger mit Ihrem Partner gefaßt.

Ein knallender **Korken** besagt, daß jemand eine strenge Bemerkung über Sie machen wird.

Ein **krähender** Hahn kündigt wunderbare Neuigkeiten an.

Das **Lachen** eines Mannes besagt, daß Sie bei einem neuen Arbeitsprojekt viel lernen werden. Das Lachen einer Frau ist ein Zeichen, daß Sie etwas ungesellig sind. Sie bekommen Nachrichten aus der Ferne, wenn Sie Kinder lachen hören. Bringen Sie Leute zum Lachen, sollten Sie sich endlich damit abfinden, daß Sie und Ihr Partner nicht zusammenpassen.

Lärmende Kinder ermahnen Sie, Geduld zu haben. Ungewöhnlich laute Geräusche sind ein Zeichen dafür, daß Sie sich nicht genug entspannen. Tun Sie doch etwas langsamer.

Läuten Sie sie, dann werden Sie eine dauerhafte Freundschaft schließen.

Eine **Rassel** bedeutet, daß Probleme in der Luft liegen. Kirchenglocken besagen, daß Sie beunruhigt sind.

Hören Sie einen **Schrei**, werden belastende Nachrichten folgen. Schreien Sie selbst, ist das ein gutes Zeichen für Ihre wichtigsten Belange.

Schnattern ist ein direkter Hinweis darauf, daß Sie zuviel tratschen.

Sie werden bald umwerfenden Erfolg haben, wenn **Trommeln** im Traum vorkommen. Spielen Sie darauf, wird alles einfach wunderbar sein.

Drücken Sie auf eine **Türklingel**, werden Sie einen interessanten neuen Freund kennenlernen. Hören Sie die Klingel, werden Sie bald einer neuen Beschäftigung nachgehen.

Eine schlagende **Uhr** bedeutet, daß sich die Lage bessert, wenn Sie handeln.

Ein **Wecker**: Aufregende, gewinnversprechende Zeiten sind im Anzug.

Eine **Windharfe** bedeutet bessere Zeiten.

Zimbeln: Es ist Zeit, bei der Stange zu bleiben. Es erwartet Sie eine leidenschaftliche neue Liebesaffäre.

GERECHTIGKEIT *Siehe auch:* Schuld; rechtliche Angelegenheiten. Wenn Sie die Dame mit der Waage sehen, ist Ihnen eine erfolgreiche Zukunft gewiß.

GERICHTLICHE UNTERSUCHUNG DER TODESURSACHE Neue Verantwortungen sind zu erwarten. Sie sind unter Umständen hart, aber Sie werden Ihre Freude daran haben.

GERICHTSVOLLZIEHER *Siehe auch:* Rechtliche Angelegenheiten. Sind Sie im Traum Gerichtsvollzieher, kommen bald gute Nachrichten. Mit einem zu sprechen bedeutet unerwarteten Geldsegen. Ärger mit dem Gerichtsvollzieher bedeutet Pech.

GERSTE Bezieht sich auf die Gesundheit. War das Getreide schlecht, lassen Sie sich vom Arzt untersuchen.

GERÜCHE Riechen Sie **Gas**: so heißt das. Kümmern Sie sich um Ihren eigenen Kram.

Einen Hauch **Ingwer** in die Nase bekommen: Es erwartet Sie eine leidenschaftliche Liebesaffäre. Aber sie dauert leider nicht lange.

Riechen Sie **Kampfer**, ist es eine Warnung vor Gelegenheitssex. Er könnte einen Skandal oder Krankheit nach sich ziehen. Tun Sie es nicht!

Kräuter kündigen Frieden und Zufriedenheit an. Wenn Sie aber lediglich daran riechen, ist es ein Zeichen, daß Sie sich bald auf ein spannendes Abenteuer einlassen werden, wahrscheinlich im Ausland.

Lavendel besagt, daß mit dem anderen Geschlecht alles gut läuft. Vielleicht wartet ja eine neue Affäre auf Sie.

Muskatnuß ist eine Warnung, anderer Leute Motive zu hinterfragen. Lassen Sie sich nicht zu deren Vorteil ausnutzen.

GERÜMPEL Eine schwierige Entscheidung steht an. Treffen Sie sie nicht allein, sondern holen Sie sich Rat.

GERÜST An einem Gebäude bedeutet es neue Gelegenheiten.

GESCHÄFT *Siehe auch:* Arbeit. Sie haben schwere Zeiten vor sich und werden gegen feindselige oder sogar unehrliche Konkurrenz kämpfen. Aber wenn Geschäftspapiere im Traum vorkommen, wird alles in Ihrem Sinn ausgehen.

GESCHENK Seien Sie vorsichtig, wem Sie Ihre Zuneigung schenken, wenn Sie ein Geschenk bekommen. Machen Sie ein Geschenk, wartet ein unerwarteter persönlicher Erfolg auf Sie, der eine Menge Vergnügen verspricht. Ein Geschenk kaufen heißt, daß Sie wegen eines überraschenden Ereignisses beunruhigt sind. Erhalten oder machen Sie ein Geldgeschenk, werden Sie ausgenutzt.

GESICHT Das eigene Gesicht im Traum im Spiegel sehen heißt, daß eines Ihrer Geheimnisse bald entdeckt wird. Ein glückliches, lachendes Gesicht verheißt ein ebensolches Leben. Ein trauriges Gesicht kündet Ärger an. Das Gesicht eines Bekannten signalisiert eine Feier, das eines Unbekannten Unruhe und Reisen. Wenn Sie ein männliches Gesicht sehen, heißt das, daß Sie auf die Zukunft vertrauen. Das Gesicht einer Frau zeigt, daß Sie Zweifel hegen.

GESUNDHEIT *Siehe auch:* Krankheit. Schlechte Gesundheit ist eine Warnung vor Glücksspielen.

GETRÄNKE **Alkohol**, in Maßen getrunken, ist meist ein Zeichen von Erfolg, aber im Übermaß genossen heißt es aufpassen! Sie könnten in eine peinliche Situation geraten, in der Sie sich entschuldigen müßten. Wenn Sie im Traum das Saufen aufgeben, ist es ein widersprüchlicher Traum: Seien Sie nicht allzu vertrauensselig. Aber wenn Sie dem Alkohol nicht freiwillig entsagen, warten Erfolg und Wohlstand auf Sie.

Wenn Sie **Apfelwein** sehen, sollten Sie Ihre Geheimnisse nicht ausplaudern.

Bier trinken könnte einen baldigen Geldverlust bedeuten. Aber wenn andere welches trinken, wird der Verlust nur geringfügig sein. Abgestandenes Bier ist eine Warnung, sich vor Klatsch zu hüten. Ihre Liebesgeschichte wird nicht so gut laufen, wenn Sie träumen, daß Sie aus der Flasche trinken.

Wenn Sie **Brandy** kaufen, gibt es bald eine überraschende Neuigkeit. Wenn Sie ihn anbieten, sollten Sie Ihre Leidenschaften wieder zügeln. Brandy sehen warnt Sie, nicht so materialistisch zu sein. Sie könnten wertvolle Freunde verlieren.

Wenn Sie einen **Betrunkenen** in einer Kneipe sehen, geht es Ihnen physisch nicht gut. Betrinken Sie sich, warten ein paar kleine Gewinne auf Sie. Ein Betrunkener auf der Straße deutet an, daß Sie zuviel Geld ausgegeben haben. Ein singender Betrunkener ist ein sicheres Zeichen dafür, daß Sie nicht genug Selbstvertrauen haben.

Champagner zeigt, daß Sie von etwas ausgeschlossen wurden, und ist ein schlechtes Zeichen für Ihr Liebesleben. Es könnte einen Krach geben, weil Sie zuviel Geld ausgeben. Gibt es Champagner auf einer Hochzeit, geht am Ende alles gut aus.

Unerwartete wunderbare Dinge warten auf Sie, wenn Sie aus einer **Dose** trinken. Wenn Sie sie öffnen, werden Sie in Sachen Liebe gegen einen Konkurrenten verlieren. Wenn Sie eine leere Getränkedose wegwerfen, steht ein schlimmes Unglück bevor. Wenn Sie achtgeben, können Sie es vermeiden.

Wenn Sie **Gin** trinken, wartet eine erfreuliche Überraschung auf Sie. Wenn andere ihn herunterkippen, werden Veränderungen Verwirrung stiften.

Ein leeres **Glas** bedeutet, daß Sie womöglich im Moment zu eitel sind.

Für einen Alleinstehenden bedeutet ein **Kater** eine Warnung vor Gelegenheitssex. Für Verheiratete ist er ein Zeichen, daß familiäre Sorgen sich bald klären werden.

Limonade ist ein Zeichen dafür, daß Ihre Beliebtheit größer wird.

Milch bedeutet baldigen Erfolg. Kuhmilch ist ein gutes Omen für die Gesundheit. Ziegenmilch: Sie könnten befördert werden. Muttermilch ist eines der glückverheißendsten Omen überhaupt. Dauerhaftes Glück wird Ihnen beschert sein. Saure Milch sagt Rückschläge voraus, und wenn Sie sie verschütten, stecken Sie leider Ihre Ziele zu hoch.

Prickelnde Getränke – es gibt aufregende Zeiten; süße Getränke sagen eine leidenschaftliche Affäre voraus.

Saft trinken bedeutet, daß Ihnen jemand über Ihre Geldsorgen hinweghilft. Wenn Sie Saft servieren, wird man Sie um ein Darlehen bitten. Bei Orangensaft steht eine kurze, aber heftige Liebesaffäre an. Ananassaft: In der Arbeit wird alles gut.

Warmes oder heißes **Wasser** trinken bedeutet einen Geld- oder Statusverlust. Aber kaltes Wasser ist ein Zeichen, daß Sie aufgrund Ihrer eigenen Kenntnisse etwas erreichen werden. Sie werden bald Glück haben. Wenn Sie Wasser verschütten oder weggießen, werden Sie Ihr Temperament zügeln müssen.

Rot**wein** spiegelt Ihren fröhlichen Optimismus wider, Weißwein weist auf aufrichtige Freundschaften hin. Süßer Wein verspricht Erfolg in der Liebe. Trockener Wein warnt Sie vor Exzessen. Wein einschenken heißt, daß ein unerwartetes Problemen Sie beunruhigen wird. Wenn Sie Wein trinken, ist Ihnen Gesundheit gewiß.

GEWEHR *Siehe auch:* Tod. Ein geladenes Gewehr ist ein Symbol für Pech. Ungeladen zeigt es, daß Sie in letzter Zeit etwas mürrisch waren. Ein Maschinengewehr zeigt, daß Sie sich im Moment etwas schwach fühlen. Einen Revolver abfeuern könnte ein guter Zeitpunkt sein, um neue Projekte zu beginnen. Hören Sie einen Revolverschuß, so sprühen Sie im Augenblick vor Ideen. Machen Sie doch etwas damit! Wenn das Gewehr jemanden tötet, ist es Zeit, einen unerfreulichen Lebensabschnitt hinter sich zu bringen und einen Neuanfang zu machen. Geben Sie den unheilvollen Schuß ab, steht Ihnen eine Enttäuschung mit dem anderen Geschlecht bevor.

[redacted]

GEWEIH Ein glänzendes Omen für künftiges Glück.

GEWIRR Handelt es sich um Kordel oder Faden, dann wird diese Liebesaffäre, die Ihnen im Kopf herumspukt, für Komplikationen in Ihrem Leben sorgen, mit denen Sie nicht umgehen können. Handelt es sich um Gestrüpp, dann sind Sie nervlich völlig überreizt.

GEWÖLBE Täuschen Sie bloß nichts vor. Man mag Sie so, wie Sie sind.

GEYSIR Ein Kurswechsel bahnt sich an. Er wird nicht leicht sein, aber alles wird gut ausgehen.

GIFT Nehmen Sie Gift zu sich, ist es Zeit, Kompromisse zu schließen. Verabreichen Sie es, ist der bevorstehende Bruch einer Freundschaft oder Liebesaffäre gemeint. Werfen Sie Gift weg, werden Sie einen betrügerischen Freund entlarven – und eine Menge Geld sparen.

GIPS Gips anrühren: Sie werden zu Geld kommen. Eine Wand vergipsen: Sie haben die ersehnte Gehaltserhöhung bekommen. Bröckeliger oder rissiger Gips ist ein Zeichen für familiären Ärger. Ein Gipsverband bedeutet, daß Sie Ihren Ruf verteidigen müssen. Aber daran sind Sie selbst schuld.

GLADIATOR Ein kämpfender Gladiator bedeutet baldigen Geldsegen. Mehrere bedeuten einen Umzug. Wird aber ein Gladiator getötet, ist es ein Zeichen von Unglück.

GLAS *Siehe auch:* Getränk. Sie müssen etwas zurückstecken. Buntes Glas ist ein Zeichen, daß Sie einem Ihrer Freunde nicht trauen können. Wenn Sie sich am Glas schneiden, wird sich eine Gefühlsbeziehung auflösen.

GLETSCHER *Siehe auch:* Orte/Schauplätze. Wichtige Neuigkeiten aus der Ferne oder solche, die Sie auf eine lange Reise nehmen, werden hier vorausgesagt. Fallen Sie in eine Gletscherspalte, warnt Sie dies vor allen Veränderungen, die gefährlich sein könnten. Eine Gletscherspalte überqueren bedeutet, daß Ihre Probleme nicht so schlimm sind, wie Sie meinen.

GLOCKEN *Siehe auch:* Geräusche. Eine entfernte Glocke ist ein Zeichen für gute Nachrichten. Wird Sie mit einem Hammer geläutet, werden Sie ein paar Sorgen haben. Aber wenn Sie eine Totenglocke läuten hören, geaten Sie nicht in Panik: Jemand in hoher Stellung kümmert sich um Ihre Anliegen. Für Liebende bedeutet eine Glocke eine Heirat.

GLÜCKSSPIELE Gewinnen ist eine Warnung, nichts zu riskieren, dessen Verlust Sie nicht ertragen könnten. Wenn Sie aber verlieren, haben Sie demnächst die Chance zu schnellem Gewinn.

Wenn Sie an der **Börse** spielen und gewinnen, sollten Sie keine Glücksspiele machen.

Gewinnen Sie den **Jackpot**, werden Sie hart arbeiten müssen und wenig dafür bekommen. Gewinnt ein anderer den Jackpot, werden Sie etwas viel müheloser erreichen, als Sie dachten.

Alle Arten von **Lotterie** sind ein schlechtes Omen für Liebesgeschichten. Die Zukunft mit Ihrem Partner sieht etwas ungewiß aus. Ein Lotterielos beschert Ihnen Ärger mit der Familie.

Pokerspielen bedeutet ein glückliches gesellschaftliches Leben.

Roulette steht leider für vergebliche Hoffnungen. An einem Automaten spielen verheißt ebenfalls eine Enttäuschung.

Spielkarten bedeuten Prestigeverlust.

Wenn Sie bei einer **Tombola** gewinnen, machen Sie eine glückliche Phase durch. Wenn Sie verlieren, wird ein Termin abgesagt werden.

Wenn Sie eine **Wette** eingehen, gibt es für Sie bald Veränderungen. Andere beim Wetten beobachten ist ein Signal, unter Ihren beruflichen Konkurrenten auf unsaubere Geschäfte zu achten. Wenn Sie eine Wette gewinnen, kommen gute Zeiten. Wenn Sie verlieren, hat es ein Feind auf Sie abgesehen.

Ein **Wettrennen** bedeutet neue Umgebung. Bei einem Rennpferd sollten Sie sparen.

Würfelspiele sind ein Zeichen für eine Erbschaft. Wenn eine Frau einfach Würfel sieht, bedeutet das, daß die Liebesaffäre, die ihr vorschwebt, ein Fehler ist. Für einen Mann ist es ein Zeichen, daß sich der angestrebte finanzielle Erfolg langfristig nicht auszahlen wird. Lauter Sechser würfeln kündet einen unerwarteten Glücksfall an.

GLÜCKWÜNSCHE *Siehe auch:* Komunikation. Ein widersprüchlicher Traum. Glückwünsche bekommen: Sie werden Hilfe brauchen. Jemanden beglückwünschen: Sie werden mehr Erfolg haben.

GLÜHEN Jedes helle oder angenehme, warme Glühen sagt Verbesserungen in den Bereichen voraus, die Ihnen am meisten bedeuten. Ein Glühwürmchen ist ein Zeichen dafür, daß Sie einen sehr treuen Freund haben.

GOLDBARREN Er besteht aus Edelmetall und kündet eine spektakuläre Veränderung an, die Ihr Leben auf den Kopf stellen wird. Aber Sie müssen die Gelegenheit beim Schopf packen. Sie fällt Ihnen nicht in den Schoß.

GOLF (MEERBUSEN) Ein Bruch mit dem/r Liebsten ist hier gemeint, der sich aber verhindern läßt. Kümmern Sie sich mehr um ihn/sie.

GOLF Dies bezieht sich auf das andere Geschlecht. Läuft das Spiel gut, so tut es Ihr Leben auch. Wenn nicht, können Sie mit Problemen in Herzensangelegenheiten rechnen.

GONDEL Ihr Liebesleben langweilt Sie, wenn Sie von diesen romantischen Wasserfahrzeugen träumen. Es ist Zeit, sich einen anderen Partner zu suchen.

GRABEN Einen Graben ausheben heißt, daß Sie sich langweilen; probieren Sie doch etwas Neues aus. Ein Loch graben bedeutet, daß Sie so schnell wie möglich Ihre Schulden begleichen sollten. Einen Brunnen graben bedeutet einen Familienstreit. Ist der Boden weich und fällt das Graben leicht, gilt bald dasselbe für Ihr Leben. Geht das Graben mühsam voran, werden Sie eine Zeitlang kämpfen müssen.

GRABINSCHRIFT Eine lesen bedeutet, daß Ihre Probleme nicht so schlimm sind, wie es aussieht. Ist sie verblaßt, gibt es frohe Familienneuigkeiten.

GRAS Gras mähen ist ein Zeichen für bevorstehende finanzielle Sorgen. Gelbes oder getrocknetes Gras bedeutet, auf die Gesundheit eines nahestehenden Menschen zu achten. Grünes, gepflegtes Gras sagt Erfolg bei allen Vorhaben voraus.

GRAVUR *Siehe auch:* Metalle. Eine Metallgravur heißt, daß Sie bald die Stelle wechseln. Eine Holzgravur verheißt Ihnen viele Parties. Eigentlich ist jede Art von Gravur ein gutes Zeichen.

GRILLEN *Siehe auch:* Lebensmittel. Tauchen irgendwelche Grillgerichte auf, spielen Sie mit dem Gedanken, sich auf eine heimliche Affäre einzulassen. Denken Sie gründlich darüber nach, so etwas ist nicht so betörend, wie Sie meinen.

GRILLFEST *Siehe auch:* Lebensmittel. Ein sicheres Zeichen dafür, daß Freunde und Verwandte dabei sind, Ihre Gutmütigkeit auszunutzen.

GUILLOTINE Seien Sie nicht so kindisch, sonst verlieren Sie einen Freund, verheißt die alte Guillotine.

GUMMI Wenn Sie Gummi sehen, werden sich Ihre Sorgen zerstreuen.

GUMMIBAND Dies bedeutet, daß Sie bald bis zum Äußersten gefordert werden. Aber keine Sorge – es wird Ihnen Spaß machen. Kaputte Gummibänder heißen, daß jemand Sie um Hilfe bitten wird.

GURGELN Ein Zeichen, daß Ihnen ein paar schwierige Veränderungen bevorstehen. Aber seien Sie möglichst flexibel, dann wird alles gut.

GYMNASTIK Eine Turnhalle ist ein Omen für materiellen Wohlstand und einen ehrenvollen Platz in der Gesellschaft, Sie kleiner Yuppie, Sie! Eine Auslandsreise steht bevor, wenn Sie einen Sportplatz sehen. Treiben Sie Sport, passen Sie und Ihr Partner gut zusammen. Sie werden noch lange Zeit zusammensein.

HAARE Buschige **Augenbrauen** bedeuten, daß bald Geld hereinkommt. Gewölbte Augenbrauen stehen für eine Überraschung. Schmale künden eine berufliche Enttäuschung an. Wenn Ihre Augenbrauen ausfallen oder Sie sich deswegen Sorgen machen, betrügt Sie Ihr/e Liebste/r.

Lange, glänzende **Augenwimpern** sagen eine heiße Liebesaffäre voraus. Falsche bedeuten, daß Sie ein Geheimnis aufdecken werden und Rat brauchen, wie Sie damit umgehen sollen. Wenn Sie jemanden ohne Augenwimpern sehen, dürfen Sie nichts ausplaudern. Behalten Sie diese Vertraulichkeiten für sich.

Blondes Haar bedeutet, daß Sie nichts mehr aufschieben sollten.

Man redet über Sie, wenn Sie einen Herren**friseur** sehen. Ein Damenfriseur ist ein Zeichen für unerwiderte Liebe – Ihr/e Angebetete/r teilt Ihre Gefühle einfach nicht. Zum Friseur gehen bedeutet, daß etwas Aufregendes, aber Riskantes bevorsteht. Sind Sie der Friseur, gibt es bald Familienstreit.

Gefärbtes Haar bedeutet, daß Sie durch eigene Dummheit leiden werden.

Wenn Sie von einer **Haarbürste** träumen, werden Sie ein paar Opfer bringen müssen, wenn Sie den neuen Partner/in haben wollen.

Haarnadeln verheißen eine strahlende Zukunft.

Kurze Haare sind ein Zeichen für helle Begeisterung.

Lange Haare sind ein Zeichen für Gesundheit.

Abgeschnittene **Locken** bedeuten spannende Veränderungen zum Besseren. Für eine Frau bedeuten Locken die Ankunft eines neuen Mannes in ihrem Leben. Für einen Mann heißt das, er sollte eine Beziehung abbrechen. Sie könnte seinem Ruf schaden.

Perücken sind Vorzeichen der Veränderung. Neue Gesichter, neue Orte warten auf Sie.

Rasiert sich jemand, versucht ein Kollege Sie zu provozieren. Lassen Sie sich nicht ködern. Rasieren Sie sich selbst, steht ein geschäftlicher Verlust an.

Ein **Schnurrbart** warnt Sie, unbedeutende Ärgernisse nicht zu größeren Problemen werden zu lassen. Einen Schnurrbart abrasieren kündet möglicherweise eine Trennung von Ihrem Partner an. Aber geraten Sie nicht in Panik, es wartet schon ein anderer auf Sie.

Schwarzes Haar bedeutet die Wiederauffrischung alter Bekanntschaften.

Färbt sich Ihr Haar **weiß**, sind Sie körperlich nicht in Höchstform. Lassen Sie sich untersuchen.

Wenn man an Ihren Haaren **zieht**, heißt das, daß Sie Freunde haben, denen Sie einfach nicht trauen können.

HACKEN Etwas hacken oder sehen, wie ein Baum gefällt wird, ist ein Zeichen, daß der Familienkrach bald vorbei ist. Bald werden Sie sich wieder vertragen.

HAFEN *Siehe auch:* Meer/Wasser/Reisen. In den Hafen einfahren verheißt sichere Zukunft. Einen verlassen bedeutet, daß Sie herausfinden werden, daß ein Freund nicht so loyal ist, wie Sie dachten.

HAKEN *Siehe auch:* Fische/Fischen. Hängen Sie etwas an einen Haken, sind Sie großzügig. Verletzen Sie sich daran, heißt das, daß Ihrem Freund Ihr Verhalten neulich nicht gefallen hat. Ein Angelhaken zeigt Ihre geheime Leidenschaft für jemanden, den Sie seit langem kennen. Einen Haken in die Wand schrauben ist ein Hinweis, daß Sie manchmal sehr dickköpfig sind.

HALFTER Hindernisse stehen bevor. Legen Sie aber einem Pferd ein Halfter erfolgreich an, können Sie Ihre Probleme überwinden.

HALLE Eine lange, schmale Halle kündet eine sorgenvolle Zeit an. Ist sie groß, kommen Veränderungen auf Sie zu. Eine öffentliche Halle ermahnt Sie, die Entscheidung zu treffen, die Sie aufschieben wollten.

HAMMER Ein Metallhammer heißt, daß in der Arbeit einiges schiefgeht. Ein Holzhammer ist ein Hinweis, daß Sie in letzter Zeit zu reizbar waren. Beruhigen Sie sich. Wenn Sie Hammerschläge hören, werden Sie etwas zuwege bringen, worauf Sie stolz sein können.

HANDEL/GESCHÄFT Wenn Sie bei einem Geschäft betrogen werden, seien Sie vorsichtig. Jemand könnte bei Ihnen zu Hause einbrechen. Machen Sie ein gutes Geschäft, werden Sie befördert. Wenn es anderen gelingt, Ihnen eines wegzuschnappen, seien Sie zuversichtlich. Sie haben ein paar sehr loyale Freunde.

HANDGRANATE Wenn Sie eine werfen, werden Sie bald durch eigenes überstürztes Verhalten gedemütigt werden. Wenn Sie bloß eine sehen, heißt das, daß Sie Ihrem eigenen Urteil vertrauen sollten.

HANDTASCHE Wenn Sie eine finden, werden Sie Glück in der Liebe haben. Eine leere ist ein Zeichen, daß Sie die Routine nicht mögen. Aber denken Sie daran, manchmal ist das die einzige Lösung, sonst geraten Sie am Ende in ein Durcheinander. Verlieren Sie eine Handtasche, zeigt das, daß Sie hinsichtlich einer Entscheidung schwanken. Entscheiden Sie sich. Kaufen Sie eine, werden Sie sehr beschäftigt sein.

HANDTUCH Ist es sauber, dann heißt das, daß Sie entschlossen kämpfen. Ist es aber naß und schmutzig, werden Sie sich auf ein paar Frustrationen gefaßt machen müssen. Wenn Sie von Papierhandtüchern träumen, könnte das Geld knapp werden.

HÄNGEMATTE Ist sie leer, bedeutet das einen wichtigen Verlust. Liegen Sie in der Hängematte, heißt das, Sie sollten nicht so egoistisch sein. Sie könnten einen Freund verlieren. Ihr gesellschaftliches Leben wird sich zum Besseren wenden, wenn Sie mit jemandem vom anderen Geschlecht in der Hängematte liegen. Fallen Sie aus einer heraus, dürfen Sie mit Ihrem Partner nicht so achtlos sein.

HARPUNE *Siehe auch:* Fische/Fischen. Es naht eine Gehaltserhöhung, wenn ein Wal oder ein großer Fisch dranhängt. Werden Sie aber von der Harpune verletzt, könnte dies eine finanzielle Katastrophe bedeuten. Verausgaben Sie sich nicht.

HAUS *Siehe auch:* Kaufen/Verkaufen. Ein altes Haus kündet ein Treffen mit jemandem an, ein neues ist ein Zeichen finanzieller Sicherheit. Wird ein Haus gebaut, werden Sie einen unerwarteten Gewinn machen. Kaufen Sie ein Haus, bahnt sich eine kurze, aber erfreuliche Liebesaffäre an. Verkaufen Sie eines, wird Ihnen Verantwortung abgenommen. Wird ein Haus abgerissen, trauern Sie über einen Verlust, wahrscheinlich über eine gescheiterte Beziehung. Sie werden schneller darüber hinwegkommen, als Sie meinen.

HAUT Ist sie glatt, ist es ein gutes Zeichen für Ihr Sexualleben. Ist sie fleckig, erwarten Sie Probleme in Sachen Liebe. Sich schälende Haut kündigt eine Zeit der Ungewißheit an, aber sie wird mit einer aufregenden neuen Beziehung enden.

HECKE Eine Hecke schneiden bedeutet eine Glückssträhne. Springen Sie drüber, wird Ihnen bald etwas gehören, wonach Sie sich gesehnt haben – aber es wird eine kleine Enttäuschung sein. Eine blühende Hecke ist ein Zeichen für Erfolg in Ihrem Liebesleben. Eine stachelige Hecke sagt voraus, daß Ihnen jemand einen Strich durch die Rechnung machen will. Mit etwas Entschlossenheit können Sie durchkommen.

HEFE Sie bekommen haufenweise Geld. Es könnte eine Erbschaft oder sogar ein Spielgewinn sein!

HEILIGENSCHEIN Es gibt schlechte Neuigkeiten, wenn Sie jemanden mit Heiligenschein sehen. Haben Sie selbst einen, ist eine Auslandsreise zu erwarten.

HEILSARMEE Bald werden Sie zufriedener und ausgeglichener sein.

HELM Wenn Sie Menschen mit Helmen sehen, dann organisieren Sie sich besser, sonst geraten Sie in ein Durcheinander. Tragen Sie selbst einen Helm, sollten Sie nicht so verschwenderisch sein.

HERAUSFORDERUNG Werden Sie im Traum herausgefordert, sollten Sie wichtige Personen nicht verletzen. Fordern Sie jemanden heraus, wird Ihnen jemand vom anderen Geschlecht die Zeit schwer machen.

HERAUSGEBER Siehe auch: Lesen/Schreiben. Sie lassen die Dinge zu sehr schleifen. Klemmen Sie sich dahinter, und achten Sie auf die Details. Sind Sie selbst der Herausgeber, müssen Sie mit Verzögerungen bei Projekten rechnen.

HERBST In einer anderen Jahreszeit vom Herbst zu träumen bedeutet, daß Sie Freunde und Freundlichkeit finden werden, wo Sie sie nie vermutet hätten.

HERZ Ein gutes Zeichen für Ihr Liebesleben. Es wird sprühen. Ein Herzinfarkt ist ein widersprüchlicher Traum und sagt ein langes, aktives Leben voraus.

HEU Eine unerwartete Glückssträhne wird Ihnen zuteil, wenn Sie einen Heuhaufen oder Heustadel sehen. Ist das Heu aber naß, stehen unruhige Zeiten bevor.

HEXE Sie sind nervös und werden bald eine Pechsträhne haben, wenn Sie sie sehen. Reitet sie auf einem Besen, werden Sie in einen Skandal verwickelt, der Sie Ihren Job kosten könnte.

HILFE LEISTEN Hilfe bekommen heißt, daß Sie bald Hilfe brauchen werden und sich nicht scheuen sollten, darum zu bitten. Aber wenn Sie im Traum Hilfe leisten, kommen Sie vielleicht auch ohne sie zurecht.

HIMMEL Veränderungen stehen bevor, die Ihnen zunächst nicht gefallen. Aber halten Sie durch, am Ende geht alles gut aus. Ist er unbewölkt, stehen glückliche Zeiten bevor. Ziehen Wolken auf, werden Sie sich mehr anstrengen müssen. Ein stürmischer Himmel läßt Streß erwarten, und wenn er grau ist, werden Ihre Freunde bei jedem Wetter zu Ihnen halten.

HINRICHTUNG *Siehe auch:* Tod. All Ihre Vorhaben werden Sie viel mehr kosten, als Sie dachten. Wenn Sie davon träumen, zur Hinrichtung verurteilt zu werden, erhalten Sie bald gute Nachrichten hinsichtlich eines gesundheitlichen Problems.

HINTERTÜR *Siehe auch:* Orte/Schauplätze. Eine Hintertür zu benutzen bedeutet, daß sich in Ihrem

Leben bald etwas zum Positiven ändern wird. Benutzen Freunde die Hintertür, müssen Sie bei jedem neuen Vorhaben Vorsicht walten lassen. Fremde oder Einbrecher an der Hintertür sind ein widersprüchlicher Traum. Sie bedeuten einen unerwarteten Glücksfall.

HITZE Wenn Sie den **Äquator** überqueren, wird sich Ihr Leben bald komplett ändern. Ihn sehen, aber nicht überqueren können ist ein Zeichen, daß Sie wegen etwas zaudern. Seien Sie tapfer, treffen Sie diese Entscheidung.

Wenn **Dampf** Sie verbrennt, werden Sie getäuscht. Hören Sie ihn entweichen, gibt es Streit. Schalten Sie ihn ab, wird etwas geschehen, was Sie für unmöglich gehalten haben. Wenn Sie Dampf aus einem Kessel sehen, könnten Sie sich unter Umständen ein bißchen unwohl fühlen.

Wenn Sie Hitze mit Hilfe eines **Fächers** reduzieren wollen, bezieht sich das auf Ihr Liebesleben. Fächern Sie sich selbst Luft zu, werden Sie in ein peinliches Durcheinander geraten. Fächeln andere sich Kühlung zu, übertreiben Sie im Moment. Träumen Sie vom Verlust eines Fächers, werden Sie Ihren Partner verlieren, weil Sie zuviel flirten.

Schützen Sie sich vor der Hitze mit einem Ein heißer **Heizkörper** deutet zeitweise Spannungen an. Ist er ausgeschaltet, werden Sie ein häßliches Geheimnis lüften.

Sehen Sie heiße **Lava**, wird Ihr gesellschaftliches Leben im großen Stil abheben. Aber achten Sie darauf, daß es nicht die Bank sprengt.

Ein warmer **Ofen** ist ein Zeichen für Glück.

Ein Kohle**ofen** sagt eine wichtige neue Beziehung voraus. Ein Gasofen bedeutet, daß sich Ihre Gesundheit verbessert. Ein Elektroofen deutet an, daß Sie sich nicht richtig entscheiden können, was zu tun ist. Wenn Sie einen Ofen ausschalten, werden Sie eine wertvolle Chance verpassen.

Wenn etwas in Ihrem Traum **schmilzt**, ist das kein gutes Omen. Ist es Gold, bedeutet es Traurigkeit. Silber weist auf Geldprobleme hin. Schmelzendes Eis ist ein Zeichen, daß eine bestimmte Situation aus der Kontrolle gerät. Halten Sie die Zügel straff.

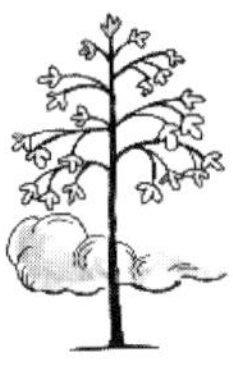

Die **Sommerhitze** besagt, daß Sie überraschende Neuigkeiten erfahren werden.

Sonnenschirm, ist das ein glückliches Omen für Ihr Liebesleben. Öffnen Sie ihn im Raum, wird Ihnen jemand etwas Geld geben.

Und ein paar unerwartete familiäre Verantwortlichkeiten warten auf Sie, wenn Sie von einem **Sonnenstich** träumen. Aber geraten Sie nicht in Panik, Sie werden schon damit fertig.

Veränderungen stehen bevor, wenn Sie die **Temperatur** mit einem Thermometer prüfen. Kaufen Sie eines, dann wird ein Arbeitsprojekt gut laufen.

HOCHSCHULE *Siehe auch:* Schule. Trotz kleinerer Ärgernisse werden Sie bald befördert werden.

HOCHZEITEN Eine Hochzeit verheißt Glück – wenn auch nur für kurze Zeit. Aber alle Aspekte des Traums müssen berücksichtigt werden!

Sehen Sie eine **Braut** vor dem Altar, bedeutet das Gutes für fast alle Lebensbereiche. Ist sie aber allein, ist Ihre Gesundheit leicht gefährdet. Stehen Sie mit einer Braut vor dem Altar, könnte ein geheimer Wunsch wahr werden. Küssen Sie eine Braut, dann werden Sie viele neue Freunde kennenlernen.

Sehen Sie sich als **Brautjungfer**, steht Ihnen eine große Enttäuschung bevor. Sehen Sie mehrere, kommt das Glück.

Bei einem Ihrer Lieblingsprojekte ist mit Verzögerungen zu rechnen, wenn Sie ein **Brautpaar** sehen. Aber geben Sie nicht auf. Gehen Sie die Sache anders an, dann ist der Tag gerettet. Ist die Braut sehr jung, warnt dies vor einer Krankheit im Familienkreis.

Brennen Sie im Traum **durch**, trennen Sie sich vielleicht bald von Ihrem Partner. Brennen andere durch, wird jemand versuchen, Sie zu einer sentimentalen Reise zu überreden. Tun Sie es nicht, das regt Sie nur auf. Gibt man Ihnen den Laufpaß, werden Ihre Liebesaffären dauerhaft sein.

Sie werden von allen heiß geliebt, wenn Sie **Konfetti** sehen. Phantastischer gesellschaftlicher Erfolg bahnt sich an.

Sehen Sie einen **Pagen**, der die Brautschleppe trägt, dann läuft in der Liebe alles nach Wunsch. Auch in der Arbeit klappt alles wie am Schnürchen. Nutzen Sie das aus.

Ein **Platzanweiser** verheißt nützliche neue Kontakte, die Ihnen künftig helfen werden.

Werfen Sie bei einer Hochzeit **Reis**, erwarten Sie gute Neuigkeiten.

Trägt die Braut einen **Schleier**, verheißt das Veränderungen zum Besseren. Ist er zerrissen, wird bald ein Geheimnis gelüftet.

Sind Sie ein Mann und sehen sich bei einer Hochzeit als **Trauzeuge**, werden Sie Glück in der Liebe haben. Sieht eine Frau einen Trauzeugen, wird Sie künftig Sicherheit haben.

HÖHE *Siehe auch:* Fliegen. Eine Warnung, sich mit Untergebenen einzulassen. Das könnte Sie in Verlegenheit bringen.

HOHE ZIELE *Siehe auch:* Erfolg. Dies ist ein widersprüchlicher Traum: Haben Sie sie erreicht, wird es Rückschläge geben. Werden sie vereitelt, bleiben Sie beharrlich; Sie werden schließlich ans Ziel gelangen.

HÖHLE *Siehe auch:* Orte/Schauplätze. Eine dunkle unterirdische Höhle bedeutet Gefahr. Befindet sie sich aber auf einem Hügel oder Berg, bieten sich Ihnen bald neue Chancen. Sehen Sie eine Höhle von außen, wird sich Ihr Lebenslos schrittweise verbessern. Träumen Sie davon, in einer Höhle zu sein, werden Ihre Ziele vereitelt. Ist die Höhle sehr tief, sollten Sie Ihre Ziele nochmals überdenken.

HÖLLE Ein schlechtes Omen. Pech, Krankheit und Geldeinbußen sind angesagt. Aber wenn Sie aus der Hölle entkommen, sieht die Zukunft freundlicher aus.

HOLZ Holz fällen oder sägen. Sie werden die Antwort auf Ihre Probleme finden. Wenn Sie Bauholz kaufen, so heißt das, daß jemand dieselben Gefühle Ihnen gegenüber hegt wie Sie ihm gegenüber. Nur zu, machen Sie ein Date aus!

HOPFEN Hopfen wachsen sehen bedeutet baldigen Geldsegen. Hopfen ernten: Eine leidenschaftliche Liebesaffäre bahnt sich an, wird aber leider bald verglühen.

HORN *Siehe auch:* Musik. Ein glückverheißendes Zeichen. Stierhörner sind ein Zeichen für gelassenes Vertrauen. Ziegenhörner künden eine Beförderung in der Arbeit an. Tragen Sie Hörner, so haben Sie einen starken Willen.

HOROSKOP Wenn Sie es lesen, wird ein freudiges Ereignis Sie aufheitern. Ist es gut, sind Sie ein bißchen nervös, weil Sie es neulich nicht geschafft haben, sich auf etwas zu einigen – wahrscheinlich in der Arbeit. Ist es schlecht, verzweifeln Sie nicht. Eine Hoffnung, die Sie nähren, wird bald Früchte tragen. Jemandes anderen Horoskop lesen kündet einen Streit mit Ihrem Partner an.

HOSENTASCHE Ein Loch in der Hosentasche: Bald geraten Sie in eine peinliche Situation, weil Sie eine übereilte Entscheidung getroffen haben. Eine volle Tasche bedeutet, daß Sie es mit einer Autoritätsperson leichter haben werden, als Sie dachten. Ist die Tasche leer, hat einer Ihrer Freunde ein hinterhältiges Wesen.

HOTEL Sind Sie allein dort, hat es mit der Arbeit zu tun. Sind Sie mit jemandem vom anderen Geschlecht dort, betrifft es Ihr Liebesleben. Ist es ein Luxushotel, dann gibt es Mißerfolg oder Enttäuschungen. Ein bescheidenes Hotel bedeutet, daß alles zu Ihrer Zufriedenheit ablaufen wird.

HÜGEL Dies stellt eine Schwierigkeit dar, die bewältigt werden muß. Stehen Sie oben, liegen Ihre Sorgen hinter Ihnen. Kämpfen Sie sich nach oben, heißt das, daß Sie müde sind und sich in letzter Zeit übernommen haben.

HUNDEHÜTTE *Siehe auch:* Tiere. Sie wollen freundlich zu jemandem sein, dem das aber ganz egal ist. Vergessen Sie es, Sie können es nicht allen recht machen.

HUNGER *Siehe auch:* Lebensmittel. Ein widersprüchlicher Traum. Sind Sie oder andere hungrig, bedeutet es Glück und einen ausgeglichenen Kontostand. Je größer der Hunger, desto mehr lacht Ihnen der Wohlstand.

HUPE Wenn Sie eine Hupe hören, geraten Sie bald in einen gesellschaftlichen Trubel.

HÜRDEN Ein sicheres Anzeichen, daß Sie keinen falschen Eindruck hinterlassen sollten. Ehrlichkeit ist im Augenblick die weitaus beste Politik für Sie.

HURRA-RUFEN Wenn Sie Hurra rufen, werden Sie eine Impulshandlung bereuen. Hören Sie andere Hurra rufen, geben Sie nicht mehr soviel Geld aus!

HUSTEN *Siehe auch:* Krankheit. Überprüfen Sie Ihre Versicherung. Dieses Symbol sagt Brand, Diebstahl oder Überschwemmung voraus.

HÜTER Ein Wildhüter sagt haufenweise Geld voraus. Ein Parkwächter ist eine Warnung, sich vor Gefahr im Liebesleben zu hüten.

HÜTTE Sind Sie in der Hütte, bahnt sich eine Katastrophe an. Eine niedrige Hütte besagt, daß Ihre Zukunft sicherer sein wird. Wenn die Hütte in einem Wald oder an einem Strand liegt, wird kleinliches Verhalten Sie bald vor Ärger schnauben lassen.

HYMNE *Siehe auch:* Musik. Melodische Musik ist immer ein gutes Zeichen. Eine Hymne zu hören heißt, daß Sie Neuigkeiten aus der Ferne erhalten werden. Die Hymne singen ist eine Warnung, nicht so viel Zeit zu vergeuden!

HYPNOSE Wecken Sie keine schlafenden Hunde, lautet die Warnung, wenn Sie hypnotisiert werden. Hypnotisieren Sie jemanden, dann schnallen Sie den Gürtel enger. Das Geld wird bald knapp werden.

HYSTERIE Sehen Sie jemanden, der hysterisch geworden ist, müssen Sie achtgeben, daß Sie nicht zu Dingen gezwungen werden, die Sie wirklich nicht tun wollen. Wenn Sie hysterisch sind, dann befolgen Sie den Rat Ihrer Freunde.

IMITATION *Siehe auch:* Täuschung. Sie machen eine Zeit der Eifersucht durch, wenn Sie jemanden imitieren. Das ist kein sehr glückliches Omen.

IMPFUNG Das Geld könnte knapp werden, aber keine Sorge. Alle, auch der Filialleiter Ihrer Bank, stehen Ihnen zur Seite, bis Sie sich wieder gefangen haben.

INGWER *Siehe auch:* Lebensmittel; Gerüche. Ingwer kosten oder riechen kündet von einer bevorstehenden leidenschaftlichen Liebesaffäre, die aber leider nicht lange dauern wird. Lebkuchen ist ein Hinweis auf eine Familienfeier.

INNENHOF Es naht die Zeit, da Ihre Probleme ein Ende haben.

INSEKTEN Ein Hindernistraum. Insekten vertreiben oder sie töten bedeutet, daß Ihre Sorgen leichter zu lösen sind, als Sie dachten.

Ameisen bei der Arbeit bedeuten, daß geschäftlich alles gut läuft. Ameisen im Haus: In der Familie könnte es einen Krankheitsfall geben. Aber Ameisen auf Lebensmitteln bedeuten, daß Ihr Glück gewiß ist.

Bienen symbolisieren harte Arbeit und Erfolg. Werden Sie von einer gestochen, geraten Sie bald wegen einer Kleinigkeit mit jemandem in Streit. Töten Sie eine Biene oder sehen Sie tote Bienen, wird ein sogenannter Freund Sie um etwas erleichtern. Summende Bienen signalisieren gute Nachrichten.

Wenn Sie von **Fliegen** träumen, gibt es Eifersucht in Ihrem Leben, die Ihnen nichtige Ärgernisse verursachen wird. Werden Sie die Fliegen los, werden Sie auch die Störenfriede los.

Flöhe bedeuten, daß jemand in Ihrer Umgebung Ihnen Böses will. Konnten Sie die Flöhe jedoch loswerden, können Sie den Verräter besiegen.

Käfer sind ein Zeichen für Eifersucht und Feindseligkeiten in Ihrer Umgebung. Wenn Sie sie töten, sind Ihre Schwierigkeiten nur von kurzer Dauer.

Hoch fliegende **Moskitos** künden von Glück. Stechen sie Sie, heißt das, daß Sie auf jemanden eifersüchtig sind. Wenn Sie sie summen hören, redet man schlecht über Sie.

Wenn Sie versuchen, eine **Motte** zu fangen, ist jemand auf Sie eifersüchtig. Wenn Sie eine töten, werden Sie Ihre Rivalen überlisten. Mottenlöcher in Stoff sagen Traurigkeit in der Familie vorher.

Jemand, der Sie nicht leiden kann, will Ihnen Ärger machen, wenn Sie **Ohrwürmer** sehen.

Raupen sind ein Omen für Eifersucht. Jemand will Sie demütigen, wenn Sie davon träumen.

Ein bunter **Schmetterling** verheißt ein ausgesprochen erfülltes Leben. Fliegt er um eine Lampe, werden Sie sich an einem Ihrer Siege nur kurz freuen können. Ein toter Schmetterling signalisiert Gefahr.

Spinnen sind ein Glückszeichen. Wenn Sie eine Spinne töten, erhalten Sie gute Nachrichten. Spinnt sie ein Netz, gibt es bald Geld. Klettert sie eine Wand hinauf, werden die Dinge, die Ihnen am meisten bedeuten, gut laufen. Eine Spinne im Netz ist eine Warnung, daß ein Nahestehender Sie ausnutzt.

Auch **Stechmücken** bedeuten unbedeutenden Ärger durch eifersüchtige Freunde. Wenn Sie sie vertreiben, werden Ihre Sorgen verschwinden.

Bei **Wanzen** kommen unerfreuliche Neuigkeiten. Wenn Sie Wanzen töten, wird sich Ihre Lage schließlich verbessern.

Eine **Wespe** besagt, daß eine Ihrer Beziehungen Sie behindert. Es ist Zeit, sie zu beenden.

Würmer als Köder sind ein Zeichen materiellen Gewinns. Wenn Sie sie töten, werden sich Ihre Anstrengungen gelohnt haben. Ansonsten warnen Würmer vor Krankheit.

INSEL *Siehe auch:* Fremde Orte/Menschen. Sind Sie auf eine Insel verbannt, heißt das, daß Sie sich langweilen und einsam fühlen. Ist die Insel aber bewohnt, werden interessante neue Entwicklungen Sie aufheitern. Palmen sind ein Zeichen für hoffnungsvolle Aussichten.

INSERIEREN Etwas inserieren warnt vor einem spekulativen Vorhaben. Wenn Sie aber ein Inserat lesen, werden Ihre Pläne wahr werden. Ein illustriertes Inserat ist ein sehr gutes Zeichen.

INSTALLATIONEN Sind sie neu, wird eine unerwartete Gelegenheit Ihnen dabei helfen, ein langgehegtes Ziel zu verwirklichen. Alte, undichte Rohre bedeuten ein Mißverständnis in der Arbeit.

INSTRUMENT Siehe auch: Musik. Ein medizinisches Instrument wie etwa ein Skalpell bedeutet, daß die Familie Ihnen Hindernisse in den Weg legt. Navigationsinstrumente bedeuten, daß Sie einen Schnitzer gemacht haben, wahrscheinlich in der Arbeit. Die meisten Musikinstrumente sind Omen für Harmonie und Glück.

INTERVIEW Sprechen Sie mit Berühmtheiten, ist eine erfreuliche Begegnung zu erwarten. Wenn Sie einen Politiker interviewen, zeigt das, daß Sie eine rebellische Ader haben. Ein Vorstellungsgespräch deutet eine größere Veränderung an, allerdings nicht unbedingt eine, die die Karriere betrifft.

INTRIGE Sie werden vor Scham erröten, wenn ein sogenannter Freund eine Vertraulichkeit ausplaudert. Es ist eine Warnung, in Zukunft diskreter zu sein.

INVALIDE *Siehe auch:* Krankheit. Erfolg wird kommen, aber nicht so schnell wie erhofft, wenn Sie sich als Invaliden sehen. Sind andere Menschen Invaliden, wird ein Freund oder ein/e Partner/in Sie um Hilfe bitten.

INZEST Geben Sie der Versuchung nicht nach, egal wer Sie dazu überreden will. Sie werden es ewig bereuen.

IRRENANSTALT *Siehe auch:* Verstecken. Wenn Sie davon träumen, in einer Irrenanstalt zu sein, gibt es bald Ärger. Sie müssen mit einem Freund oder professionellen Berater über Ihre Probleme reden. Vermeiden Sie, daß man Sie in eine Irrenanstalt bringt: Achten Sie auf Ihre Gesundheit. Stehen Sie außerhalb der Anstalt, wird man Sie um Hilfe bitten. Es kann harte Arbeit für Sie bedeuten, aber Sie müssen einwilligen.

JACKPOT Ein widersprüchlicher Traum. Wenn Sie ihn gewinnen, steht Ihnen harte Arbeit mit wenig Belohnung bevor. Gewinnt ihn ein anderer, können Sie etwas müheloser gewinnen, als Sie dachten.

JAGEN Ein geruhsames Alter ist zu erwarten, wenn Sie gejagt werden oder eine Verfolgungsjagd sehen. Erfolg bei der Jagd verheißt baldige, erfolgreiche Lösung Ihrer Probleme. Andernfalls müssen Sie eine Weile damit leben.

Eine **Antilope** jagen oder erlegen bedeutet, daß Sie einen unzuverlässigen Geschäftspartner haben.

Erlegen Sie einen **Fuchs**, werden Sie einen unbeliebten Menschen oder sogar einen Liebesrivalen überlisten können.

Sehen Sie einen **Speer**, wird Ihr Liebesleben eine aufregende Wendung nehmen, besonders wenn es ein Fischspeer ist.

JAHRMARKT Sind Sie auf einem Jahrmarkt, wird Ihr gesellschaftliches Leben einen Aufschwung erleben. Sind andere Leute dort, wird sich das Blatt zum Besseren wenden.

JALOUSIE Lassen Sie sie herunter, sind Ihre Ziele zu hoch gesteckt. Ziehen Sie sie hoch, werden Sie bei dem, was Sie am meisten interessiert, erfolgreich sein. Schnellt sie von allein nach oben, erwartet Sie eine Überraschung.

JANUAR *Siehe auch:* Zeit. Ist er nicht der erste Monat des Jahres, dann wird ein verwirrendes Problem bald gelöst werden. Andernfalls bekommen Sie Geld.

JAZZ *Siehe auch:* Musik. Wenn Sie Jazz hören, dann lassen Sie die Finger von Gemeindeangelegenheiten, von denen Sie nichts verstehen. Es mag zwar ein gutes Gefühl sein, bei der örtlichen Versammlung zum Vorsitzenden gewählt zu werden, aber damit könnten Sie sich Geldprobleme einhandeln.

JESUS *Siehe auch:* Religion. Die Botschaft lautet: Trost im Unglück. Wenn Sie mit Ihm gesprochen haben oder er Sie berührt hat, wird Ihnen wahrer Seelenfrieden zuteil werden.

JIG *Siehe auch:* Musik. Wenn Sie diesen Volkstanz allein tanzen, stehen glückliche Zeiten bevor. Tanzen Sie mit einem Partner, wird es Zeit, Ihr Sexualleben zu zügeln! Sehen Sie andere tanzen, gehen Sie etwas zu großzügig mit Ihrem Geld um.

JOCKEY Ein günstiges Zeichen, besonders wenn er in einem Rennen reitet. Ein sehr gutes Omen, wenn er gewinnt. Dann werden sich Ihre Hoffnungen und Wünsche erfüllen. Aber wenn er herunterfällt, wird eines Ihrer Projekte mißlingen.

JOD Ihre Sorgen sind leider alle hausgemacht. Mit etwas Anstrengung schaffen Sie es schon.

JODELN Ein glückverheißendes Omen. Alles geht gut – besonders Herzensangelegenheiten.

JONGLEUR *Siehe auch:* Auftreten. Eine neue Gelegenheit zu schnellem Profit oder zur Beförderung wird sich Ihnen bieten. Zögern Sie nicht, alles wird in Ordnung sein.

JUCKREIZ Juckende Füße sind ein deutliches Zeichen dafür, daß Sie sich nach neuen Horizonten und Erfahrungen sehnen. Juckende Hände bedeuten Geldglück. Juckt Ihre Nase, sollten Sie sich vor Fehlern in der Arbeit hüten. Ein allgemeiner Juckreiz ist ein Omen, daß Sie sich zuviel Sorgen machen – seien Sie etwas heiterer!

JUDAS *Siehe auch:* Schuld. Seien Sie mit neuen Freunden vorsichtig, wenn Sie diese Gestalt sehen. Sie sollen erst ihren Wert beweisen, bevor Sie sich mehr auf sie einlassen.

JULI *Siehe auch:* Zeit. Hüten Sie sich vor allen neuen Angeboten, wenn es in Wirklichkeit nicht Juli ist. Befassen Sie sich eingehend damit, bevor Sie sich entscheiden.

JUNGE Ein Schuljunge zeigt, was für ein großzügiger Mensch Sie sind. Ein Ministrant ist eine Warnung, nicht mehr so flatterhaft zu sein. Wenn Sie Jungen kämpfen sehen, ist das ein sicheres Zeichen dafür, daß Sie Ihren Partner nicht wirklich lieben.

JUNI Wenn Sie vom Juni träumen, es in Wirklichkeit aber nicht Juni ist, ist eine aufregende neue Liebesgeschichte angesagt.

KAFFEE *Siehe auch:* Getränk. Dies ist ein Zeichen für gesunde Finanzen und ein gutes häusliches Leben. Wenn Sie bitteren Kaffee trinken, werden Sie mit einem Freund brechen. Gesüßter Kaffee bedeutet überraschende gute Neuigkeiten. Wenn Sie ihn verschütten, erleben Sie einige Enttäuschungen.

KÄFIG Ein Vogelkäfig signalisiert eine glückliche Ehe, aber ein leerer mit einer offenen Tür ist ein Zeichen für Verrat. Wenn Sie einen Käfig kaufen oder bauen, wird eine unruhige Zeit in Ihrem Leben zu Ende gehen. Wenn Sie im Traum in einen Käfig gesteckt werden, zeichnen sich am Horizont Zwistigkeiten ab.

KAHLKÖPFIGKEIT *Siehe auch:* Haare. Dies bedeutet Verlust, allerdings nicht unbedingt den Verlust der Haare! Für einen Mann kann es Krankheit bedeuten, für eine Frau emotionale Verwicklungen, die durchaus zu einem vollständigen Bruch mit jemandem oder etwas führen können.

KAKAO *Siehe auch:* Getränke. Dieses gute alte Getränk bedeutet, daß Sie sich bald Hals über Kopf verlieben. Wenn Sie Kakao trinken, haben Sie garantiert vertrauenswürdige Freunde.

KALEIDOSKOP *Siehe auch:* Farben/Edelsteine. Ihre Lebensumstände werden sich ziemlich schnell ändern, aber das schafft Raum für neue Interessen und Erfolge.

KALENDER Einen Termin in den Kalender eintragen bedeutet, daß Sie bald dem oder der Richtigen begegnen werden. Kalenderblätter abreißen heißt, daß ein Überraschungsgeschenk an Sie unterwegs ist.

KÄLTE *Siehe auch:* Wetter. Kein gutes Omen. Ist Ihnen selbst kalt, bedeutet das, daß sich jemand illoyal Ihnen gegenüber verhält. Sich vor der Kälte schützen ist ein Zeichen, daß manches nicht nach Wunsch verlauft. Kalte Hände warnen vor Geldschwierigkeiten. Kalte Füße sind eine Warnung, nicht allzu deprimiert zu werden. Wenn Sie von einer Erkältung träumen, werden Sie sich bald viel sicherer fühlen.

KAMEE *Siehe auch:* Schmuck. Wenn Sie eine Kamee bekommen, werden Sie von einer Krankheit genesen. Kaufen Sie eine, kommt das Glück zu Ihnen. Verlieren Sie sie, ist es ein Omen für Tod.

KAMERA Dies ist eine Warnung, daß einige Ihrer Freunde nicht so aufrichtig sind, wie Sie meinen. Vertrauen Sie ihnen keine Geheimnisse an.

KAMM *Siehe auch:* Haare. Ein Kamm, der alle Zinken hat, heißt, daß bald schwierige Geschäftsangelegenheiten gelöst werden müssen. Fehlen Zinken, müssen einige Punkte noch geklärt werden. Ein Metallkamm bedeutet, daß sie in einer Sportart oder sogar eine Pferdewette gewinnen werden. Ein Plastikkamm warnt Sie vor zu großer Eitelkeit und allzugroßem Vertrauen. Einen Kamm zu finden weist auf emotionale Probleme hin. Wenn Sie einen verlieren, wird eine Ihrer Freundschaften belastet werden. Wenn Sie einen kaufen, könnte ein Umzug bevorstehen. Kämmen Sie Ihr eigenes Haar, bedeutet das, daß Sie jetzt handeln müssen, um ein Problem zu lösen, das Ihnen derzeit Sorgen macht. Jemandes anderen Haar kämmen bedeutet, daß Sie dem falschen Menschen vertrauen.

KÄMPFEN *Siehe auch:* Ärger/Konfrontation. Wenn Sie von einem Kampf träumen, sind im Moment ein paar Leute gegen Sie, nicht wahr? Aber wenn Sie gewinnen, können sie Ihnen nichts anhaben. Wenn andere kämpfen, heißt das, daß Sie Zeit und Geld zu Ihrem Vergnügen vergeuden. Zwingen Sie sich zu harter Arbeit.

KAMPFER *Siehe auch:* Gerüche. Dies ist eine Warnung vor Sex mit flüchtigen Partnern, der einen Skandal oder Krankheit zur Folge haben könnte. Tun Sie es nicht.

KANAL *Siehe auch:* Meer/Reise. Ein voller Kanal ist ein gutes Zeichen für Ihre künftige Sicherheit. Ein leerer oder halbleerer Kanal bedeutet: Sie sollen nicht mehr so viel Geld ausgeben. Kanalschleusen sind eine Warnung: Unter Ihren Freunden verbirgt sich ein falscher!

KANDARE Das ist wirklich eine Warnung, sich in Sachen Geld zu zügeln. Geben Sie nicht mehr so viel aus, besonders nicht auf Kredit.

KANNE *Siehe auch:* Getränke. Volle Kannen sind ein Zeichen für gute Freunde. Aus einer trinken bedeutet, daß Sie mit Gesundheit rechnen können. Eine zerbrochene Kanne sagt einen einflußreichen Freund oder eine aufregende neue Liebesaffäre voraus.

KANNIBALE Lassen Sie sich nicht zu irgend etwas Riskantem verleiten, egal wie vielversprechend es Ihnen erscheint.

KANU *Siehe auch:* Meer/Wasser/Reise. Sitzen Sie im Kanu, ist es eine Warnung vor einem Brand. Ein leeres Kanu bedeutet Einsamkeit. Suchen Sie sich ein paar neue Freunde. Kippt das Kanu um, will ein Feind Sie in den Ruin treiben.

KAPSEL Jede Art von Kapsel bedeutet grünes Licht für Beziehungen mit dem anderen Geschlecht. Es kann jetzt einfach nichts schiefgehen! Sie sind in Höchstform.

KARATE Diese Form der Selbstverteidigung will Sie auf ein überraschendes Hindernis vorbereiten, das sich Ihnen in den Weg stellt. Lernen Sie Karate, werden Ihre derzeitigen Projekte gut laufen.

KARNEVAL Sie haben eine melancholische Phase. Sind Sie beim Karneval dabei, werden Sie ein paar Hindernisse überwinden müssen, um das Gewünschte zu erreichen.

KARREN Einen Karren lenken oder in einem fahren bedeutet, daß es eine Zeitlang nur Arbeit, aber kein Vergnügen geben wird. Wenn Sie einen Heuwagen sehen, werden Ihre Wünsche wahr.

KARTEN Karten spielen oder anderen dabei zusehen heißt, daß Sie vorsichtig mit Geld umgehen sollten. Jemand könnte versuchen, Sie um Geld zu prellen. Karten austeilen verheißt schlechte Nachrichten.

Bei einem **As** hängt die Bedeutung von der Farbe ab. Wenn Sie die Farbe nicht erkennen können, werden Sie einem Geheimnis nicht auf den Grund kommen.

Herz: Ihre Wünsche werden wahr, und Sie werden Glück in der Liebe haben.

Der **Joker** warnt Sie, nicht mehr so faul zu sein. Jemand wird reicher, während Sie sich ausruhen.

Karo: finanzielles Glück.

Kreuz: geschäftlicher Erfolg, aber erst nach Streitigkeiten.

Pik: Traurigkeit oder nicht entlohnte Arbeit.

KASERNE Sie werden bald vor ernsthaften Schwierigkeiten sicher sein. Sind jedoch Soldaten in der Kaserne, gibt es unter Umständen bald Ärger.

KASSIERER Siehe auch: Geld. Trennen Sie sich von Ihrer Kreditkarte, wenn Sie von einem Kassierer träumen. Das Geld wird bald knapp sein.

[redacted]

KASTRATION Ein widersprüchlicher Traum. Jede Form der Kastration bedeutet, daß Sie alle anderen schlagen werden, egal wie die Chancen stehen.

KATASTROPHE Katastrophen sind widersprüchliche Träume und bedeuten, daß Ihnen bald Glück widerfahren wird. Für Verliebte bedeuten sie Hochzeitsglocken.

KAUEN Siehe auch: Lebensmittel. Wenn Sie kauen, werden Sie eine Enttäuschung erleben, aber daran sind Sie selbst schuld. Wenn andere kauen, können Sie mit einer aufregenden Einladung rechnen.

KAUFEN/VERKAUFEN Wenn Sie davon träumen, bei einer Auktion zu kaufen oder zu verkaufen, könnte ein Freund versuchen, Sie auszunutzen. Haben Sie ein Auge auf Ihren Freundeskreis.

Wenn Sie zu einem **Ausverkauf** gehen, werden Sie bald ein wertvolles Geschenk bekommen. Verkaufen Sie Ihre eigenen Sachen im Ausverkauf, dann bekommen Sie eine Gehaltserhöhung.

Wenn Sie **groß einkaufen gehen**, ist das ein Hinweis, den Gürtel enger zu schnallen. Je mehr Sie kaufen, desto vorsichtiger sollten Sie mit Ihrem Geld sein. Aber wenn Sie im Traum überlegt einkaufen, können Sie mit einer finanziellen Glückssträhne rechnen.

Der **Kauf** eines Hauses steht für eine baldige erfreuliche Liebesaffäre.

Wenn Sie in einem **Laden** arbeiten, erleben Sie bald eine Glückssträhne in punkto Geld.

Erhalten Sie eine **Quittung** für Ihre Einkäufe, dann kommen bald bessere Zeiten.

Haus**verkauf** bedeutet, daß Ihnen bald einige Verantwortung abgenommen wird.

Sehen Sie sich als **Verkäufer**, zeigt das, daß Sie Leuten, die in Not sind, immer helfen.

KAUFHAUS Dies bedeutet Glück und Wohlstand. Harte Arbeit und ein paar Opfer werden bald zu bedeutenden Erfolgen führen. Wenn Sie Single sind, wartet schon ihr künftiger Partner auf Sie.

KAUTION *Siehe auch:* Rechtliche Angelegenheiten. Zur Zahlung einer Kaution gezwungen sein oder dies anbieten bedeutet, daß Sie mit dem Gedanken spielen, sich auf eine unkluge Partnerschaft einzulassen. Vermeiden Sie sie im eigenen Interesse.

KAVALLERIE *Siehe auch:* Uniform. Für eine alleinstehende Frau bedeutet Kavallerie, daß sie einen Senkrechtstarter heiraten wird! Für andere ist sie ein gutes Vorzeichen bei Liebesaffären. Träumt ein Mann, er sei in der Kavallerie, wird er eine echte Schönheit heiraten.

KEGEL Jeder kegelförmige Gegenstand ist ein Zeichen für sexuelles Vergnügen. Heiße Zeiten stehen Ihnen bevor!

KEGELN *Siehe auch:* Spiele. Ein meist glückverheißendes Omen – besonders wenn Sie spielen.

KEIME Ein widersprüchlicher Traum. Bei Keimen jeder Art werden ein paar neue Aktivitäten Ihre Lebensgeister wiedererwecken.

KELLER *Siehe auch:*Orte/Schauplätze. Sie sind ein bißchen deprimiert. Sind im Keller Holz oder Kohlen gelagert, werden Sie diesen Zustand bald überwinden. Weinflaschen in einem Keller bedeuten, daß Sie noch eine Zeitlang trübsinnig sein werden, aber ein leerer Keller ist ein erfreulicheres Zeichen. Sie werden sich bald erholt und ausgeruht fühlen und es mit der ganzen Welt aufnehmen.

KERZEN *Siehe auch:*Dunkelheit/Licht. Brennt die Kerze, kündet sie unerwartete Ereignisse an: einen Brief, den Besuch eines Freundes, eine kleine Überraschung. Wenn Sie eine Kerze ausblasen, werden Sie in Ihrem Liebesleben eine Enttäuschung erleben. Wenn Sie im Traum Kerzen kaufen, heißt das, daß Sie die Nase voll von Ihrem Alltagstrott haben. Also brechen Sie aus, und machen Sie sich einmal eine schöne Zeit. Werden Kerzen getragen, können Sie mit zunehmenden gesellschaftlichen Aktivitäten rechnen.

KESSEL Sie laufen Gefahr, von einem vermeintlich vertrauenswürdigen Menschen hintergangen zu werden. Kocht das Wasser im Kessel, ist es Zeit, Ihren Bekanntenkreis zu erweitern. Ein Kupferkessel ist ein gutes Zeichen für materiellen Wohlstand.

KETTEN Ein widersprüchlicher Traum. Ketten symbolisieren, daß Sie Ihre Sorgen bald lossein werden. Sie können auch einen wichtigen Erfolg bedeuten.

KIES Dies steht für Hindernisse. Auf Kies laufen heißt, daß Sie sich anstrengen müssen, um Ihre Probleme zu überwinden. Über Kies fahren: Ihre Probleme werden bald gelöst. Kies streuen: Ihre

Sorgen haben Sie sich leider selbst zuzuschreiben. Überdenken Sie die Lage noch einmal.

KIESELSTEINE Welche auflesen: Das Ende einer Beziehung oder Affäre wird Sie einsam und deprimiert machen. Kieselsteine werfen: Tratschen Sie nicht herum. Auf ihnen laufen: Jetzt ist es Zeit, es einem alten Widersacher heimzuzahlen!

KINDERBETT In einem Kinderbett schlafen kündet von guten Veränderungen. Bricht es zusammen, werden Sie von jemandem im Stich gelassen, dem Sie vertrauen.

KINDHEIT/KINDER Werden Sie im Traum als Kind verlassen, werden Sie sich schnell von Ärger erholen oder wieder mit Ihrem/r Geliebten zusammenkommen.

Mit dem **Karussell** fahren oder es anschauen bedeutet, daß sich Ihr Leben verbessern wird. Bei einem leeren oder ramponierten Karussell könnten die Dinge einige Zeit schlecht aussehen. Aber machen Sie sich keine Sorgen, bald öffnet sich eine andere Tür.

Glück in der Familie ist Ihnen gewiß, wenn Sie im Traum Kinder**kleidung** umändern.

Murmeln bedeuten, daß eine alte Flamme wieder aufflackert oder eine alte Freundschaft erneuert wird.

Eine Baby**rassel** bedeutet, daß das wahre Leben mit Vierzig beginnt – oder sogar noch später! Und auf zweifachen Ärger wird doppelte Freude folgen, wenn Sie Zwillinge sehen. Dasselbe gilt für Vierlinge, aber in diesem Fall ist das Vergnügen von kurzer Dauer.

Und ein **Schaukelpferd** ist ein gutes Omen für alle Ihre persönlichen Interessen.

Eine Grund**schule** ist ein Zeichen dafür, daß Sie ein paar Veränderungen vornehmen müssen. Ist es eine Realschule, müssen Sie sich zwischen vielen Optionen entscheiden. Ein Internat zeigt, daß Sie unterstützende Freunde haben. Bei einer Privatschule werden Sie mit etwas Riskantem konfrontiert. Wenn Sie wieder die Schule besuchen, ist mit Ihren finanziellen Plänen alles in Ordnung. Es gibt Neuigkeiten, wenn Sie eine Tafel sehen. Wird mit Kreide darauf geschrieben, werden diese Nachrichten Ihre Pläne beeinflussen. Jede Art von Akademie sagt neue Freunde und Erfahrungen voraus. Aber seien Sie vorsichtig – es könnte Sie viel kosten!

Kindern beim **Spielen** zuschauen ist das Omen für eine erfolgreiche Liebesbeziehung.

Neue Entwicklungen zeichnen sich ab, wenn Sie von anderem **Spielzeug** träumen. Aber wenn es kaputt ist, heißt das, daß Sie sich ein bißchen kindisch verhalten. Werden Sie erwachsen.

Eine **Wippe** sagt eine aufregende Liebesaffäre voraus. Sie wird zwar kurz, aber sehr süß sein.

KINO Ins Kino gehen ist eine Warnung, sich nicht vom Schein trügen zu lassen, besonders wenn im Traum ein gutaussehender Mann oder eine gutaussehende Frau vorkommen. Ein leerer Kinosaal bedeutet, daß verleumderische Gerüchte über Sie im Umlauf sind.

KISSEN Je praller das Kissen, desto mehr Probleme werden Sie bekommen. Aber wenn Sie von schäbigen alten Kissen träumen, können Sie mit kleinen Gewinnen rechnen.

KITT Sie vergeuden Geld und Zeit mit banalem Zeitvertreib.

KLEBER Achten Sie auf Ihr Geld, und überprüfen Sie erneut Ihre Investitionen, wenn Sie sehen, daß etwas mit Kleber repariert wird. Kleber an den Fingern heißt, daß Sie ganz sicher loyale Freunde haben. Sie werden wie Kleber an Ihnen haften! Eine Tube Kleber kaufen heißt, daß Ihre Ziele sich verwirklichen.

KLECKS/TINTENLÖSCHER *Siehe auch:* Lesen/Schreiben. Ein Klecks auf sauberem weißem Papier ist ein Zeichen, daß ein Geheimnis, das Sie beschäftigte, bald gelüftet wird. Ein Klecks auf Buntpapier bedeutet eine baldige Reise, und ein Klecks auf einem Dokument bedeutet, daß die Geschäfte besser laufen werden. Wenn Sie einen sauberen Tintenlöscher sehen, wird Ihnen bald etwas Erstaunliches von Ihren Freunden zu Ohren kommen. Ist der Tintenlöscher benutzt, gibt es bald Zank und Streit mit der Familie.

KLEIDUNG *Siehe auch:* Nacktheit. Im Grunde gilt: je weniger, desto besser! Wenn Sie wenig Kleidung tragen, haben Sie bald Glück. Aber das ist in gewisser Weise ein Gegensatztraum. Kleidung anziehen bedeutet Erfolg. Sich ausziehen läßt einige Umstellungen erwarten. Abgetragene Kleidung warnt Sie davor, mit Freunden Geschäfte abzuschließen, aber wirklich schäbige Kleidung kann eine Erbschaft bedeuten. Enganliegende unbequeme Kleidung zeigt an, daß Sie Ihren Ruf schützen müssen, indem Sie Ihr Sexualleben etwas zähmen!

Bestimmte Kleidungsstücke haben auch eine eigene Bedeutung, aber je moderner und schicker die Kleidung ist, desto mehr Probleme wird es geben. Neue Kleidung ist ein Zeichen für häuslichen Streit.

In einen **Bademantel** oder Morgenrock schlüpfen heißt, daß Sie bei einigen Dingen die Hilfe Ihrer Familie brauchen werden. Wenn Sie einen verschenken, ist dies eine Warnung, nicht so anmaßend zu sein. Halten Sie sich ein bißchen zurück!

Wenn Sie einen **BH** anziehen, heißt das, daß Sie äußerst anpassungsfähig sind. Der Kauf eines BH bedeutet, daß Sie vor kurzem eine richtige Entscheidung getroffen haben. Ist es ein kleiner BH, sind Sie schlechtgelaunt und aggressiv – seien Sie fröhlich! Ein großer BH ist ein Zeichen, daß Sie in der Arbeit nicht so stur sein sollten. Das wird zu Fehlern führen. Ein weißer BH ist ein Symbol für Zufriedenheit.

Ein alter **Gürtel** bedeutet, daß bald alles besser wird. Ein neuer Ledergürtel bedeutet, daß Beziehungen, die etwas gespannt waren, sich verbessern werden. Ein Seiden- oder Stoffgürtel zeigt, daß einige Ihrer Wünsche niemals erfüllt werden können. Einen Gürtel zu tragen bedeutet, daß Sie umziehen wollen. Nehmen Sie ihn ab, zeigt das, wie unsicher Sie sich zur Zeit fühlen.

Verschiedenartige **Handschuhe** haben alle eine Bedeutung: Skihandschuhe sind ein Zeichen für gelöste Probleme; Boxhandschuhe stehen für wichtige neue Kontakte; weiße Handschuhe symbolisieren VIPs, die Sie bald kennenlernen werden; schwarze Handschuhe sind ein Zeichen von Mißerfolg; Gummihandschuhe zeigen, daß Sie eine wichtige Entscheidung treffen müssen; Lederhandschuhe weisen auf eine Zeit der Melancholie hin, Wollhandschuhe bedeuten, daß einige Probleme bald gelöst werden. Beim Verlust von Handschuhen wird die Hilfe, die Sie erwartet haben, einfach ausbleiben.

Ein sauberes **Hemd** verheißt Glück, ein schmutziges kündet eine Zeit der Trübsal an.

Tragen Sie eine **Hermelin**jacke, werden Sie ein Grundstück erwerben. Wenn Sie eine kaufen, ist es Zeit, Ihr Geld festzuhalten. Verkaufen Sie sie, wird Sie jemand übers Ohr hauen.

Wenn Sie **Holzschuhe** tragen, erleben Sie bald eine leidenschaftliche Liebesaffäre. Aber sie wird leider nicht lange dauern.

Bei zerrissenen oder schmutzigen **Hosen** sind gefühlsmäßige Probleme unvermeidlich. Aber je billiger der Stoff, desto mehr Geld winkt Ihnen. Baumwolle sagt Wohlstand voraus, aber bei Seidenhosen werden Sie sich ständig besorgt fragen, wie Sie Ihre Rechnungen bezahlen sollen.

Unerwartete Gewinne zeichnen sich ab, wenn Sie einen **Hut** aufsetzen. Beim Kauf eines neuen Hutes könnten Sie durch einen dummen Streit einen Freund verlieren. Halten Sie Ihre Zunge mehr im Zaum. Ein schmutziger Hut ist ein Zeichen für eine häßliche emotionale Erfahrung – seien Sie gewappnet! Ein Zylinder bedeutet einen höheren gesellschaftlichen Status. Eine Hutschachtel verspricht eine erfreuliche Überraschung.

Wenn Sie in ein **Jackett** schlüpfen, wehren Sie Gefahr ab. Ziehen Sie es aus, wird sie Sie wahrscheinlich einholen. Ein neues Jackett warnt Sie vor Geldproblemen. Bei einem alten muß ein ernsthafter Vorschlag gemacht werden.

Mit einem neuen **Kleid** werden Sie rauschenden gesellschaftlichen Erfolg haben. Ein besticktes Kleid ist ein Zeichen dafür, daß Sie jetzt in sexueller Hinsicht Feuer und Flamme sind, solange Sie nicht alles zu ernst nehmen. Schenkt man Ihnen ein Kleid, dann wird Ihnen ein unbekannter Mann helfen.

Alles, was helle, glänzende **Knöpfe** hat, ist ein Zeichen von Wohlstand und Sicherheit. Alte oder kaputte Knöpfe sind eine Warnung, sich aus einer emotionalen Verwicklung zu lösen. Der Verlust eines Knopfes bedeutet, daß Sie neulich zuviel Geld ausgegeben haben.

Saubere **Kragen** sind ein Zeichen dafür, daß Sie sich auf Ihre/n derzeitige/n Liebste/n verlassen können. Aber ein schmutziger oder zerrissener Kragen sagt Ihnen, daß Sie getäuscht werden. Vielleicht machen Sie sich auch selbst etwas vor.

Jemandem in den **Mantel** helfen bedeutet, daß man Sie um ein Darlehen bitten wird. Wenn Sie einen Mantel verleihen, werden Sie einen neuen Freund gewinnen. Ein abgetragener alter Mantel ist ein Symbol für Geldglück, wohingegen ein neuer geschäftliche Umstellungen ankündigt. Wenn Sie einen Mantel aufhängen, ist Ihnen Ihr Chef wohlgesinnt.

Eine **Mütze** tragen ist ein gutes Omen für Ihr Liebesleben. Der Kauf einer Mütze bedeutet, daß Sie etwas erben könnten. Eine schmutzige oder alte Mütze bedeutet, daß die Dinge im Berufsleben nicht wie gewünscht laufen. Eine Militärmütze ist ein Zeichen dafür, daß Sie trotz ernsthaftem Widerstand gewinnen werden.

Kuschelige alte Damen**pantoffeln** deuten an, daß eine Gefühlsbeziehung in Gefahr ist. Herrenpantoffeln zeigen an, daß Sie eine starke, langandauernde Beziehung haben. Bei Stoffschuhen müssen Sie einige Veränderungen vornehmen. Bei Lederschuhen läuft alles gut. Wenn Sie welche kau-

3

fen, ist es ein guter Zeitpunkt für eine Wette. Fallen sie auseinander, werden Sie auf der Karriereleiter eine Stufe weiterklettern.

Die Art Hochglanz-Modezeitschriften, in denen Sie ziemlich sicher diesen bestimmten **Pelz** sehen, deuten an, daß Sie zu hart gearbeitet haben. Gönnen Sie sich ein bißchen Spaß. Jede andere Art von Luxuspelz ist ein Zeichen dafür, daß Sie wegen der Eifersucht anderer Menschen Probleme bekommen werden. Wenn Sie einen Pelzmantel anziehen, werden Sie beruflich eine wichtige Beziehung knüpfen. All die Schleimerei beim Chef könnte sich letztendlich doch auszahlen! Verschenken Sie einen Pelz, dann vergeuden Sie Ihre Zeit mit riskanten Unternehmungen. Weißer Pelz bedeutet, daß Sie einen Freund verlieren werden. Bei schwarzem Pelz wird aus Ihren Ideen einfach nichts, und ein brauner Pelz bedeutet Gefühlsdramen. Wenn Sie im Traum einen Pelz im Schaufenster sehen, dann erfüllen sich Ihre Pläne, weil Sie sie diesmal gründlich durchdacht haben. Nerz bedeutet, daß Sie zu gierig nach etwas sind. Zobel: Zügeln Sie Ihre Extravaganz.

Hübsche **Petticoats** warnen Sie, nicht so eingebildet zu sein. Wenn Sie einen kaufen, ist es Zeit, Ihr Geld zusammenzuhalten. Wenn Sie einen verlieren, werden jemandem, mit dem Sie achtlos umgegangen sind, von einem anderem die Augen geöffnet. Ein zerrissener Petticoat ist ein Zeichen dafür, daß Sie derzeit vom Leben ernüchtert sind. Ein weißer Petticoat kündigt ein wunderschönes Geschenk an.

Unglücklichsein und eine gesundheitlich schwierige Zeit stehen bevor, wenn Sie einen Männer**pyjama** sehen. Bei Damenpyjamas versteht Sie die Familie im Augenblick einfach nicht. Kinderpyjamas bedeuten, daß Ihnen eine lange Wartezeit bevorsteht – und letztlich wird sie sich nicht lohnen. Wenn Sie einen Pyjama anziehen, werden Ihre Leidenschaften einfach nicht erwidert. Wenn Sie ihn ausziehen, heißt das, daß Sie sich unsicher und ungeliebt fühlen.

Halten Sie den Regen mit einem **Regenmantel** fern, werden Sie kurzzeitig ein paar Sorgen haben. Wenn Sie einen ausziehen, müssen Sie sich vor Klatsch in acht nehmen. Wenn Sie einen kaufen, kommt Geld herein. Verlieren Sie ihn, bedeutet das Erfolg.

Wenn Sie einen kaputten oder verklemmten **Reißverschluß** sehen, werden Sie bald im Gesellschaftsleben in eine peinliche Lage geraten. Jemandem den Reißverschluß zumachen bedeutet, daß sich all die kleinen Ärgernisse bald klären werden.

Ein weißer **Rock** ist ein Zeichen wahren Glücks. Bei jeder anderen Farbe werden sich Ihre Hoffnungen erfüllen. Ein kurzer Rock besagt, daß Sie in etwas verwickelt werden, was Sie nicht tun sollten, und ein langer sagt voraus, daß Sie jemanden betrügen werden. Wenn Sie einen Baumwollrock sehen, werden Sie einen Erfolg in Sachen Liebe verbuchen.

Ein **Schleier** bedeutet, daß etwas, worauf Sie sich einlassen wollen, Ihren Prinzipien zuwiderläuft. Überdenken Sie es noch einmal gründlich, bevor Sie sich festlegen. Ein zerrissener Schleier bedeutet, daß bald ein Geheimnis gelüftet wird. Eine Braut mit Schleier bedeutet Veränderungen zum Besseren. Verlust heißt, daß Sie bald in eine peinliche Situation kommen werden. Ein Trauerschleier bedeutet, daß etwas Sie bald verärgern wird.

Ein **Schottenrock** weist darauf hin, daß eine Überraschungsfahrt ansteht.

Ausgelatschte **Schuhe** verheißen Erfolg. Neue sind Zeichen allzu großen Vertrauens. Wenn Sie sie verlieren, vergeuden Sie Ihre Zeit mit etwas. Wenn Sie Ihre Schuhe putzen, wird ein neues Vorhaben erstaunlich gut laufen. Bequeme Sandalen bedeuten, daß Sie bald eine neue Liebesgeschichte erleben werden. Enge Sandalen weisen auf Geldstreitigkeiten hin. Weiße Sandalen zeigen, daß Ihr Talent nicht anerkannt wird. Kindersandalen sind ein Zeichen dafür, daß man Ihnen bald einen vorteilhaften Vorschlag machen wird.

Ein **Schultertuch** zeigt, daß das Geld eine Weile knapp sein wird. Ein Kopftuch ist ein gutes Zeichen für Ihr Liebesleben.

Eine gestärkte, saubere **Schürze** ist ein Omen für Glück, aber wenn sie schwarz oder schmutzig ist, bedeutet sie Gefahr. Wenn Sie sich eine umbinden, könnten Verwandte Ihnen einen Besuch abstatten. Wenn Sie eine Schürze waschen, taucht in Ihrem Leben eine neue Liebe auf.

Socken anziehen bedeutet Gewinne. Socken ausziehen kündet von bevorstehenden Veränderungen. Zerrissene Socken weisen auf kleinere Probleme hin. Sind sie aus Seide, haben Sie bald eine finanzielle Glückssträhne. Wollene deuten Sicherheit an. Ein Strumpfband bezieht sich auf Ihr Liebesleben. Bei einem Mann zeigt es, daß Sie gerade jetzt Feuer und Flamme für eine bestimmte Dame sind. Bei einer Frau ist es ein Zeichen von Treue. Strumpfhalter sind eine Warnung, daß Sie sich mit dem falschen Mann eingelassen haben; für einen Mann bedeutet es einen überraschenden Gewinn.

Wenn Sie eine **Spange** befestigen, ist es ein Zeichen für eine fest zusammengewachsene Familie. Eine gelöste bedeutet, daß Sie positive Schritte unternehmen müssen, um in Ihrer Liebesaffäre Streit zu vermeiden. Der Versuch, eine Spange zu befestigen oder zu öffnen, bedeutet, daß Sie in der Arbeit besser aufpassen sollten.

Neue, glänzende **Stiefel** sagen Beförderung und finanzielle Sicherheit, alte sagen Schwierigkeiten voraus.

Jeder **Umhang** läßt eine Zeit der Unsicherheit erwarten. Hat er eine Kapuze, werden Sie von jemandem hinters Licht geführt, dem Sie vertrauen. Seien Sie mit Ihren Freunden wählerischer.

So komisch es klingt, aber **Unterhosen** sind ein gutes Zeichen. Damenunterhosen künden eine Wendung zum Besseren an. Männerunterhosen sind ein Zeichen für ein vorteilhaftes Angebot. Beim Kauf einer Unterhose verläuft Ihr Leben wie gewünscht. Wenn Sie sie ausziehen, zeigt das, was für eine unkonventionelle Phantasie Sie haben! Wenn Sie sie waschen, beginnt bald ein gewinnträchtiges Projekt.

Jemand hat seine Meinung geändert, und das wird Sie betreffen, wenn Sie eine **Weste** sehen. Eine seidene ist ein Zeichen dafür, daß Sie sich nach der Vergangenheit sehnen. Ist sie weiß, wird die ganze Familie in bezug auf ein Thema einer Meinung sein. Bei einer schwarzen Weste bahnt sich ein unerfreuliches Ereignis an. Aber eine grüne bedeutet, daß Ihre Freunde eifersüchtig auf Sie sind. Eine Weste anziehen bedeutet, daß Sie mit einem geliebten Menschen streiten werden.

KLETTERN Ein Klettertraum zeigt eine Erhöhung in Status und Wohlstand an. Einen Berg erklimmen bedeutet: Sie halten Ihre Sorgen für unüberwindlich. Das stimmt nicht! Eine Leiter hinaufsteigen bedeutet berufliche Beförderung.

KLINGE *Siehe auch:* Waffen. Eine saubere, glänzende Klinge steht für neue Freunde. Eine verrostete ist ein Zeichen für Krankheit.

KNEBEL Ein typischer Hindernistraum. Werden Sie den Knebel los oder sprechen Sie trotz Knebel, werden Sie Ihre Probleme bewältigen. Wenn Sie jemanden knebeln oder sehen, wie andere geknebelt werden, sollten Sie diskreter sein, sonst werden böse Gerüchte über Sie umgehen.

KNETEN Wenn Sie kneten, besagt das, daß Sie sich von jemandem nicht mehr alles gefallen lassen sollten. Behaupten Sie sich ihm gegenüber, Sie werden es nicht bereuen.

KNIEN Wenn Sie sich hinknien, um etwas aufzuheben, müssen Sie jetzt jede Gelegenheit beim Schopf packen. Wenn Sie in der Kirche knien, werden sich Ihre Wünsche erfüllen. Andernfalls heißt es, daß jemand Sie betrügt.

KNOBLAUCH *Siehe auch:* Lebensmittel. Sie werden etwas Verlorengeglaubtes wiederfinden. Wenn Sie Knoblauch essen, seien Sie vorsichtig, Streit liegt in der Luft. Wenn Sie mit Knoblauch kochen, sollten Sie in der Arbeit aufpassen. Sie sind im Moment bei Ihren Arbeitskollegen einfach nicht beliebt.

KNOCHEN Siehe auch: menschlicher Körper. Tierknochen deuten darauf hin, daß Sie bald Geld verlieren und Ihnen die Folgen einige Kopfschmerzen bereiten werden. Finden Sie einen Knochen, könnten Sie sich mit Ihrer Familie überwerfen. Ein besonders großer Knochen sagt Probleme mit dem anderen Geschlecht voraus.

KNOTEN Ein Hindernistraum, der Streit mit einem nahestehenden Menschen bedeuten könnte. Lösen Sie den Knoten, werden Sie einen Kompromiß erzielen. Schneiden Sie ihn durch, gibt es wahrscheinlich Zank.

KOCHEN *Siehe auch:* Lebensmittel. Dies ist ein sehr gutes Omen. Es verspricht viele materielle Annehmlichkeiten. Alles, was Ihnen im Moment Sorgen bereitet, wird schließlich gut.

KÖCHER Ein Köcher mit Pfeilen heißt, daß Sie auf Ihr Ziel achten müssen – sonst verfehlen Sie es.

KÖDER *Siehe auch:* Fische/Fischen; Falle. Einen Köder an die Angel hängen bedeutet, daß Ihnen herrliche Dinge widerfahren werden. Aber wenn andere es tun, könnte es eine Enttäuschung geben.

KOHLE Eine Warnung vor bevorstehenden finanziellen Unannehmlichkeiten. Brennt die Kohle oder schüren Sie ein Feuer, werden Sie bald befördert.

Kohle schaufeln bedeutet, daß Sie bald mit einigen Hindernissen rechnen müssen, um ans Ziel zu gelangen.

KOHLEPAPIER Kopien mit Kohlepapier sind eine Warnung vor Freunden, die Unfrieden stiften. Jemand hintergeht Sie.

KOKAIN Wird es medizinisch genutzt, werden sich die Geschäfte verbessern, aber bei Kokain als Droge folgt Traurigkeit.

KOMET Beim Anblick dieses Himmelskörpers werden Sie bald auf Widerstand stoßen – außer in Ihrem Liebesleben. Bei allen Affären werden Sie glänzende Erfolge verbuchen.

KOMITEE Dies ist ein Zeichen von Aufruhr. Gehen Sie gelassen damit um. Es wird zu Ihrem Besten sein. Eine Konferenz abhalten bedeutet, daß Sie sich wegen eines verpaßten Termins ärgern. Die Teilnahme an einer Konferenz heißt, daß Sie eindeutig in Bestform sind.

KOMMUNIKATION Wenn Sie eine Ankündigung machen oder hören, steht bald eine akzeptable Veränderung in Ihrem Leben bevor. Entschuldigt man sich bei Ihnen, werden Sie mit Ihrem/r Liebsten glücklich sein. Entschuldigen Sie sich, dann wird ein alter Freund wieder auftauchen. Wenn Sie Antennen aufstellen, werden Sie etwas wiederbekommen, was Sie für immer verloren glaubten.

Etwas **diktieren:** Ihre derzeitigen Pläne werden sich als kompliziert erweisen. Ein Diktat aufnehmen: Eine wichtige berufliche Verbesserung steht an.

Auf **Nachrichten** warten bedeutet, daß Sie die Richtung ändern müssen, weil Sie nicht die gewünschten Ergebnisse bekommen. Nachrichten erhalten ist ein widersprüchlicher Traum. Je schlechter die Nachrichten, desto besser wird sich Ihre Lage gestalten.

Einen **Satelliten** sehen: Denken Sie etwas mehr an sich. Hören Sie auf jeden Fall auf Ratschläge, aber bilden sie sich Ihre eigene Meinung.

Das **Telefon** benutzen: Ein unbedeutender Zank mit Ihrem Partner wird sich zu einem großen Streit ausweiten. Den Hörer abnehmen: Die nächsten Tage werden problematisch sein.

KOMPASS Dies bedeutet den Neuanfang einer aufregenden Zeit, es sei denn, die Nadel zeigt nach Norden. Dann bedeutet es, Dinge wie bisher fortzusetzen, und es wird sich Erfolg einstellen.

KONFERENZ Eine abhalten: Sie ärgern sich über eine verpaßte Gelegenheit. An einer teilnehmen: Sie sind besonders entschlußfreudig. Jetzt können Sie die Entscheidungen treffen, die Sie bisher aufgeschoben haben.

KÖNIG Sitzt er auf seinem Thron, werden Sie von jemandem betrogen werden. Wird der König gekrönt, bedeutet das, daß die Geschäfte gut laufen werden. Hält er ein Szepter in der Hand, wird Ihnen Ihre zunehmende Energie beim Erfolg helfen. Ist der König jung, wird man Sie kritisieren, aber Sie erfahren nichts davon – alles geschieht hinter Ihrem Rücken. Ist er alt, ist ein bedeutender persönlicher Erfolg angesagt.

KÖNIGIN Das Geschäft wird aufblühen, wenn sie auf ihrem Thron sitzt. Winkt sie von einem Balkon aus, kommen Nachrichten aus der Ferne. Eine Königin in ihrer Kutsche bedeutet: Mit Ihren Macht- und Ruhmgelüsten machen Sie sich lächerlich. Als Dame in einem Kartenspiel bedeutet sie, daß Sie allzu zuversichtlich sind. Eine Bienenkönigin verheißt Gutes für Ihre Gesundheit.

KONKURRENT Ein widersprüchlicher Traum. Ein geschäftlicher Konkurrent bezieht sich auf Ihr Liebesleben und umgekehrt. Wenn Sie ihn aus dem Feld schlagen, werden Sie erfolgreich sein. Gelingt Ihnen das nicht, dann gibt es Ärger.

KOPFKISSEN Ein zerknittertes weist Sie darauf hin, daß Ihr törichtes Verhalten Ihnen Ärger bereiten wird.

KORB Ein voller Korb steht für neue Chancen. Ein leerer oder kaputter Korb bedeutet, daß Sie durch eigene Schuld Geld verlieren werden. Achten Sie darauf!

KORK *Siehe auch:* Geräusche. Einen Korken herausziehen ist ein Zeichen für gute Nachrichten.

KORN Ein Sandkorn bedeutet eine instabile Situation. Ein Salzkorn zeigt, daß Sie des Lebens überdrüssig sind. Warum probieren Sie nicht etwas Neues aus, um sich aufzuheitern? Bei einem Weizenkorn sollten Sie sich hinter die Arbeit klemmen: Sie vergeuden zuviel Zeit. Korn auf dem Feld ist ein gutes Zeichen für Ihre Finanzen. Säen oder Ernten sind Zeichen für Gesundheit in der Zukunft.

KOSMETIK Für eine Frau ist das ein sehr erfreulicher Traum. Aber wenn ein Mann von Frauenkosmetik träumt, sollte er die Partnerin wechseln. Die jetzige Frau in seinem Leben könnte seinen Ruf ruinieren!

KRANKENWAGEN *Siehe auch:* Ärzte/Krankenhäuser. Meistens ist dies eine Warnung vor Abenteuern mit dem anderen Geschlecht. Ein leerer Krankenwagen bedeutet, daß Sie einen Freund verlieren werden. Rufen Sie einen für sich herbei, werden Sie sich bald von einer Krankheit erholen. Rufen Sie einen für einen Verwandten, könnten Sie bald Geldschwierigkeiten bekommen.

KRANKHEIT *Siehe auch:* Kummer; Gesundheit. Sind Sie krank, sind verwirrende Probleme zu erwarten. Sind andere krank, wird ein Versprechen gebrochen werden.

Ein **Abszeß** ist ein Signal, sich schlechter Freunde zu entledigen. Einen Abszeß haben bedeutet eine sofortige Genesung, es sei denn, er sitzt am Hals. Dann bedeutet er Krankheit. Wenn Sie zuschauen, wie ein Abszeß operiert wird, heißt das, daß bald ein Geheimnis gelüftet wird.

Arthritis besagt, daß Ihre Beschwerden geringfügig sind.

Leiden Sie an **Asthma** und träumen Sie davon, hat das keine Bedeutung. Andernfalls ist es eine Warnung vor Verlusten durch riskante Spekulation.

Alle Anzeichen für eine **Blinddarmentzündung** sind eine Warnung, nichts auszuplaudern. Seien Sie mit Ihren Vertraulichkeiten vorsichtiger.

Blutarmut ist ein widersprüchlicher Traum. Sie werden sich bester Gesundheit erfreuen.

Bronchitis ist ein Hindernistraum. Ist die Krankheit von kurzer Dauer, dann strengen Sie sich an, um Ihre Probleme zu lösen. Erholen Sie sich nicht, werden Sie Freunde um Hilfe bitten müssen. Haben Sie keine Angst zu fragen.

Wenn Sie träumen, Sie hätten **Fieber**, machen Sie sich zuviel Gedanken. Es besteht kein Grund dazu, also genießen Sie Ihr Leben. Fieber bei anderen signalisiert: aufregende Zeiten in Sicht! Schlechte Gesundheit ist im allgemeinen eine Warnung vor Glücksspielen.

Frostbeulen sind ebenfalls ein widersprüchlicher Traum. Etwas, das Ihnen Schmerz bereitete, wird sich bald klären.

Ein **Gallenleiden** ist eine Warnung, in schlechter Gesellschaft ein flottes Leben zu führen!

Jedes **Gegenmittel** warnt vor einem drohenden Skandal. Ein Gegenmittel einnehmen bedeutet, daß Sie in Beziehungen umsichtiger sein müssen.

Bei **Husten** ist es Zeit, Ihre Versicherung zu überprüfen. Dies ist eine Warnung vor Feuer, Diebstahl oder Überschwemmung.

Der Erfolg wird sich einstellen, aber nicht so schnell wie erhofft, wenn Sie sich als Invaliden sehen. Sind andere die **Invaliden**, wird ein Freund oder eine Beziehung Sie um Hilfe bitten.

Wenn Sie von **Krebs** träumen, wird Ihnen gesundheitlich nichts fehlen, und Sie werden lange leben, wenn Sie Ihr ausschweifendes Leben einschränken und mit Ihren Kräften haushalten.

Haben Sie **Masern**, sollten Sie sich nicht mehr aufregen. Das macht die Sache nur schlimmer – besonders in der Arbeit. Haben andere Leute Masern, gibt es ein paar Reibereien in Herzensangelegenheiten. Sind aber Kinder an Masern erkrankt, steht Glück an.

Werden im Traum Ihre **Rachenmandeln** entfernt, werden einige neue Freunde Sie sehr bewundern.

Der Verlust Ihrer **Stimme** ist eine Warnung, eine Zeitlang keine Glücksspiele zu tätigen oder unnötige Risiken auf sich zu nehmen.

Werden Sie vom **Wahnsinn** befallen, gibt es gute Nachrichten. Sehen Sie andere in diesem Zustand, können Sie sich auf eine unangenehme Überraschung gefaßt machen.

KRÄUTER Frieden und Zufriedenheit sind zu erwarten. Einfach an Kräutern riechen ist ein Zeichen dafür, daß Sie bald zu einem aufregenden Abenteuer aufbrechen werden – wahrscheinlich ins Ausland.

KREIDE Bald wird es einen Rückschlag geben. Quietschende Kreide auf der Tafel heißt, daß Sie selbst schuld daran sind, weil Sie Märchen erzählt haben.

KREIS Erfolg, der Ihre kühnsten Erwartungen übersteigt, wird Ihnen gehören. Ziehen Sie einen Kreis, heißt das, daß Sie nicht alle Ihre Vorteile ausnutzen.

KREUZUNGEN Sie bedeuten genau das, was Sie sich vorstellen würden. Sie werden bald eine wichtige Entscheidung zu treffen haben. Hören Sie auf Ratschläge.

KRISTALL Er bedeutet eine schnelle Lösung für etwas, das Sie verwirrt hat. Aber Ihre Gefühle sind etwas wackelig. Zerbrochener Kristall steht für Zank und Streit. Aber alle Haushaltsgegenstände wie Glas künden von glücklichem Sozialleben.

KRONLEUCHTER *Siehe auch:* Möbel. Ein blinkender Kronleuchter kündigt großen gesellschaftlichen Erfolg an. Ist er nicht angezündet, wird sich der Erfolg erst nach einiger Zeit einstellen. Hängen Sie oder ein anderer an einem Kronleuchter, sollten Sie sich keine/n Geliebte/n nehmen. Ihre bessere Hälfte wird es herausfinden!

KRÖNUNG/KRONE Es bahnen sich ein paar kleine Erfolge an. Eine Papierkrone bedeutet: Wenn Sie dieser Versuchung erliegen, werden Sie sich abgewertet fühlen. Eine Goldkrone bedeutet unerwartete Ehren. Eine Königskrone bedeutet einen gesellschaftlichen Aufstieg. Wenn Sie im Traum eine Krone tragen, sind Sie derzeit nicht besonders vertrauenswürdig.

KRÜCKEN Ein Hindernistraum – es sei denn, Sie werfen sie im Traum weg. Andernfalls werden Sie sich Ihre Wünsche so hart erkämpfen müssen, daß Sie sich langsam fragen, ob es das wert ist. Warum sich abmühen, versuchen Sie etwas Neues.

KRUG Ihr gesellschaftliches Leben bekommt durch viele Einladungen die richtige Würze. Sind die Krüge leer, können Sie mit einem Brief aus dem Ausland rechnen.

KRÜPPEL Wenn Sie einen Krüppel sehen, wird Sie jemand um Hilfe bitten. Gewähren Sie sie ihm. Ihr Beistand wird sich schließlich vorteilhaft für Sie auswirken. Sind Sie im Traum selbst ein Krüppel, können Sie sich darauf verlassen, daß andere Ihnen zu Hilfe kommen.

KÜCHE *Siehe auch:* Zuhause. Ist sie hell und aufgeräumt, wird es Glück in der Familie geben. Je neuer und sauberer sie ist, desto größer die Freude.

KUGEL Werden Sie von einer Kugel getroffen, sollten Sie sich besser ärztlich untersuchen lassen. Wenn Sie bloß eine sehen oder hören, könnten Sie sich einem echten Skandal aussetzen. Seien Sie etwas diskreter!

KUMMER *Siehe auch:* Krankheit. Das ist ein echter widersprüchlicher Traum. Je größer der Kummer, desto größer der Erfolg. Ist ein Ehemann oder eine Ehefrau betrübt, ist schneller geschäftlicher Erfolg in Sicht. Bereiten Ihnen andere Kummer, wird sich bald alles zum Besseren wenden.

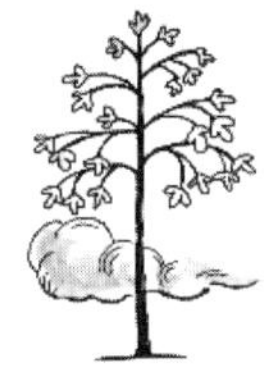

KUNST *Siehe auch:* Bilder/Malerei. Kunstwerke bedeuten Beförderung. Wenn Sie im Traum ein Kunsthändler sind, wird Ihre harte Arbeit belohnt werden.

KÜNSTLER *Siehe auch:* Bilder/Malerei. Einen Künstler malen oder zeichnen zu sehen bedeutet, daß Sie Ihre Zeit mit leichtsinnigem Vergnügen vergeuden. Sind Sie der Künstler, müssen Sie möglicherweise Pläne revidieren, um an Ihr Ziel zu gelangen.

KUPFER *Siehe auch:* Metalle. Ein altmodischer Kupferkessel bedeutet, daß Ihnen jemand helfen wird, eine Arbeit zu erledigen. Eine Kupfermünze bedeutet, daß ein langfristiges Problem schließlich gelöst wird. Kupferdraht ist ein Hinweis darauf, daß Sie in eine eigenartige Situation geraten sind. Geben Sie acht!

LABORATORIUM Sie könnten in Gefahr sein. Vielleicht ist es Ihre Gesundheit. Sind Sie erschöpft, weil Sie zuviel gearbeitet haben? Oder ist es Ihre geistige Verfassung? Sind Sie vielleicht deprimiert? Vielleicht machen Sie mit Ihrem Partner eine schwierige Phase durch. Aber was immer es sein mag, es wird nur vorübergehend sein.

LABYRINTH Ein Hindernistraum. Wenn Sie Ihren Weg hinausfinden, werden sich Ihre Probleme leicht lösen lassen. Verirren Sie sich oder haben Sie Angst, wird ein überraschender Widerstand Sie zum Kurswechsel zwingen.

LACK Ein Zeichen, daß Sie zu empfindlich sind und mit Ihnen zur Zeit schwer auszukommen ist. Dunkler Lack bedeutet, daß ein Mißverständnis aus dem Weg geräumt werden soll. Heller Lack weist auf eine interessante neue Beziehung hin. Lackieren Sie eine Tür, dann wäre etwas mehr Selbstbeherrschung nötig. Lackieren Sie Fußbodendielen, sind unerwartete Vergnügen im Anzug.

LAGER Ein Ferien- oder Zeltlager ist ein Zeichen für baldige gute Veränderungen. Es könnte einen

Umzug oder einen Stellenwechsel bedeuten, aber alles wird sich fügen. Ein Militärlager bedeutet Erfolg im Geschäftsleben.

LAND Ist es Ihr Besitz, wird es Ihnen finanziell besser gehen. Werden Sie davon vertrieben, sollten Sie sich gegen eine Enttäuschung wappnen.

LANDKARTE Diese bedeutet natürlich Reisen und Veränderungen. Je größer die Landkarte, desto länger ist die Reise oder desto größer die Veränderung. Wenn Sie auf einer Landkarte zeichnen, wird sich die Reise oder die Veränderung positiv auf Sie auswirken.

LANDSTREICHER Sind Sie im Traum einer, bessert sich Ihre Lage bald. Geben Sie ihm etwas zu essen, werden Sie bald auf der gesellschaftlichen Leiter aufsteigen. Weisen Sie ihn ab, gibt es demnächst einiges zu tun.

LANDWIRTSCHAFT Dies bedeutet Erfolg aufgrund harter Arbeit. Sind Sie in der Landwirtschaft tätig, wird es Ihnen gutgehen. Wenn Sie träumen, dies sei etwas Neues für Sie, so werden Sie Sicherheit haben.

LATERNE Eine Warnung, in Ihrem Sexualleben nicht zu übertreiben. Seien Sie treu. Ist die Laterne ausgelöscht, stehen Ihnen rechtliche Schwierigkeiten bevor.

LAUFEN Ein Hindernistraum. Ist das Laufen mühelos, werden Sie mühelos einen Sieg davontragen. Stolpern Sie oder fällt Ihnen das Laufen schwer, können Sie Ihre Schwierigkeiten nur mit harter Arbeit überwinden.

LAUFPASS *Siehe auch:* Hochzeiten. Ein widersprüchlicher Traum in Ihrem Liebesleben, das konstant sein wird, wenn Ihnen im Traum jemand den Laufpaß gibt.

LAUTSPRECHER Hören Sie ihn, stehen Ihnen beunruhigende Zeiten bevor. Können Sie ihn aber um ein Dezibel herunterdrehen, wird man Ihnen für soziale Arbeit oder Nächstenhilfe danken.

LAVA Mit Ihrem gesellschaftlichen Leben wird es im großen Stil aufwärts gehen. Aber passen Sie auf, daß es nicht die Bank sprengt.

LAWINE Sie sind mit ernstlichen Hindernissen konfrontiert und deshalb nervös. Ändern Sie Ihre Pläne. Werden Sie unter der Lawine begraben, werden Sie eine Glückssträhne haben. Werden andere darunter begraben, liegt eine Veränderung der Umgebung in der Luft.

LEBENSMITTEL Von Lebensmitteln träumen ist meist ein gutes Zeichen. Wenn es aber nicht genug Lebensmittel gibt, müssen Sie sorgfältig planen, damit sie nicht ganz zur Neige gehen. Lebensmittel verkaufen bedeutet finanzielles Glück, welches kaufen bedeutet eine Familienfeier.

Bei **Aspik** wird Ihr gesellschafltiches Leben einen Aufschwung erleben.

Eine verschrumpelte **Avokado** ist ein köstliches Omen für Ihr Liebesleben. Eine Avokado haben bedeutet, daß man Ihnen einen Heiratsantrag machen wird. Welche kaufen bedeutet, daß Sie von vielen Menschen geliebt werden. Sie essen bedeutet, daß ein lieber Mensch Sie besuchen wird.

Im Traum irgend etwas **braten** heißt, daß es mit Ihrem Liebesleben bald bergab gehen wird. Wenn das, was Sie braten, verbrennt, werden Sie schnell getröstet werden. Aber es könnte sein, daß Sie vom Regen in die Traufe kommen, also Vorsicht.

Bratensoße essen oder servieren heißt, daß Sie Zeit vergeuden. Aber sie zubereiten bedeutet, daß es ein guter Zeitpunkt für ein Wettspiel ist.

Sie könnten durchaus etwas beim Pferdewetten gewinnen, wenn Sie **Brot** sehen. Zumindest einige Spiele werden von Erfolg gekrönt sein. Brot essen ist ein Zeichen guter Gesundheit und Fitness. Wenn Sie Brot backen, wird Ihnen ein entfernter Freund Nachrichten zukommen lassen. Weißbrot ist ein Zeichen dafür, daß Sie sehr zerbrechlich und überempfindlich sind. Braunes Brot bedeutet, daß Ihre Freunde sich um Sie scharen werden, wenn Sie sie brauchen. Ein Brötchen bedeutet, daß Ihr derzeit ruhiges Leben leider bald zu Ende sein wird.

Hören Sie auf zu flirten, wenn Sie von **Brunnenkresse** träumen. Und passen Sie auf, wem Sie Ihre Geheimnisse anvertrauen.

Für Liebende sind Träume von **Butter** ein gutes Zeichen für Heirat. Für andere bedeutet sie, daß Sie bald willkommene Gäste bekommen werden.

Mit Ihrem Liebesleben geht es aufwärts, wenn Sie **Chips** essen.

Wenn Sie eine **Diät** machen, wird Ihr Geschäft boomen. Eine vegetarische Ernährung heißt, daß Sie vertrauenswürdige Freunde haben. Wenn Sie tatsächlich Diät halten, bedeutet der Traum wahrscheinlich, daß Sie Hunger haben!

Eier essen bedeutet, daß Ihr Gesundheitszustand sich verbessern wird. Eier in einem Nest finden: Sie werden ein überraschendes Geschenk bekommen. Aber zerbrochene, angeknackste oder faule Eier bedeuten, daß jemand, dem Sie vertrauen, Sie richtig reinlegen wird. Ostereier künden eine Feier an.

Ihre Ziele sind zu hoch gesteckt, wenn Sie **Eigelb** sehen. Eigelb verschütten kündet von einem attraktiven geschäftlichen Vorschlag.

Eiskrem essen spricht für sichere Beziehungen. Eiskrem servieren, kaufen oder verkaufen kündet kleinere Erfolge an.

Ihre Beliebtheit nimmt zu, wenn Sie **Erdnüsse** sehen. Wenn Sie Erdnußbutter sehen, haben Sie Schuldgefühle; geben Sie es zu, oder vergessen Sie die Sache.

Wenn Sie sich bei einem **Festmahl** sehen, stehen Ihnen Schwierigkeiten bevor. Bereiten Sie eines vor, wird jemand das bekommen, was Sie wollen.

Fett essen heißt: Alles ist in Ordnung mit Ihrem Liebesleben. Damit kochen: Sie werden im Geschäft Geld machen. Je fetter Sie oder andere im Traum sind, desto weniger Sorgen werden Sie haben.

Wenn Sie **Fleisch** kaufen oder zubereiten, spricht dies für Wohlstand. Wenn Sie es essen, streiten Sie bald mit jemandem. Gefrorenes Fleisch ist ein Symbol für Täuschung, und wenn es verfault ist, sollten Sie auf Ihre Gesundheit achten.

Süßer **Fondant** ist ein Zeichen, daß Sie Ihre Ausgaben reduzieren sollten. Fondant kaufen steht für Höhen und Tiefen in Ihrem Liebesleben.

Wenn Sie mit einer **Gabel** essen, werden Ihre Sorgen nicht von Dauer sein.

Jedes **gebratene** Essen verheißt Glück. Einen Braten tranchieren oder servieren: Die Familie wird bald etwas zu Feiern haben.

Lügen und Täuschung liegen in der Luft, wenn Sie **Gelee** sehen. Wenn Sie es essen, wird es Unglück in der Familie geben. Wenn Sie Ketchup aufs Essen geben, wird ein neuer Freund vom anderen Geschlecht in Ihr Leben treten – und der könnte ein bißchen frech sein!

Gemüse ist kein gutes Zeichen. Getrocknet oder gekocht bedeutet es Familienstreit. Gemüse wachsen sehen heißt, daß Sie sich wegen etwas Sorgen machen. Gemüse ernten: Sie sind Zielscheibe heftiger Kritik. Fauliges Gemüse bedeutet Enttäuschungen.

Gurken essen bedeutet Genesung von einer Krankheit oder die Rückkehr eines verlorengeglaubten Freundes. Sind sie gekocht, laufen Sie Gefahr, in der Arbeit einen Schnitzer zu machen. Überdenken Sie jeden Entschluß.

Haferflocken stehen für Erfolg im Beruf. Für den Reisenden weisen sie auf eine erfolgreiche, lohnende Reise hin.

Honig im Traum ist ein ungewöhnlich günstiges Zeichen, das süße Erfolge zu Hause und im gesellschaftlichen Leben voraussagt.

Wenn Sie im Traum **hungrig** sind, bedeutet das Glück und ein ausgeglichenes Konto. Je größer der Hunger, desto mehr wird Ihnen das Glück lachen.

Ingwer kosten oder riechen: Eine leidenschaftliche Liebesaffäre steht an. Aber sie wird leider nicht lange dauern. Lebkuchen ist ein Zeichen für eine Familienfeier.

Wenn Sie **Jakobsmuscheln** essen, wird alles gutgehen. Rohe künden eine Überraschungsfahrt an.

Kastanien kochen ist ein Omen, daß jemand, dem Sie vertrauen, Sie ausnutzt. Sie essen bedeutet ein erfolgreiches Sexualleben. Kastanien knacken oder öffnen heißt, daß ein Geheimnis, das Sie beschäftigt hat, gelöst wird.

Wenn Sie im Traum **Käse** essen, werden Sie in der Liebe Erfolg haben. Käse herstellen bedeutet, daß Ihre derzeitigen Aktivitäten besser laufen werden, als Sie sich träumen lassen. Geriebener Käse ist ein Zeichen für finanzielles Glück.

Kekse sind ein gutes Omen, wenn Sie sie essen. Bald werden Sie einen Preis oder eine Auszeichnung gewinnen, die Sie wirklich verdient haben. Kekse austeilen heißt, daß Sie in letzter Zeit allzu nachgiebig waren.

Wenn Sie **Knoblauch** sehen, werden Sie etwas finden, was Sie verloren glaubten. Knoblauch essen: Vorsicht, es liegt Streit in der Luft. Damit kochen: Passen Sie in der Arbeit auf. Sie sind einfach im Moment nicht sehr beliebt.

Sie werden bald ein Überraschungsgeschenk bekommen – wahrscheinlich Geld –, wenn Sie eine

Kokosnuß sehen. Wenn sie an einem Baum hängt, müssen Sie sich vor schwatzhaften Frauen hüten.

Ihre persönlichen Angelegenheiten sind etwas durcheinandergeraten, wenn Sie **Kopfsalat** essen. Wenn Sie einen kaufen, werden Sie bald in ein emotionales Durcheinander geraten. Einen Kopfsalat waschen warnt Sie vor törichtem Handeln. Nehmen Sie sich die Zeit nachzudenken.

Ein voller Essens**korb** sagt glückliche Familienzeiten voraus. Ist er aber leer, warnt Sie dies vor einer Aufregung im Gefühlsleben.

Sie sollten sich besser auf eine Reise einstellen, wenn Sie von **Krapfen** träumen. Wenn Sie das vorhatten, packen Sie mehr Kleidung ein: Sie werden länger fortbleiben, als Sie dachten!

Kuchen ist ein Glückszeichen. Süßer Kuchen bedeutet ein Erbe oder berufliche Beförderung. Wenn der Kuchen einen dicken Guß hat, stehen Ihnen gesellschaftlich phantastische Zeiten bevor. Kuchen backen oder kaufen ist ein sicheres Zeichen dafür, daß Sie viele Freunde haben. Ihn essen bedeutet Glück bei fast allem, was Sie tun.

Lebensmittel in den **Kühlschrank** stellen heißt, daß Ihr Wohlstand wachsen wird. Es herausnehmen heißt, daß unerwartete Gäste kommen werden.

Lachs essen: Ein Zank unter Liebenden kann aus dem Weg geräumt werden, wenn Ihnen wirklich daran gelegen ist. Salz streuen ist ein ausgezeichnetes Omen. All Ihre Sorgen werden unbedeutend sein.

Wenn Sie sich in einem **Lebensmittelladen** sehen, sollten sich Ihre derzeitigen Pläne verwirklichen. Sind Sie der Lebensmittelhändler, wird es bald ein paar Familienstreitigkeiten geben. Lebensmittel kaufen zeigt, daß Sie ein ruhiges Gemüt haben und eine glückliche Phase durchleben. Ein geschlossener Laden zeigt, daß aus einem Ihrer Projekte nichts wird.

Leber kochen oder essen: Ihre Gesundheit wird sich bessern.

Ein Holz**löffel** sagt eine heimliche Liaison mit jemandem vom anderen Geschlecht voraus. Mit einem Suppenlöffel essen heißt, daß Sie anpassungsfähig sind. Ein Teelöffel deutet an, daß Sie zu kritisch sind.

Makkaroni sind ein Zeichen für unerwartete Gäste. Sorgen Sie dafür, daß genug Essen im Haus ist.

Mandeln essen bedeutet, daß Sie Glück haben und lange leben werden. Mandeln kaufen: Sie werden über einen Feind triumphieren.

Marmelade pur gegessen zeigt, daß Sie einsam und traurig sind und sich demnächst mit einem nahestehenden Menschen streiten werden. Sie mit anderen essen bedeutet, daß Sie neue Freundschaften schließen werden. Marmelade zubereiten: Möglicherweise heiraten Sie.

Marshmallows kündigen einen aufregenden neuen Freund vom anderen Geschlecht an.

Mehl ist ein gutes Zeichen. Sie werden gesund, stark sein und ein angenehmes Leben führen. Mit Mehl kochen bedeutet gute Nachrichten in der Familie.

Geriebene **Muskatnuß**: Holen Sie mal die Kochbücher heraus! Sie werden eine Menge Leute bewirten. Muskatnuß riechen oder schmecken: Prüfen Sie die Motive anderer Leute. Lassen Sie sich nicht ausnutzen.

Nieren essen oder kochen: Bleiben Sie dem Wettbüro fern. Spielen Sie eine Zeitlang überhaupt nicht.

Nudeln essen oder kochen: Ein Plan, der Ihnen am Herzen liegt, macht Fortschritte.

Nüsse knacken: Ihre derzeitigen Projekte werden erfolgreich sein. Wenn Sie Nüsse essen, wird sich Ihr Gesundheitszustand verbessern.

Eine **Obst**schale sehen: Ihr häusliches Leben wird angenehm sein. Auch gesundheitlich geht es Ihnen gut. Bitteres oder faules Obst ist ein Zeichen für Trauer. Wilde Früchte bedeuten, daß Sie geruhsam leben können, aber nicht reich werden.

Oliven ernten: Erfolg in der Arbeit wird sich einstellen. Oliven kaufen: Sie haben hochfliegende Gefühle. Oliven essen: Man wird Ihnen ein Angebot machen, das Sie einfach nicht ablehnen können. Grüne Oliven sind ein Zeichen von guter Gesundheit. Schwarze zeigen, daß Ihre Beziehungen im Moment etwas getrübt sind.

Ein **Omelett** machen: Sie versuchen, Geld zu sparen. Ein Omelett essen: Spielen Sie nicht – Sie können nicht gewinnen. Fällt das Omelett zusammen, wird Ihnen eine beschwerliche Aufgabe zufallen. Sie wird sich am Ende vorteilhaft erweisen.

Eine **Pastete** zubereiten: Sie sind in einer starken Position. Eine essen: Sie haben den Verdacht, einer Ihrer Freunde könnte illoyal sein. Sie haben recht!

Petersilie essen: Sie werden dank einer glücklichen Wende ans Ziel gelangen. Petersilie anpflanzen: harte Arbeit, aber am Ende Erfolg.

Ziehen Sie die Sonntagskleider an, wenn Sie **Pfannkuchen** machen. Ein gesellschaftlicher Wirbel steht bevor. Pfannkuchen essen heißt: Ihre derzeitigen Pläne werden sich verwirklichen.

Würzen Sie Ihr Essen mit **Pfeffer**, dann ist es Zeit, Ihre Begeisterung für ein finanzielles Vorhaben zu zügeln. Es ist möglicherweise nicht so erfolgreich, wie Sie meinen. Pfeffer mahlen: ein guter Zeitpunkt für ein neues Hobby. Sie sind putzmunter, warum also Energie verschwenden?

Essen für ein **Picknick** mitnehmen: Ein Geheimnis könnte Gefahr bedeuten.

Eine **Pizza** mit viel Belag ist ein Anzeichen dafür, daß Ihre Beziehungen erfolgreich sind. Ist sie verbrannt, werden Sie beim anderen Geschlecht einen Erfolg landen. Eine Pizza zubereiten: Sie treten in eine sehr günstige Phase ein. Pizza essen: Sie machen sich aus vollem Herzen an ein Projekt.

Schneller Erfolg wird Ihnen zuteil werden, wenn Sie **Radieschen** sehen. Wenn Sie sie aber essen, werden Sie erst einen Konkurrenzkampf führen müssen, bevor sich Ihre Wünsche erfüllen.

Rehfleisch mahnt Sie, nicht so stark von sich eingenommen zu sein. Damit machen Sie sich unbeliebt.

Reis essen ist ein sehr gutes Vorzeichen für Liebesglück. Reis kochen heißt, etwas, das Sie für unmöglich hielten, wird sich als einfach erweisen. Reis ernten: Geschäftliche Gewinne sind Ihnen sicher.

Ein **Restaurant** in der Stadt heißt, daß jemand Ihnen etwas vorenthält. Auf dem Land bedeutet es bevorstehende Probleme. Ist es voll, werden Sie wegen allzugroßer Schüchternheit Ärger mit Ihrem Partner haben. Ist es leer, wird sich Ihr Partner unvorhersehbar benehmen. Man wird Ihnen einen attraktiven Vorschlag machen, wenn Sie sich selbst im Restaurant beim Essen sehen.

Wenn Sie von einem **Rezept** träumen, ist dies eine Warnung, daß reine Arbeit ohne Vergnügen zu einem Nervenzusammenbruch führen wird! Aber nur Vergnügen ohne Arbeit führt in den Ruin. Wählen Sie den goldenen Mittelweg. Wenn Sie jemandem ein Rezept geben, zeigt das, daß Sie im Moment die Ruhe selbst sind.

Rohes **Rindfleisch** ist ein Hinweis, nicht gesellig zu sein; behalten Sie Geheimnisse für sich. Eine Portion Rindfleisch zurückweisen bedeutet, daß Sie bald Hilfe brauchen werden. Aber wenn Sie es mit Genuß essen, wird das Geschäft boomen.

Roggenbrot: Sie werden eine interessante neue Freundschaft schließen.

Rosinen besagen, daß Sie bald schneller Geld ausgeben werden, als Sie verdienen. Rosinen einfach sehen bedeutet, daß ein paar erfreuliche gesellschaftliche Ereignisse bevorstehen.

Harte Arbeit wird Früchte tragen, wenn Sie **Rüben** sehen. Sie essen bedeutet, daß Ihr Liebesleben erfolgreich sein wird.

Salat ist ein Zeichen für Gesundheit. In der Arbeit wird man Ihr Talent entdecken. Salat anmachen: Glückliche Zeiten mit der Familie stehen bevor.

Zu Hause **Sandwiches** essen oder machen: Sie haben bald die Gelegenheit, sich zu verbessern. Sie in einem Restaurant essen ist eine Warnung, Ihre Geheimnisse für sich zu behalten. Getoastete oder Picknick-Sandwiches bedeuten, Sie sollten nochmals darüber nachdenken, bevor Sie sich auf diese neue Liebesaffäre einlassen.

Sardinen besagen, daß jemand auf Sie eifersüchtig ist. In einer Büchse sind sie ein Zeichen dafür, daß Sie Gefühle von Groll verbergen wollen. Reden Sie mit jemandem darüber.

Eine Tomaten**sauce** kündigt einen Brief an. Handelt es sich um ein Curry, sollten Sie Ihren Gefühlen keinen freien Lauf lassen.

Schinken ist ein gutes Omen. Wenn Sie ihn räuchern, liegt ein florierendes Jahr vor Ihnen. Backen Sie ihn, werden Ihre Sorgen bald verschwinden. Essen Sie ihn, wird das Geschäft boomen.

Schnecken sind kein gutes Zeichen: Sie sind ein bißchen unzuverlässig und launisch.

Schokolade spiegelt Ihren derzeitigen Zustand von Behagen und Wohlbefinden wider. Wenn Sie sie essen, müssen Sie damit rechnen, Geld zu verlieren oder eine größere Ausgabe zu tätigen. Nußschokolade bedeutet, daß Sie sich langweilen. Schokolade trinken bedeutet einen Heiratsantrag.

Wenn Sie **Schweineschmalz** schneiden, könnten Sie einen teuren Freund verlieren. Damit kochen ist ein Hinweis, daß Sie zu sehr am Geld hängen. Es gibt andere Dinge im Leben, wissen Sie.

Senf: Sie werden bald etwas zutiefst bereuen. Auf einem Tisch bedeutet er unbedeutende Streitereien. Kochen Sie damit, zeichnet sich Ärger ab. Senf kaufen: Hüten Sie sich vor falschen Freunden.

Spaghetti im Traum bedeuten, daß es Zeit wird, die Sonntagskleidung anzuziehen: Es gibt bald eine Party.

Wenn Sie **Speck** essen, wird Ihnen weiterhin Wohlstand beschert sein. Wenn Sie welchen kaufen oder er ranzig ist, sollten Sie sich vom Arzt untersuchen lassen. Wenn Sie sehen, wie Speck geröstet wird, kommt ein Überraschungsgeschenk.

Eine gut gefüllte **Speisekammer** sagt gute Zeiten voraus. Aber wenn der Schrank leer ist, ist es Zeit, den Gürtel enger zu schnallen.

Die **Speisekarte** lesen: Das Leben wird angenehm sein. Vielleicht nicht luxuriös, aber Sie haben keine großen Ansprüche. Ein Kellner oder eine Kellnerin in einem Hotel ist ein Glückszeichen. Wenn sie Sie zu Hause bedienen, lauern familiäre Probleme. Schwarz-weiß gekleidet, deuten sie Gefahr an.

Wenn Sie ein saftiges **Steak** braten, wird gesellschaftlich mehr los sein. Wenn Sie es essen, winkt eine Gehaltserhöhung. Einen Eintopf zubereiten heißt: Sie könnten von einer Geburt erfahren. Ihn essen kündigt ein Treffen mit einem alten Freund an.

Heiße **Suppe** besagt, daß alles besser geht, als Sie dachten. Kalte Suppe ist ein schlechtes Vorzeichen für Ihr Liebesleben. Wenn die Beziehung vorbei ist, finden Sie sich damit ab, sonst wird alles schlimmer. Gemüsesuppe bedeutet familiäre Probleme.

Süßigkeiten symbolisieren Bitterkeit. Verschenken Sie sie, könnte es zum Bruch mit Ihrem Partner kommen. Sie zu essen warnt Sie davor, keine schnellen Entscheidungen zu treffen. Sie könnten Sie teuer zu stehen kommen.

Tabascosauce besagt, daß sich eine neue aufregende Liebesgeschichte anbahnt.

Bei **Tiefkühlkost** wird gerade eine aufregende Reise oder rauschende Party für Sie organisiert.

Tomaten sind ein glückliches Omen für künftigen Erfolg und Zufriedenheit.

Eine Creme**torte** steht für baldige gute Nachrichten. Ein Apfelkuchen kündigt eine Belohnung an, ein Kirschkuchen spricht für eine Glückssträhne in punkto Geld. Schokoladenkuchen bedeutet, daß Sie ausgelaugt sind.

Einen **Truthahn** zubereiten ist ein Zeichen von Wohlstand. Wenn Sie ihn essen, täuschen Sie sich in Ihrem Urteil möglicherweise gewaltig.

Überprüfen Sie ihre Ernährung, wenn Sie Sie werden sich langweilen, wenn Sie **Vanillepudding** sehen. Macht nichts. Wer braucht schon soviel Aufregung?

Wachteln essen: Sie werden heftige Gewissensbisse bekommen.

Eine **Waffel** ist ein Zeichen, daß Sie sich aus irgendeinem Grund wie ein Fisch auf dem Trockenen fühlen.

Einfach **Würste** sehen kündet eine Überraschung an. Bei leckeren Würsten zugreifen: Sie sind unter Umständen für eine gescheiterte Ehe oder Liebesbeziehung verantwortlich.

Yamswurzeln sehen, oder lassen Sie sich sogar ärztlich untersuchen.

Zucker ist ein glückliches Vorzeichen. Der Erfolg steht vor der Tür. Und wenn Sie sich zu einem süßen Eisbecher überreden lassen, werden Sie beim anderen Geschlecht den großen Hit landen.

LEBENSMITTELHÄNDLER *Siehe auch:* Lebensmittel. Sind Sie in einem Lebensmittelladen, sollten sich Ihre derzeitigen Pläne erfüllen. Sind Sie der Lebensmittelhändler, kommt es zu Familienstreitereien. Lebensmittel kaufen zeigt, daß Sie gelassen sind und eine glückliche Phase erleben. Ein geschlossener Lebensmittelladen zeigt, daß eines Ihrer Vorhaben zu nichts führen wird.

LECKEN Sich über die Lippen lecken: Sie waren in letzter Zeit gierig. Sich die Finger ablecken: Sie haben eine Phobie, die Sie überwinden müssen. Einen Löffel ablecken: Es gibt einige erfreuliche Veränderungen.

LEGIERUNG *Siehe auch:* Metalle. Wenn Sie Single sind und davon träumen, Metalle zu legieren, werden Sie ein glückliche Ehe führen. Sind Sie verheiratet, bedeutet dies, daß mehr familiäre Verpflichtungen auf Sie zukommen.

LEHNSTUHL *Siehe auch:* Möbel. In einem bequemen Sessel zu sitzen bedeutet, daß man Ihnen alle Gefälligkeiten erweist. Sitzt jemand anderes oder eine Katze oder ein Hund im Sessel, kommen bald unerwünschte Besucher. Ein leerer Sessel bedeutet ein Geheimnis, bis zu dessen Lösung viel Zeit vergehen wird.

LEHRLING *Siehe auch:* Schule. Ein Handwerk zu erlernen bedeutet gute Nachrichten für Ihr Liebesleben und Ihre geschäftlichen Vorhaben. Wenn Sie einen Lehrling anlernen, bekommen Sie ein unerwartetes Geschenk.

LEICHE *Siehe auch:* Tod. Zeichen des Wohlstands. Eine fremde Leiche sagt ein erfülltes, glückliches Leben voraus. Aber wenn Sie vom Leichnam eines Bekannten träumen, wird Ihre Beziehung zu Ihrem/r Liebsten bald zu Ende sein. Viele Leichen bedeuten Erfolg in Bereichen, wo Sie es nie vermutet hätten. Eine Frauenleiche bedeutet, daß ein Freund Sie schändlich im Stich lassen wird. Eine Männerleiche bedeutet, daß Sie sich den Problemen des Lebens stellen müssen, auch wenn Sie das im Moment nicht wollen. Verwesende Leichen sind ein Symbol für harte Arbeit. Sie werden es schließlich schaffen, aber Sie müssen häufiger Ihre Ellbogen einsetzen. Das Schlachten von Tieren bedeutet den Tod eines alten Freundes.

LEICHTATHLETIK Wenn dies zu ihren Alltagsbeschäftigungen gehört, hat es wahrscheinlich keine Bedeutung. Wenn Sie aber kein Sportler sind und davon träumen, einer zu sein, werden Sie Geldsorgen bekommen. Ein Sportler werden ist eine Warnung, die Dinge nicht zu übertreiben. Mit einem Sportler zusammenzusein bedeutet, daß Sie Konkurrenten aus dem Weg gehen müssen.

LEINTUCH Wenn Sie gut verdienen, bedeutet der Kauf neuer Leintücher, daß Sie Geld verlieren werden. Wenn Sie durchschnittlich verdienen, bedeutet es, daß sich die Lage bald verbessern wird. Alte Leintücher künden gute Nachrichten an.

LEITER Je größer die Leiter ist, auf der Sie hinaufsteigen, desto mehr werden Sie erreichen. Bricht aber eine Sprosse unter Ihnen, werden Sie Ihr größtes Ziel nicht erreichen. Steigen Sie die Leiter hinunter, wartet eine Enttäuschung auf Sie. Fallen Sie herunter, haben Sie sich zuviel zugemutet. Unter einer Leiter hindurchgehen ist entgegen dem alten Aberglauben ein gutes Zeichen. Fällt eine Leiter um, werden Sie sich auf ein paar unerwartete Hindernisse einstellen müssen. Tragen Sie eine, dann werden Sie einen Freund retten müssen. Eine Strickleiter bedeutet geschäftlichen Erfolg. Eine Trittleiter sagt eine Glückssträhne voraus.

LEPRAKRANKER Eine Zeit der Entbehrungen steht bevor. Träumt ein Mann davon, Lepra zu haben, sollte er zum Arzt gehen. Für eine Frau bedeutet es, daß ihr ein reicher Mann helfen wird. Sehen Sie andere, die Lepra haben, können Sie Ihre Probleme nur aus eigener Kraft lösen. Hören Sie nicht auf Ratschläge, und seien sie noch so gut gemeint.

LESEN/SCHREIBEN Wenn Sie lesen, werden Sie weiterkommen. Laut lesen: Sie bekommen Hilfe von außen. Jemanden lesen hören: Seelenfrieden ist Ihnen gewiß.

Autogramme sammeln bedeutet schnellen Profit. Ein Autogramm schreiben bedeutet: Sie werden schließlich den gewünschten Erfolg haben.

Ein **Buch** lesen, kaufen oder bekommen ist ein hoffnungsvolles Omen. Aber ein Buch verleihen oder ausleihen spricht für einige Enttäuschungen in Ihrem Liebesleben. Bücher in einer Bücherei künden eine unerwartete Erfahrung an. Ein zerfleddertes Buch zeigt, wie besorgt Sie im Augenblick sind.

Schreiben Sie **Gedichte**, werden Sie bald Freundschaft mit einem faszinierenden Menschen schließen. Gedichte lesen oder hören: Sie werden beim anderen Geschlecht sehr beliebt sein.

Etwas **Gedrucktes** lesen: Ihre Sorgen werden bald vorbei sein.

Ein **Herausgeber** besagt, daß Sie alles zu sehr schleifen lassen. Raffen Sie sich auf und achten Sie mehr aufs Detail. Sind Sie der Herausgeber, müssen Sie mit Verzögerungen bei Projekten rechnen.

Einen **Roman** schreiben heißt: Es braut sich Ärger zsuammen. Wenn Sie einen lesen, geht es mit Ihrem gesellschaftlichen Leben bergauf.

Schreiben Sie etwas, dürfen Sie nicht so impulsiv sein. Erst denken, dann handeln. Schreiben andere, sollten Sie Ihrem eigenen Urteil vertrauen. Hören Sie auf Ratschläge, aber bilden Sie sich Ihre eigene Meinung. Handschrift ist eine Warnung, einem Ihrer Freunde nicht zu trauen.

Ein **Schriftsteller** ist ein Zeichen dafür, daß Ihre Interessensgebiete sich erweitern. Sehen Sie ihm beim Schreiben zu, warnt Sie das vor finanziellen Schwierigkeiten. Verleihen Sie vor allen Dingen kein Geld.

Ein goldener **Stift** heißt, daß Sie gute Neuigkeiten von einem Verwandten hören. Ein silberner zeigt, daß Sie in Kampflaune sind. Ein Kugelschreiber bedeutet, daß irgend jemand Groll gegen Sie hegt. Ein Füller kündigt einen wichtigen Brief an. Ein altmodischer Federkiel besagt, daß Sie endlich nicht mehr so schüchtern sein sollen.

Stifte beziehen sich auf Liebe und Liebesglück. Ein Bleistift warnt Sie, flüchtigen Bekannten nichts über Ihr Liebesleben zu erzählen. Ein Farbstift kündet eine neue Affäre an.

Etwas **unterzeichnen** ist ein Symbol für Sicherheit. Unterschreiben andere, können Sie sicher sein, daß Ihre Freunde zuverlässig sind.

Eine **Vereinbarung** lesen, aber sich weigern, sie zu unterschreiben, bedeutet: Hüten Sie sich vor Freunden, die Sie hintergehen. Ein Abkommen unterzeichnen bedeutet Erfolg für Ihre Pläne.

Wenn es Ihnen gelingt, etwas in einem Buch zu **veröffentlichen**, sind Sie in der Arbeit deprimiert und langweilen sich. Handelt es sich um eine Zeitung oder eine Zeitschrift, verbreiten eifersüchtige Menschen Gerüchte über Sie. Sind Sie selbst Verleger oder lernen Sie einen kennen, dann vertrauen Sie Ihrem eigenen Urteil, wenn es um Geld geht – sonst verlieren Sie es.

Artikel für eine **Zeitschrift** schreiben warnt Sie vor einem Verlust.

LEUCHTFEUER *Siehe auch:* Feuer. Wer wird jetzt nostalgisch? Wenn Sie ein Leuchtfeuer sehen, denken Sie an frühere Fehler und Ereignisse – es gefällt Ihnen eigentlich nicht, wohin sie Sie geführt haben, nicht wahr? Sie können die Lage nicht ändern; versuchen Sie, das Beste daraus zu machen.

LEUCHTTURM Sehen Sie ihn in der Nacht, wird geschäftlich und gefühlsmäßig alles reibungslos laufen. Sind Sie darin, werden Sie lange und gesund leben.

LEXIKON *Siehe auch:* Lesen/Schreiben. Sie laufen Gefahr, wegen eines dummen Streits einen Freund zu verlieren. Seien Sie nicht streitsüchtig.

LIEFERWAGEN Er bringt Ihnen gute Nachrichten. Hat er Haushaltsgegenstände geladen, wird es eine Wendung zum Besseren geben. Fahren Sie damit, haben Sie bald die Chance, einen großen Gewinn zu machen.

LILIPUTANER Aus einer neuen Bekanntschaft wird eine wertvolle Freundschaft werden.

LINEAL Mit dem Lineal messen: Nur vorsichtige, umsichtige Planung kann Sie ans gewünschte Ziel bringen.

LINKS Die linke Seite von etwas oder eine Linkskurve ist ein Signal, sich nicht von Rückschlägen entmutigen zu lassen. Sie werden es am Ende schaffen. Sind Sie im Traum Linkshänder, sind es in Wirklichkeit aber nicht, sollten Sie sich in acht nehmen. Sie haben einen gefährlichen Rivalen.

LIPPENSTIFT Sie sind im Moment ein bißchen egoistisch, wenn Sie einen Lippenstift sehen. Suchen Sie ihn in einem Laden aus, gibt es finanzielle Probleme. Geben Sie jemandem einen Lippenstift, sind Sie zuversichtlich.

LOCH Fallen Sie in ein Loch, hatten Sie in letzter Zeit schlechten Umgang. Ein Loch in Kleidungsstücken bedeutet eine finanzielle Glückssträhne. Ein Loch graben kündet eine plötzliche Reise an.

LOTTERIE Ein schlechtes Zeichen für das Liebesleben. Die Zukunft mit Ihrem Partner sieht ungewiß aus. Sehen Sie ein Lotterielos, gibt es familiäre Probleme.

LUFT *Siehe auch:* Wetter. Die Deutung dieses Traums hängt davon ab, was genau Sie sehen. Reine Luft und blauer Himmel bedeuten Erfolg. Kalte Luft sagt Unglück in familiären Beziehungen voraus; ist es dunstig, werden Sie betrogen. Ist es neblig, sollten Sie Ihre derzeitigen Pläne nochmals überdenken. Ist die Luft feucht, wird ein Mißerfolg Ihren hochfliegenden Erwartungen ein Ende bereiten; ist es stürmisch, ist das eine Warnung vor einer bevorstehenden Krankheit oder Gefahr.

LUPE Eine plötzliche finanzielle Glückssträhne oder sogar Gehaltserhöhung wird hiermit angezeigt. Kaufen Sie eine Lupe, werden Sie verlorene Wertgegenstände wiederfinden.

MÄDCHEN Ein schönes Mädchen ist ein gutes Omen für Liebesgeschichten, ein häßliches ist ein Zeichen, daß Sie in irgendeinem Lebensbereich die Qual der Wahl haben. Ein lachendes Mädchen bedeutet eine unerwartete Ausgabe, ein weinendes kündet von größeren finanziellen Problemen. Schläft es, bahnt sich in der Arbeit ein Problem an. Ein Mädchen am Fenster sehen heißt, daß es bald Ärger gibt.

MAGNET Sie werden beim anderen Geschlecht sehr beliebt sein, geradezu magische Anziehungskraft besitzen!

MAHAGONI Es wird in Ihrem Leben aufwärts gehen, wenn Sie dieses Holz sehen. Vielleicht erben Sie sogar etwas.

MAHLEN Wohlstand und Glück warten auf Sie, wenn Sie Korn, Kaffee oder anderes mahlen. Es bedeutet, daß Sie jemand sind, der sich an den einfachen Dingen des Lebens freuen kann. Aber Vorsicht, wenn Sie Pfeffer mahlen: es könnten beunruhigende Nachrichten kommen.

MAIS *Siehe auch:* Lebensmittel. Das ist ein sehr glücklicher Traum, besonders in finanzieller Hinsicht. Mais zu ernten ist ein Zeichen für Gesundheit.

MANIKÜRE Unerwartete Ausgaben stehen bevor. Planen Sie sie jetzt in Ihr Budget ein, sonst wird das Geld knapp.

MÄNNER Ein gutaussehender Mann ist ein Zeichen für Gesundheit. Ein häßlicher bedeutet, daß Ihre Gefühle in Aufruhr sind. Ist er groß, setzen Sie sich zu hohe Ziele. Ist er klein, heißt das, daß Sie anpassungsfähig und praktisch veranlagt sind.

MARIHUANA Ein geplantes Vorhaben wirft ein schlechtes Licht auf Sie. Überlegen Sie es sich gründlich, bevor Sie einsteigen. Erwischt man Sie beim Rauchen dieser illegalen Substanz, heißt das, daß Sie zu viel herumspielen.

MARKT Besonders günstig für Ungebundene. Sie könnten sich bald verlieben. Noch besser: ein paar andere erfreuliche Überraschungen stehen an. Für eine verheiratete Frau ist der Markt ein Symbol von Untreue.

MARKTPLATZ Ihre Energie nimmt zu. Über einen Platz laufen: Man wird Ihnen eine Gelegenheit bieten, die Sie mit beiden Händen ergreifen sollten.

MÄRTYRER Sie haben in letzter Zeit zu viele Opfer gebracht, wenn Sie sich als Märtyrer sehen. Seien Sie entschlossener und aggressiver. Sie dürfen gern großzügig sein, aber denken Sie zuerst an die eigene Familie. Sehen Sie jemanden als Märtyrer, sollten Sie Ihre Probleme nicht überhand nehmen lassen oder sie übertreiben.

MASCHINE Beobachten oder begutachten Sie sie, wird die Arbeit gut laufen. Trotz Meinungsverschiedenheiten werden Sie erfolgreich sein. Macht Ihnen die Maschine Sorgen oder Angst, wird ein ernsthaftes Problem auftauchen, weil Sie dauernd Dinge aufschieben. Fabrikmaschinen sind ein gutes Zeichen für Ihre Gesundheit.

MASCHINESCHREIBEN Schreibt jemand mit der langsamen Zwei-Finger-Methode, bahnen sich Geldsorgen an. Aber ein schneller, genauer Schreiber ist ein Zeichen, daß die Arbeit gut läuft und Sie profitieren. Schreiben Sie selbst Maschine, dann sind Sie finanziell auf der sicheren Seite.

MASKOTTCHEN Jedes Maskottchen verspricht vorteilhafte Veränderungen. Was auch immer das sein mag, es wird gut ausgehen.

MASSAGE Bekommen Sie eine, so sind Ihre Zweifel an der Zuverlässigkeit eines anderen unbegründet. Seien Sie nicht so mißtrauisch! Geben Sie eine, können Sie mit guten Nachrichten rechnen.

MASSAKER Jemand könnte Sie bestehlen oder bei Ihnen einbrechen. Überprüfen Sie Ihre Sicherheitsvorkehrungen.

MATRATZE Dies ist ein Symbol für Frieden und Ruhe. Ist sie alt, werden Sie in der Arbeit einen hilfreichen Rat geben. Ist sie neu, liegen unbeschwerte Zeiten vor Ihnen. Eine Doppelmatratze bedeutet, daß Sie Probleme mit Ihrem Partner haben und bestrebt sind, diese zu klären. Reden Sie darüber.

MATTE Sehen Sie sie an der Eingangstür, bekommen Sie bald unerwünschten Besuch. Jede andere Art von Matte sagt Hindernisse voraus.

MAUER Verstellt Sie Ihnen den Weg, bedeutet das Hindernisse im Liebesleben oder in finanzieller Hinsicht. Steht Ihr Partner auf der anderen Seite, müssen Sie mit fruchtlosen Diskussionen rechnen. Spazieren Sie auf einer Mauer entlang, könnte sich ein Abkommen, das Sie treffen wollen, als schädlich erweisen. Klettern Sie über die Mauer, können Sie mit geschäftlichen Erfolgen rechnen.

MEDAILLE Eine tragen: der Chef wird Sie in der Arbeit endlich anerkennen. Tragen andere sie, sollten Sie Ihre Eitelkeit oder Ihre Eifersucht etwas zügeln.

MEER/WASSER/REISE *Siehe auch:* Wasser. Die meisten Träume, in denen Meer vorkommt, beziehen sich auf eine bevorstehende Reise.

Algen besagen: Machen Sie bei Ihren Prinzipien keine Kompromisse.

Ein **Anker** ermahnt Sie, an Dingen zu sparen, die Sie wirklich nicht brauchen. Einen Anker lichten bedeutet eine Verbesserung der Einkünfte.

Eine **Arche** kündet wichtige Ereignisse an.

Nehmen Sie **Ballast** auf, müssen Sie auch auf Ihre Ressourcen achten. Wird der Ballast über Bord geworfen, wird sich ein brennender Wunsch erfüllen.

Ein **Boot** symbolisiert Ihr Leben. Sie sollten also alles anderen Detail entsprechend interpretieren.

[redacted]

Liegt das Boot in ruhigen Gewässern, wird das Leben reibungslos laufen. Stürmisches, aufgewühltes Wasser bedeutet stürmische Zeiten. Ein kenterndes Boot bedeutet verborgene Gefahr.

Brandung am Strand ist ein Zeichen für Anträge – beruflich und privat.

Eine malerische **Bucht** kündet Reisen an. Ist das Wasser dort aufgewühlt, wird Ihnen das Geld schneller ausgehen, als Sie es verdienen. Aber wenn Sie eine ruhige Bucht sehen, erwartet Sie ungewöhnlicher gesellschaftlicher Erfolg.

Sehen Sie ein **Dock** von einem Schiff aus, werden die Dinge bald eine überraschende Wendung nehmen. Eine Werft bedeutet, daß Sie nun genug Geld haben, um etwas zu sparen. Allein auf einem Dock sein bedeutet Traurigkeit.

Ertrinken ist kein gutes Omen für Geschäftliches. Aber wenn Sie oder die ertrinkende Person gerettet werden, werden Sie bald alle Verluste wettmachen.

Im Traum eine **Fähre** sehen oder mit ihr reisen verheißt Belohnung für Ihre Anstrengungen, wahrscheinlich in der Arbeit.

Eine **Fischflotte** im Hafen verheißt friedliches Leben. Fährt Sie aufs Meer hinaus, zeichnen sich Sorgen ab. Eine Schiffsflotte bedeutet, daß man Ihnen eine ermüdende Verantwortung abnehmen wird. Eine Flotte von Segelschiffen bedeutet, daß Sie eine zweite Chance für etwas bekommen werden, worin Sie Ihrer Meinung nach versagt haben.

Treiben Sie auf einem **Floß**, ermahnt Sie dies, nicht faul zu sein. Jemand anderes wird davon profitieren. Bauen Sie ein Floß, können Sie mit eigener Kraft vieles erreichen.

Treiben Sie **flußabwärts**, bezieht sich das auf ein Problem, das Sie nicht lösen können oder dem Sie sich nicht stellen wollen. Landen Sie sicher, wird sich alles klären. Wenn nicht, werden Sie ernsthafte Schwierigkeiten in Angriff nehmen müssen, weil Sie sich einfach nicht entscheiden können. Werden Sie im Traum gerettet oder bringen Sie sich schwimmend in Sicherheit, wird auf Entbehrungen der Erfolg folgen.

Sehen Sie ein kleines Boot **flußaufwärts** treiben, läuft geschäftlich alles gut. Ist es ein großes Schiff, werden Ihnen Ressourcen im Überfluß zur Verfügung stehen. Sehen Sie einen Fisch treiben, werden Sie hohe Einkünfte erzielen. Ein Toter, der auf dem Wasser treibt, kündigt Glück an. Ist das Wasser ruhig und klar, dann steht ein erfreuliches Ereignis

bevor. Ist es aber aufgewühlt und stürmisch, drohen Schwierigkeiten.

Wird **Fracht** auf ein Schiff verladen, werden Sie eine nette kleine Reise machen. Wird sie gelöscht oder über Bord geworfen, werden die finanziellen Probleme eines anderen auf Sie zurückfallen.

Eine **Gangway** stellt eine Übergangszeit für Sie dar. Ist die Umgebung erfreulich, z.B. die Gangway eines Kreuzfahrtschiffes, wird sich Ihre Zukunft leichter gestalten. Gehen Sie die Gangway hinauf, können Sie mit Fortschritten rechnen. Gehen Sie Sie hinunter, wird es eine Zeitlang trostlos aussehen. Eine Gangway überschreiten heißt, daß Sie sich erst mit einer Sache aus der Vergangenheit auseinandersetzen müssen, bevor es weitergeht.

Ein beladener **Kahn** bedeutet, daß Sie Ihre Konkurrenten überlisten werden. Ein leerer signalisiert: Keine übereilten Entscheidungen treffen! Ein Kahn in der Ferne läßt eine baldige Reise erwarten.

Schiffe am **Kai** bedeuten Reisen. Ein leerer Kai aber ist eine Warnung, nicht so faul zu sein, sonst könnte das zu Enttäuschungen führen.

Klippen sind eine Warnung, eine Zeitlang keine Risiken einzugehen. Klettern Sie Klippen hoch, werden Ihre Bemühungen belohnt. Klettern Sie hinunter, heißt das, daß auf Ihre Freunde kein Verlaß ist.

Wenn Sie träumen, bei der **Marine** zu sein, könnte das Krankheit bedeuten. Sehen Sie Matrosen, steht ein Verlust in der Arbeit an. Hochrangige Offiziere weisen auf Ärger in der Liebe hin.

Sind Sie **Matrose**, brauchen Sie Tapetenwechsel, um sich aufzuheitern. Matrosen an Land stehen für eine neue spannende Liebesromanze. Matrosen an Bord bedeuten, daß bald beunruhigende Nachrichten aus der Ferne kommen.

Den **Ozean** sehen ist ein gutes Zeichen, solange er ruhig ist. Ein wichtiges Arbeitsprojekt wird abgeschlossen werden und Sie werden einen hilfreichen Freund gewinnen. Auch im Liebesleben sieht es gut aus. Ist der Ozean aber stürmisch, erhalten Sie bald aufregende Neuigkeiten.

Piraten auf See: Sie werden versucht sein, ein neues Vorhaben anzupacken. Aber prüfen Sie es vorher gründlich.

Ein **Rahsegel** zeigt, daß Sie sich Ihren Problemen stellen müssen. Ein dreieckiges weist auf peinliche Entscheidungen hin. Ist es weiß, bedürfen Ihre finanziellen Angelegenheiten der Organisation. Jede andere Farbe bedeutet erfreuliche Nachrichten.

Sehen Sie ein **Rettungsboot** auf einem Schiff, werden Sie in der Arbeit auf Widerstand stoßen. Sehen Sie es auf dem Meer, werden Sie Ihre Feinde besiegen. Ist es beschädigt, stehen Veränderungen an, die zum Besseren sein werden. Rettet ein Rettungsboot Menschen, kündet das ein langes, glückliches Leben an.

Verwenden Sie **Ruder**, muß eine wichtige Sache schnellstens geklärt werden. Fallen Sie ins Wasser, könnten schlechte Nachrichten Ihre Beziehung zu Ihrem Partner unweigerlich kaputtmachen. Kaputte Ruder bedeuten: Nur das Wohlwollen anderer kann Ihnen jetzt helfen.

Schiffe sind ein Symbol für Profit. Ein Modellbauschiff kündigt eine leidenschaftliche neue Affäre an. Ein Schiffsflotte läßt geschäftlichen Erfolg erwarten. Ein Schiffswrack bedeutet, daß Sie Ihren Ruf verteidigen müssen.

Wenn Sie sich im Traum in einer **Schiffskabine** sehen, sehen Sie harten Zeiten im Privatleben entgegen. Es könnte einen Rechtsstreit geben.

Wenn Sie von einem **Schiffsschornstein** träumen, wird man Sie für gute Arbeit loben.

Zuversicht ist Ihre stärkste Eigenschaft, wenn Sie ein **Schiffssteuer** sehen. Ist es kaputt, sollten Sie unnötige Reisen eine Weile vermeiden. Stehen Sie selbst am Ruder, werden Sie ein schwieriges Ziel erreichen.

Schwimmen ist ein Glückszeichen, wenn Sie es nackt tun. Tragen Sie dabei einen Badeanzug, wird Ihnen bald etwas peinlich sein. Bringen Sie jemandem das Schwimmen bei, winkt Geld. Schwimmen Sie an Land, werden Sie für Ihre Wünsche hart arbeiten müssen.

Segeln Sie über das Meer, ist es Zeit, Ihre Talente einzusetzen. Sie sind gesellig und haben beträchtliche Initiative. Spielen Sie solche Qualitäten aus.

Sinken ist ein Zeichen, daß Sie einiges zuviel haben. Vergleichen Sie das nächsten Mal die Preise.

Ein leerer **Strand** ist ein Zeichen für eine Gelegenheit, die Sie mit beiden Händen ergreifen sollten. Ein belebter Strand zeigt, daß Sie sicher und zuversichtlich sind. Sonnen Sie sich an einem Strand, so werden sich Ihre Geschäftsbeziehungen verbessern.

Wenn Sie im Meer **tauchen**, werden Sie bald gewaltig in Versuchung geraten. Ist das Wasser klar, ist alles in Ordnung. Ist es aufgewühlt oder trübe, sind die Folgen unerfreulich.

Träumen Sie davon, auf dem Wasser zu **treiben**, werden Sie bald glänzenden Erfolg sehen. Alles läuft wie gewünscht. Ein Gummi- oder Plastikschlauchboot bedeutet eine Versöhnung.

Bald wird es Geld regnen, wenn Sie **Yachten** sehen. Und Ihre größten Hoffnungen werden sich erfüllen, wenn Sie auf eine Yacht einladen.

MEERJUNGFRAU Sie bezieht sich auf Ihr Liebesleben, die genaue Bedeutung hängt von der Atmosphäre im Traum ab. Ist sie erfreulich, wird alles gut laufen. Fühlen Sie sich aber verwirrt, werden Sie eine Enttäuschung erleben.

MEHL *Siehe auch:* Lebensmittel. Von Mehl träumen ist ein gutes Zeichen. Sie werden gesund, stark sein und ein angenehmes Leben führen. Mit Mehl kochen bedeutet gute Nachrichten in der Familie.

MEISSEL Sie können bekommen, was Sie wollen, wenn Sie es wirklich versuchen.

MELASSE Eine Warnung vor Tratsch, sonst geraten Sie in Schwierigkeiten.

MENSCHLICHER KÖRPER Wenn Sie einen menschlichen Körper nur sehen, ist es ein glückliches Omen. Ein Frauenkörper verheißt gesellschaftlichen Erfolg. Ein männlicher Körper bedeutet Aufschwung im Geschäft.

Der menschliche Körper besteht aus vielen Teilen mit jeweils eigener Bedeutung:

Ihre **Arme** bedeuten, daß Sie Ihre Feinde schlagen werden. Wird Ihnen ein Arm abgeschnitten, werden Sie einen Verwandten verlieren. Schmerzen im Arm weisen auf berufliches Pech hin. Ein gebrochener Arm bedeutet einen Familienstreit, aber für eine Frau bedeutet es den Verlust ihres Ehemannes. Sich den Arm brechen bedeutet: Gefahr ist im Anzug. Ein anderer Unfall mit den Armen bedeutet Krankheit in der Familie.

Ein Fremdkörper in Ihrem **Auge** deutet an, daß jemand Sie in der Arbeit hintergehen will. Schielende Augen bedeuten finanzielles Glück, aber ein Silberblick warnt Sie vor einer verbotenen Liebesaffäre – sie wird Ihren Ruf ruinieren. Aufgerissene Augen sagen eine Erbschaft voraus. Blaue Augen bedeuten, daß Sie einen neuen Freund finden. Dunkle besagen, daß Sie kurz vor einer spannenden neuen Liebesaffäre stehen.

Augenlider besagen, daß Sie Gefahr laufen, mit Ihrem Partner zu brechen. Und es wird ein nichtiger Streit sein. Begraben Sie das Kriegsbeil. Lohnt es sich wirklich, wegen der Zahnpasta zu streiten? Flatternde Augenlider bedeuten, daß Sie sehr großzügig sind – manchmal sogar zu sehr.

Wenn Sie einen nackten **Bauch** sehen, dann hüten Sie sich vor Untreue oder Verrat durch jemanden, dem Sie vertrauen.

Dünne **Beine** sind eine Warnung, in der Liebe aufzupassen. Verletzte Beine bedeuten Geldsorgen, die unumgänglich sind. Hübsche Beine lassen eine erfreuliche Veränderung der Umstände erwarten.

Eine **Blase** bedeutet, daß Sie sich ärztlich untersuchen lassen sollten. Sie überanstrengen sich.

Lehnen Sie Ihren Kopf an die **Brust** eines anderen, werden Sie bald eine neue, dauerhafte Freundschaft schließen. Eine nackte Brust sehen signalisiert irgendeinen unbedeutenden Schmerz oder eine Krankheit. Sehen Sie ein Baby an der Brust saugen, werden sich Freude und Glück einstellen.

Saugt ein Erwachsener an **Brustwarzen**, weil er Hunger hat, bedeutet das, daß Ihre Schulden außer Kontrolle geraten. Zahlen Sie sie ab, und geben Sie nicht mehr soviel aus! Ein nuckelndes Baby bedeutet, daß zumindest eine Ihrer Sorgen verschwinden wird. Bei schmerzenden Brustwarzen sollten Sie zum Arzt gehen, und wenn Sie mehr als die üblichen zwei haben, heißt das, daß Sie bei Ihren Partnern nicht sehr wählerisch sind.

Ein geschwollener **Ellbogen** ist ein Zeichen für eine unerfreuliche Erfahrung. Ein aufgeschürfter zeigt, wie sehr Ihnen jemand Bestimmtes am Herzen liegt. Sich den Ellbogen brechen bedeutet: Sie werden sich an bevorstehende Veränderungen anpassen.

Zeigt man mit dem **Finger** auf Sie, werden Sie umziehen. Ein verbundener Finger heißt, daß Sie knapp einem Unglück entkommen. Schneiden Sie sich in den Finger, so bedeutet dies, daß Sie ein Zeitlang besonders hart arbeiten müssen. Ein fehlender Finger bedeutet rechtlichen Ärger, wahrscheinlich wegen Geld. Kurze Stummelfinger bedeuten neue Freunde.

Fingerknöchel besagen, daß Sie Zeit und Energie für etwas vergeuden, das zu nichts führt. Warum suchen Sie sich nicht ein anderes Ziel?

Lange, elegante **Fingernägel** besagen, daß Sie Ärger mit dem anderen Geschlecht haben werden. Kurze Nägel bedeuten ein Überraschungsgeschenk. Nägel lackieren ist eine Warnung vor Impulsivität. Sie könnte unheilvolle Folgen haben. Ein abgebrochener Nagel bedeutet, daß Sie eine Zeitlang mit Ihrem Leben unzufrieden sein werden. Nägel schneiden bedeutet einen Zuwachs an Prestige. Nägelkauen: Lassen Sie sich vom Arzt untersuchen.

Wenn Sie von großen **Füßen** träumen, fehlt Ihnen gesundheitlich nichts. Kleine Füße bedeuten, daß Sie sich unnötig Sorgen machen. Fremde Füße bedeuten neue Freunde. Nackte Füße: aufgepaßt! Sie werden eine neue Erfahrung mit dem anderen Geschlecht erleben. Schmutzige Füße sind ein Zeichen dafür, daß Sie kein Geld verleihen sollten. Ein gebrochener Fuß bedeutet, daß Sie einen Verwandten verlieren könnten. Tritt man Ihnen im Traum auf die Füße, sollten Sie nicht tratschen.

Das **Gesäß** ist meist ein gutes Vorzeichen! Das eines Mannes bedeutet: im Beruf läuft alles reibungslos. Das einer Frau bedeutet: die Liebe ist auf dem Weg zu Ihnen.

Geschlechtsorgane sind ein Symbol für einen eindeutig sexuellen Traum. Sind die Ihren gesund, ist Ihr Sexualleben zufriedenstellend. Erkrankte Organe bedeuten, daß Sie sich übernommen oder mit zu vielen Partnern geschlafen haben. Seien Sie treuer. Ungewöhnliche Geschlechtsorgane sind ein Symbol für ein mageres Sexualleben. Sie sind darüber nicht glücklich, sonst würde es Sie nicht beschäftigen.

Sehen Sie Ihr **Gesicht** im Spiegel, wird eines Ihrer Geheimnisse entdeckt werden. Bei einem glücklichen, lachenden Gesicht wird Ihr Leben genauso sein. Ein trauriges Gesicht bedeutet bevorstehenden Ärger. Das Gesicht eines Bekannten signalisiert eine Feier. Ein fremdes Gesicht kündet Aufruhr und Reisen an. Ein männliches Gesicht bedeutet, daß Sie der Zukunft vertrauensvoll entgegensehen. Das einer Frau zeigt, daß Sie Zweifel hegen.

Frauen**hände** kündigen im Beruf und privat ein kurzzeitiges Gefühl des Deprimiertseins an. Aber es wird bald vergehen, dank der Hilfe eines engen Freundes. Kinderhände kündigen finanziellen Erfolg an. Schmutzige Hände sind ein Omen, daß ein Verwandter irgendwie in Gefahr ist. Saubere, gepflegte Hände bedeuten eine Zeit, in der Erfreuliches geschieht. Winken bedeutet eine Trennung. Behaarte

Hände stehen für berufliches Glück. Hände schütteln: Eine Freundschaft wird erneuert werden.

Die **Hüften** einer Person vom anderen Geschlecht sind eine Warnung, sich nicht auf eine neue Liebesaffäre einzulassen. Breite Hüften sagen einige unerwartete Gewinne voraus.

Eine durchgeschnittene **Kehle** ist ein Zeichen, daß Sie bald in Gefahr geraten könnten. Ist der Rachen geschwollen, treibt Ihre Phantasie wilde Blüten. Nimmt man Ihre Mandeln heraus, werden mehrere Enttäuschungen Sie in trübsinnige Stimmung versetzen.

Sehen Sie Ihren eigenen **Kiefer**, werden Sie Zielscheibe boshaften Geredes sein. Wehren Sie sich dagegen, sonst ist Ihr guter Ruf dahin! Ist es ein anderer Kiefer, will Ihnen jemand helfen, Geld zu verdienen.

Ein geschwollenes **Knie** besagt, daß die Geschäfte derzeit riskant aussehen. Ein aufgeschürftes Knie sagt eine lange Reise voraus. Ein verbundenes Knie ist ein Zeichen, im Moment alles leicht zu nehmen.

Knochen zeigen, daß ein lieber Mensch eine Zeitlang abwesend sein wird.

Ihre **Knöchel** sind ein Zeichen dafür, daß ein Freund versucht, Ihnen heimlich zu helfen. Gebrochene Knöchel bedeuten Erfolg nach einem Kampf. Knöchel einer Person vom anderen Geschlecht deuten eine unkluge Liebesaffäre an.

Ein **Kopf** ist ein gutes Omen für alles, was Ihnen wichtig ist. Ein vom Rumpf abgetrennter warnt Sie, nicht Ihren eigenen zu verlieren! Bewahren Sie die Ruhe, wenn Sie mit einer neuen Situation konfrontiert werden. Haben Sie mehr als einen Kopf, ist eine Beförderung zu erwarten. Ein Unfall oder Schlag auf den Kopf deutet an, daß Sie zuviel gearbeitet haben; legen Sie eine Pause ein.

Ärger mit Ihrer **Leber** bedeutet, daß sich die Dinge gut entwickeln werden.

Beurteilen Sie andere nicht zu hart, wenn Sie dünne, unbarmherzige **Lippen** sehen. Schöne Lippen bedeuten Erfolg in der Liebe. Dicke, volle Lippen bedeuten, daß Sie Pech in der Liebe, aber Erfolg im Beruf haben werden. Aufgesprungene oder wunde Lippen verheißen geschäftliche Einbußen.

Ein **Lungenleiden** aber ermahnt Sie, den Arzt aufzusuchen.

Ein offener **Mund** ist ein Hinweis, daß Sie Ihren eigenen in letzter Zeit etwas zu oft aufgemacht haben. Hören Sie lieber zu. Sind Zähne zu sehen, ist einer Ihrer Freunde nicht vertrauenswürdig. Ein kleiner Mund bedeutet, daß Sie Geld bekommen. Ein großer Mund steht für einen wertvollen neuen Freund.

Ein rundes **Muttermal** bedeutet Glück. Ein behaartes kündet Schwierigkeiten an.

Der **Nacken** besagt, daß Geld unterwegs ist. Ist er gebrochen, verwalten Sie Ihre Angelegenheiten schlecht. Kümmern Sie sich mehr darum.

Wenn Sie Ihre eigene **Nase** sehen, haben Sie mehr Freunde, als Sie denken. Putzen Sie sich die Nase, werden Sie eine lästige Pflicht los. Verleihen Sie kein Geld, wenn Sie eine Nase bluten sehen! Sie werden ein wichtiges Dokument verlieren, wenn Sie eine rote Nase sehen. Eine Stupsnase bedeutet, daß ein Versprechen nicht gehalten wird.

Schockierende Nachrichten gibt es, wenn Sie anderer Leute **Ohren** sehen. Sind es Ihre eigenen, dann hüten Sie sich vor einer falschen Schlange in Ihrem Umkreis. Große Ohren bedeuten Hilfe von unerwarteter Seite.

Ein schmerzender **Rücken** sollte Sie auf einige Umstellungen oder Statusverlust vorbereiten. Dreht Ihnen jemand den Rücken zu, bedeutet das, daß Ihre Kollegen eifersüchtig auf Sie sind. Wenden Sie sich Ihnen aber wieder zu, wird ihr Neid nur vorübergehend sein. Den Rücken eines Mannes sehen ist ein Zeichen für kurzzeitige Traumata. Der Rükken einer Frau ist ein Zeichen von emotionaler Unbeständigkeit. Ein gebrochener Rücken warnt Sie vor Magengeschwüren.

Auf jemandes **Schoß** sitzen, der vom anderen Geschlecht ist, kündet eine neue aufregende Liebesaffäre an. Fallen Sie herunter, verlieren Sie durch törichtes Verhalten an Prestige.

Haben Sie viele **Sommersprossen**, zeigt das, wie beliebt Sie beim anderen Geschlecht sind. Genießen Sie es!

Ihre eigene **Stirn** besagt, daß Sie von anderen keine Hilfe erwarten können, sondern es allein schaffen müssen. Jemandem über die Stirn streichen bedeutet: Ihr Liebesleben wird besser laufen. Eine Stirn in Falten bedeutet, daß Ihre Sorgen bald verschwinden.

Ihre eigene **Taille** bedeutet, daß es an Ihr Geld geht. Ist es die Taille eines anderen, wird ein Freund Sie um Hilfe bitten.

Wangen sind ein Zeichen dafür, daß Ihre persönlichen Beziehungen sich bald verbessern werden.

Warzen auf Ihren Händen sind ein Zeichen dafür, daß Geld hereinkommt. Je mehr Warzen, desto mehr Geld. Aber Ihre Großzügigkeit könnte Sie in Schwierigkeiten bringen, wenn Sie sie auf anderen Körperteilen sehen. Warzen bei anderen sind ein Zeichen versteckter Feindseligkeit.

Wundes **Zahnfleisch** ist ein Omen für familiäre Probleme. Wird es behandelt, könnte es zu einem Streit kommen, der eine Trennung zur Folge hat.

MESSEN Ein Zeichen für Gewinn. Messen Sie Ihre Körpergröße, wird sich Ihr materieller Wohlstand vergrößern. Messen Sie die Temperatur, stehen gute Zeiten an. Wiegen Sie Zutaten ab, sollten Sie bei allem eine Zeitlang besondere Vorsicht walten lassen. Vermessen Sie ein Haus, dann geben sie acht – Sie könnten mehr verlieren, als Sie sparen.

MESSER Ist es scharf, stehen ein paar persönliche Diskussionen an. Ein rostiges Messer verheißt familiären Ärger, ein abgebrochenes Mißerfolg in der Liebe. Ein Taschenmesser sagt rechtlichen Ärger, ein Besteckmesser neue Erfolge voraus. Wenn Sie sich schneiden, sollten Sie Ihre Schulden begleichen.

METALLE Dieser Traum bedeutet, daß Sie genau wie die Substanz derzeit kalt und hart sind. Seien Sie im Umgang mit anderen doch etwas sanfter. Geschmolzenes Metall deutet Hindernisse auf Ihrem Weg an. Es wäre besser, Sie schlagen eine andere Richtung ein.

Rostiges **Eisen** bedeutet körperliche Kraft. Flüssiges Eisen ist ein gutes Zeichen für kommende glückliche Zeiten in Ihrem Liebesleben. Schmiedeeisen zeigt, daß Sie in letzter Zeit ein bißchen mürrisch sind. Jeder eiserne Gegenstand ist ein Glücksbringer. Ein Bügeleisen bedeutet: Es ist Zeit, kleine ärgerliche Probleme zu lösen, bevor sie sich ausweiten.

Stoff, Stickerei oder Verzierungen aus **Gold** bedeuten Ehre und Anerkennung. Wenn Sie in der Arbeit Gold finden, denken Sie an das alte Sprichwort: »Es ist nicht alles Gold …« Nehmen Sie nicht alles für bare Münze. Gold stehlen oder zählen ist ein Hinweis, daß es im Leben nicht nur auf materielle Dinge ankommt. Medaillen, Schmuck oder Münzen bedeuten finanziellen Gewinn.

Sehen Sie einen Gegenstand aus **Kupfer**, heißt das, daß Ihre Befürchtungen unbegründet sind. Ist das Kupfer graviert, heißt das, daß Sie einen teuren Geschmack haben.

Seien Sie vorsichtig mit neuen Freunden, wenn Sie **Messing** sehen. Verlassen Sie sich auf Ihr eigenes Urteil.

Eine **Metallgravur** bedeutet, daß Sie bald den Arbeitsplatz wechseln.

Bei **Silber** gibt es eine Beförderung. Aber lassen Sie es sich nicht zu Kopf steigen.

Bau**stahl** weist auf dauerhafte Liebe und Freundschaft hin. Als Klinge oder Waffe bedeutet Stahl Eifersucht.

Zink besagt, daß Sie in jeder Hinsicht gute Fortschritte machen.

METEOR Es gibt für Sie eine plötzliche Erfolgssträhne. Genießen Sie sie, solange sie anhält.

METZGER Sie werden einen alten Freund treffen, den Sie seit Jahren nicht gesehen haben. Aber wenn Sie sehen, wie ein Metzger Tiere tötet, bedeutet dies, daß ein alter Freund sterben wird.

MIKROSKOP Verwenden Sie eines, werden Sie plötzlich Ihr verborgenes Talent für etwas entdecken. Ist es kaputt, wird jemand Ihre Integrität auf die Probe stellen.

MILCHKANNE Sie werden das haben, was Sie zum Leben brauchen. Aber wenn die Milchkanne umgekippt ist, wird Sie jemand, dem Sie vertrauen, enttäuschen.

MINE Arbeiten Sie in einer Mine, werden Sie durch Ihre eigene harte Arbeit schließlich zu Geld kommen. Wenn Sie nur eine sehen, könnte es eine Trennung von jemandem geben, der dem anderen Geschlecht angehört.

MISSIONAR Einer Ihrer langfristigen Pläne könnte scheitern, wenn Sie sich als Missionar sehen. Werden Sie aber von einem bekehrt, werden sie erfolgreich sein.

MISTEL Geduld heißt das Zauberwort hier, besonders in der Arbeit. Aber wenigstens können Sie sicher sein, daß in der Liebe alles stimmt.

MÖBEL Schmuddelige, alte Möbel sind ein Zeichen von Ärger in der Liebe. Kaufen Sie neue Möbel, werden Sie sich mit unerwünschten Veränderungen abfinden müssen. Beim Verkauf von Möbeln werden Ihnen Ihre Finanzen Kopfzerbrechen bereiten.

Einzelne Möbelstücke können eine eigene Bedeutung haben:

Wenn Sie ein fremdes **Bett** sehen, laufen Ihre Geschäfte besser. Ein Bett machen deutet einen wichtigen Umzug an. Im Bett liegen bedeutet eine neue Liebe in Ihrem Leben. Wenn Sie ihr eigenes Bett sehen, werden Sie sich sicherer fühlen.

Eine **Matratze** ist ein Symbol für Behagen und Friedlichkeit. Eine alte bedeutet, daß Sie in der Arbeit einen nützlichen Rat bekommen. Eine Doppelmatratze bedeutet, daß Sie ein paar Probleme mit Ihrem Partner hatten und darum besorgt sind, sie zu klären. Sprechen Sie darüber.

Jede Art von **Schränkchen** bedeutet, daß Sie jemand hereinlegen wird, dem Sie vertrauen. Eines kaufen heißt, daß es bald Geld gibt. Eines öffnen bedeutet, daß ein langersehnter Brief eintreffen wird.

Ein geschlossener **Schreibtisch** signalisiert Enttäuschung, wahrscheinlich im Liebesleben. Ein offener besagt, daß Sie keine überstürzten Entscheidungen treffen sollten. Halten Sie vorläufig den Mund. Einen Schreibtisch durchwühlen bedeutet, daß Sie bald einflußreiche Freunde haben.

Bei einer geschlossenen **Schublade** werden Sie einen Konkurrenten schlagen müssen, um ans Ziel zu gelangen. Ist sie offen, bedeutet das eine neue Gelegenheit; ist sie voll, ist jetzt der richtige Zeitpunkt für ein neues Vorhaben. Eine leere Schublade signalisiert, daß harte Arbeit auf Sie wartet; ist sie zugesperrt, taucht ein unvorhergesehenes Problem auf. Aber mit Geduld werden Sie es bewältigen.

Wenn Sie einen großen **Spiegel** sehen, heißt das, daß Sie in letzter Zeit ein bißchen flatterhaft sind. Ein kleiner Spiegel bedeutet, daß Sie sich scheuen, etwas zu tun. Haben Sie keine Scheu – alles wird wie geschmiert laufen. Ein zerbrochener Spiegel sagt traurige Nachrichten und unruhige Zeiten voraus. Sehen Sie sich selbst im Spiegel, heißt das, daß Sie einem Ihrer Freunde einfach nicht trauen können.

Ein leerer **Stuhl** deutet auf überraschende Nachrichten hin. Ein Schaukelstuhl ist ein Zeichen dafür, daß sich die harte Arbeit anderer vorteilhaft für Sie auswirkt. In einem sitzen bedeutet, daß Sie sich mit Dingen auseinandersetzen, die schon längst hätten erledigt werden müssen.

Ein runder **Tisch** deutet unerwartete Gäste an. Ein quadratischer ist ein Zeichen für eine bevorstehende neue interessante Freundschaft. Ein Ausziehtisch kündigt ein Mißverständnis mit einem nahestehenden Menschen an. Hat er aber eine Marmorplatte, wartet eine spannende Liebesaffäre auf Sie.

MODE *Siehe auch:* Kleidung. Wenn Sie von Hochglanzmodezeitschriften oder Models träumen, haben Sie zu hart gearbeitet. Amüsieren Sie sich ein bißchen.

MONOKEL Eine Warnung, nicht den Vornehmen zu spielen. Seien Sie Sie selbst. Mit Ehrlichkeit fahren Sie am besten.

MOOS Trockenes Moos bedeutet, daß Ihnen eine Enttäuschung bevorsteht. Ist es aber weich und grün, wird Ihr Liebesleben prickelnd sein.

MOP Sie werden ein neues Hobby aufnehmen, das sich als lukrativ erweisen könnte, wenn Sie einen Mop sehen. Ein schmutziger Mop bedeutet, daß Sie bei der Arbeit gebummelt haben. Das könnte peinlich werden, wenn Sie nicht die Ärmel hochkrempeln.

MOSCHUS Riechen Sie es, ergibt sich bald eine leidenschaftliche neue Liebesaffäre.

MOTORRAD Kaufen Sie eines, werden sie bekannt oder sogar berühmt. Verkaufen Sie eines, werden Schulden zurückgezahlt. Fahren Sie mit einem Motorrad, bedeutet das berufliche Probleme, und wenn Sie herunterfallen, sieht Ihre finanzielle Situation brenzlig aus. Ein Motorradrennen ist ein Zeichen für überraschende Hilfe bei der Lösung eines Problems.

MÜHLE Eine funktionierende Wind- oder Wassermühle besagt, daß Sie ein wichtiges Arbeitsprojekt zu Ende führen werden und Respekt und Anerkennung bekommen. Funktioniert sie aber nicht, besteht die Gefahr der Stagnation in der Arbeit und in Ihrer derzeitigen Beziehung. Klären Sie die Dinge, sonst könnte es in beiden Fällen ein schlimmes Ende geben.

MÜNZE Sie werden die ersehnte Beförderung bekommen – Sie haben lange genug darauf gewartet.

MÜNZEN *Siehe auch:* Geld; Metalle. Münzen bedeuten unerwarteten Gewinn, aber sie sind insofern ein widersprüchlicher Traum, weil die Gewinne um so größer sein werden, je kleiner die Münzen sind. Goldmünzen sind ein Omen für Unglück. Silbermünzen bedeuten Familienärger und Nickelmünzen bedeuten, daß Sie sich mit harter Arbeit ein Vermögen erwerben können.

MUSCHEL Muscheln kündigen ein ungewöhnliches Ereignis an. Muscheln finden: Etwas wird Sie zum Erröten bringen.

MUSEUM Eines besichtigen: Sie sind unglücklich und langweilen sich. Suchen Sie sich neue Interessen, sonst verschlechtert sich Ihre Lage. Statuen im Museum: Die Ursache Ihrer Probleme ist Überarbeitung.

MUSIK Melodische, harmonische Musik sagt sagenhaftes Glück bei allem voraus, was Ihnen am meisten am Herzen liegt. Wird sie aber falsch gespielt, liegt Ärger am Arbeitsplatz in der Luft. Ein Instrument spielen: Eine überraschende Veränderung der Lebensumstände liegt in der Luft. Aber ein kaputtes Musikinstrument warnt Sie, auf Ihre Gesundheit zu achten.

Die meisten Musikinstrumente sind Zeichen von Harmonie und Glück.

Ein **Akkordeon** hören: Klingt es traurig, müssen Sie sich auf Traurigkeit einstellen, aber sie hält nicht lange an. Klingt es hell und lebendig, ist mit gesellschaftlichem Wirbel zu rechnen. Akkordeon spielen: Ihre Liebesaffären lassen sich gut an.

Banjo spielen: ein Zeichen für bevorstehende Armut. Sehen Sie andere klimpern, erwarten Sie freudige Zeiten.

Ein **Bügelhorn** hören: Sie können mit guten Nachrichten aus der Ferne rechnen. Es spielen heißt, Ihre harte Arbeit wird belohnt werden.

Neue Saiten auf ein **Cello** ziehen: Gute Nachrichten kommen auf Sie zu. Mit einer abgerissenen Saite spielen: Ihr Liebesleben macht Riesenfortschritte.

Ein Kirchen**chor** deutet Frustrationen an. Singt er anderswo, gibt es bald gute Nachrichten.

Ein **Dudelsack** kann Geldeinbußen bedeuten. Aber wenn Sie Dudelsack spielen, heißt das, daß Sie allseits beliebt sind. Spielen andere, wird jemand Ihnen einen Heiratsantrag machen.

Eine **Flöte** hören: Glückliche Zeiten fürs Heim stehen bevor. Spielen Sie selbst im Traum Flöte, könnte Ihr Liebesleben peinlich werden.

Sehen Sie eine verstimmte **Geige** oder eine, bei der eine Saite gerissen ist, gibt es bald Krach mit Ihrem Partner. Ansonsten läuft Ihr gesellschaftliches Leben reibungslos.

Gitarre spielen: Sie waren in letzter Zeit unzuverlässig. Seien Sie beständiger. Hören Sie einen anderen spielen, wird sich für Ihre Probleme eine schnelle Lösung finden.

Eine **Harfe** hören: Es nahen gute Zeiten. Ist aber eine Saite gerissen, könnten die Zeiten hart werden. Spielen Sie selbst Harfe, sollten Sie nicht so vertrauensselig sein.

Eine **Harmonika** kaufen oder darauf spielen: Geld ist auf dem Weg zu Ihnen. Wenn Sie eine hören, braut sich ein Streit zusammen, wahrscheinlich in der Familie.

Wenn Sie ein **Horn** hören, werden Sie bald in einen gesellschaftlichen Wirbel geraten.

Halten Sie sich aus Gemeindeangelegenheiten heraus, die Sie nicht bewältigen können, wenn Sie **Jazz** hören. Es mag zwar ein gutes Gefühl sein, zum Vorsitzenden gewählt zu werden, aber damit könnten Sie sich finanzielle Probleme einhandeln.

Wenn Sie einen **Jingle** hören, gibt es bald einen harmlosen Flirt. Klingende Glocken bedeuten gesellschaftliche Aktivitäten.

Verzichten Sie auf Ihr Lieblingslaster, Rauchen, Trinken oder Sex, wenn Sie **Kesselpauken** sehen. Das tut Ihnen gar nicht gut.

Klavier spielen: All Ihre Hoffnungen erfüllen sich. Ist es verstimmt, müssen Sie mit Schwierigkeiten rechnen. Verrücken Sie ein Klavier, werden Sie etwas Solides erreichen. Stimmen Sie das Klavier, bekommen Sie gute Nachrichten.

Ein **Konzert** besuchen: Sie werden überraschende Nachrichten erhalten. Gefällt Ihnen das Konzert nicht, ist das ein Zeichen für Krankheit.

Eine wohlklingende **Laute** sagt eine innige Liebesaffäre oder gute Nachrichten von einem abwesenden Freund voraus.

Die **Oper** besuchen: Sie betrügen jemanden. Werden Sie dabei erwischt, wird Ihnen das sehr peinlich sein und Sie werden Ihren guten Ruf verteidigen müssen.

Eine alte **Orgel** zeigt: Sie dürfen in Ihrem Liebesleben wieder neue Hoffnung schöpfen. Eine moderne elektrische kündet ein unerwartetes Einkommen an. Sehen Sie eine Orgel in der Kirche, müssen Sie langfristige Pläne nochmals überdenken. Orgel spielen: Ein Problem, das Sie eine Zeitlang beschäftigte, wird bald gelöst.

Wenn Sie **singen**, erwarten Sie schon die nächsten Sorgen, auch wenn Sie jetzt noch fröhlich sind. Aber sie vergehen schnell.

Sie werden die Entscheidung, die Sie seit langem aufschieben, treffen müssen, wenn Sie ein **Streichquartett** sehen. Spielen Sie in einem mit, werden Sie in der Arbeit den kürzeren ziehen.

Einen **Tambourin** schlagen: Ein schockierendes Gerücht wird Ihnen zu Ohren kommen. Finden Sie die Wahrheit heraus. Ansonsten kündigt dieses Instrument eine nette Überraschung an.

Eine **Trompete** sehen oder hören: Sie werden etwas erreichen, was Sie für unmöglich hielten.

Wichtige Nachrichten sind auf dem Weg, wenn Sie ein **Xylophon** hören. Spielen Sie es selbst, sollten Sie einen Bogen um Ihre Konkurrenten machen.

Sie werden viele Ausflüge machen, wenn Sie eine **Zither** sehen. Sie werden ganz sicher gesellschaftlich gut ankommen.

MUSKATBLÜTE Sie werden anerkannt für Gemeindearbeit, wenn Sie sie sehen oder riechen.

MUSTERUNG Dies zeigt, daß Sie außergewöhnlich große Kreativität besitzen.

MUT/TAPFERKEIT Ein widersprüchlicher Traum. Mutige Taten zeigen, daß Sie leiden werden, weil Sie sich einfach weigern, sich derzeitigen Problemen zu stellen.

MYTHOS Jede mythische Gestalt bedeutet Ihnen, daß Schmeichelei Ihnen alle Türen öffnet.

NACKTHEIT Nacktheit im Traum ist weit verbreitet. Sehen Sie sich nackt, wird sich die Lage bessern. Sie könnten sogar eine finanzielle Glückssträhne haben. Sehen Sie andere nackt, werden Sie entdecken, daß ein nahestehender Mensch Sie betrügt. Gehen Sie nackt auf der Straße, steht Ihnen eine Enttäuschung bevor. Sind andere nackt, könnte es ein guter Zeitpunkt für die Liebe sein.

Sehen Sie eine **Stripperin** auf der Bühne, haben Sie etwas Indiskretes vor. Tun Sie es nicht, es kommt Sie unter Umständen teuer zu stehen.

Zieht sich ein Kind **aus**, müssen Sie sich behaupten. Ein Mann ist ein Zeichen für Untreue in der Beziehung. Eine Frau zeigt, daß Sie skrupellos sind. Sie schenken Ihre Zuneigung der falschen Person, wenn Sie sich ausziehen. Tun Sie es in der Öffentlichkeit, brauchen Sie eine Verschnaufpause.

NADEL Sich mit einer Nadel stechen: Bald werden Sie mit einem Freund oder Verwandten emotionale Probleme bekommen. Einen Faden einfädeln: Eine Beschäftigung erfordert viel Geduld. Eine Nadel finden: Sie machen sich unnötig Sorgen. Eine verlieren: Seien Sie nicht so leichtsinnig.

NAGEL Einen Nagel einschlagen: Etwas, das Sie für unerreichbar hielten, kann Ihnen gehören – aber dazu müssen Sie sich anstrengen. Funkelnde Nägel bedeuten überraschende Nachrichten, rostige sind ein Zeichen für langsamen Fortschritt.

NÄHEN Schmieden Sie Zukunfstpläne, wenn Sie jemanden nähen sehen. Nähen Sie selbst, bietet sich Ihnen bald eine neue Gelegenheit. Wird mit der Hand genäht, werden Sie hart arbeiten müssen. Mit der Maschine nähen: Sie müssen sehr vorsichtig sein, wem Sie vertrauen.

NAME Wenn Sie sich nicht an Ihren eigenen Namen oder den eines Bekannten erinnern können, weist das darauf hin, daß Sie sich auf ein zweifelhaftes Geschäft eingelassen haben. Spricht man Sie mit dem falschen Namen an, drohen persönliche Probleme, aber dadurch wird vieles verständlicher. Benutzen Sie einen falschen Namen, heißt das, daß Sie sich in letzter Zeit nicht konzentriert haben. Seien Sie aufmerksamer, sonst unterläuft Ihnen ein schlimmer Fehler.

NARBE Ein überraschend positives Zeichen. Haben Sie im Traum selbst eine Narbe, können Sie Ihre Schwierigkeiten meistern. Je größer die Narbe, desto größer Ihre Fähigkeit, Dinge zu klären. Sehen Sie aber Narben bei anderen, folgt bald eine Zeit der Höhen und Tiefen.

NASE Ein verblüffender Erfolg bei einem aufregenden neuen Vorhaben.

NEBEL *Siehe auch:* Wetter. Nebel auf dem Meer bedeutet Probleme mit dem Liebesleben. Nebel auf dem Land steht für ein berufliches Dilemma, an das Sie mit viel Geduld herangehen müssen. Zerstreut sich der Nebel im Traum, wird alles ein gutes Ende nehmen.

NEID Wenn Sie neidisch auf den Besitz eines anderen sind, wird sich Ihr eigener Wohlstand vermehren. Sind Sie neidisch auf Ihr gutes Aussehen, gibt es bald Streit mit Ihrem/r Liebsten. Werden Sie im Traum beneidet, werden Sie bald so geschätzt wie nie zuvor.

NIESEN Alles wird eine Weile reibungslos laufen. Sehen Sie aber andere niesen, werden Sie für Ihre Wünsche kämpfen müssen.

NIETE Für eine Frau heißt das, daß ihre derzeitige Beziehung sie zu sehr einschränkt. Sagen Sie Ihrem Liebsten, er solle nicht so besitzergreifend sein. Für einen Mann bedeutet es irgendein Problem sexueller Art. Wenn es andauert, sollten Sie fachkundigen Rat einholen.

NOBELPREIS Gewinnen Sie ihn, ist es eine Warnung, nicht den Schlauberger zu spielen. Niemand mag Besserwisser. Bekommt ein anderer diesen Preis, hören Sie bald erfreuliche Familiennachrichten.

NORDEN Bemerken Sie diese Himmelsrichtung, werden Sie endlich den richtigen Weg im Leben finden.

NOT Das bezieht sich auf Geldangelegenheiten. Erleiden Sie die Not, ist es ein gutes, günstiges Vorzeichen. Not im Geschäftsleben heißt, Sie werden hochgesteckte Ziele erreichen. Aber Not in der Liebe ist eine Warnung, sich vor Klatsch zu hüten!

NUDELHOLZ Ein erfreuliches Familientreffen steht an, wenn Sie ein Nudelholz in der Küche verwenden. Jeder andere Gebrauch ermahnt Sie, Ihr Temperament zu zügeln.

NULL Sie verschwenden Ihre Zeit. Ändern Sie die Richtung.

NUSSSCHALEN Leere Schalen sind ein Zeichen für sinnlose Bemühungen. Sie können sich noch so sehr anstrengen, es geht einfach nicht.

NYMPHE Eine aufregende Erfahrung in Ihrem Liebesleben wird Sie überraschen.

OBSERVATORIUM Hüten Sie sich vor impulsiven Beziehungen. Sie könnten es sonst früher oder später noch bereuen, Ihre Gefühle anderen gegenüber nicht unter Kontrolle behalten zu haben. Üben Sie Mäßigung im emotionalen Bereich.

OBST Eine Obstschale steht für ein glückliches Leben und Gesundheit. Bitteres oder faules Obst ist ein Zeichen für Traurigkeit. Wildes Obst bedeutet, daß es Ihnen gutgehen wird, Sie aber niemals reich werden.

Essen Sie **Ananas**, werden Sie ein gesellschaftlicher Erfolg sein. Sehen Sie, wie Sie wächst, bringt eine leidenschaftliche Affäre Ihr Blut zum Wallen.

Reife, süße **Äpfel** sind ein Omen für ein günstiges Ereignis. Saure bedeuten, daß Sie sich selbst mit Ihrem dummen Verhalten Ärger einhandeln. Wenn Sie nur Äpfel sehen, werden Sie viel Geld verdienen und ein gutes Leben haben. Apfelmus bedeutet Veränderung zum Besseren.

Wenn Sie **Aprikosen** essen, werden Sie überall – mit Ausnahme von Liebesdingen – Glück haben. Sind sie getrocknet, hüten Sie sich vor einem Heuchler im Freundeskreis.

Backpflaumen träumen. Geschmort sind sie ein Zeichen für bessere Gesundheit.

Der Kauf von **Bananen** kündet von Wohlstand. Eine essen heißt, daß Sie bald gezwungenermaßen eine Pflicht erfüllen müssen. Bananen an der Staude verheißen ein paar kleinere Gewinnsträhnen. Faule Bananen künden eine Enttäuschung durch Freunde an.

Essen Sie **Beeren**, könnten Sie gesundheitliche Probleme bekommen. Beeren pflücken steht für verbesserte Finanzen. Erdbeeren und Himbeeren symbolisieren eine freche, heimliche Liebe. Nur Beeren am Strauch sehen: Ihr gesellschaftlicher Status wird sich verbessern.

Birnen in der Dose sind ein Symbol für unerwarteten Profit. Frische sind ein Zeichen dafür, daß Sie skandalöses Gerede hören werden – und es zu Ihrem Vorteil nutzen können.

Datteln verheißen eine Heirat. Der Kauf zeigt, daß jemand Sie mag. Datteln wachsen sehen bedeutet florierende Geschäfte.

Feigen bedeuten, daß Sie mit dem anderen Geschlecht in eine peinliche Lage geraten werden. Vermeiden Sie das um jeden Preis!

[redacted]

Ihr Liebesleben wird mit Ihren beruflichen Interessen kollidieren, wenn Sie **Grapefruits** sehen. Vertrauen Sie Ihrer Intuition.

Eine **Melone** ist ein Zeichen für Hoffnung oder Überraschung. Etwas, das Sie sich wünschen, wird auftauchen, wenn Sie es am wenigsten erwarten. Die Melone ist die Frucht der Treue: Es wird Zeit, sich auf Ihren Partner einzulassen – er wird Ihnen mit Sicherheit treu sein.

Langsamer, aber stetiger Fortschritt lautet die Botschaft, wenn Sie **Orangen** wachsen oder zum Versand verpackt sehen. Wenn Sie eine essen oder Orangensaft trinken, erleben Sie demnächst eine kurze, aber heftige Liebesaffäre.

Pfirsiche künden von kleinen persönlichen Freuden. Es sind vielleicht nur Kleinigkeiten, die Ihnen aber sicher Freude bereiten.

Pflaumen essen bedeutet Anerkennung im Beruf. Pflaumen in der Dose oder saure Pflaumen signalisieren Enttäuschung.

Eine Veränderung steht bevor, wenn Sie von **Rhabarber** träumen. Wenn er wächst, steht er für neue Freunde. Ihn essen oder kochen heißt: Es ist Zeit, die Stellenanzeigen zu lesen – sie sind in der Arbeit sehr unglücklich.

Trauben bedeuten, daß Sie zuviel Zeit mit unnützem Vergnügen vergeuden. Trauben wachsen sehen oder sehen, wie sie geerntet werden, verkünden eine angenehme Zukunft.

Der Anbau von **Wassermelonen** ist eine Warnung, sich nicht auf eine flüchtige Affäre einzulassen. Wassermelonen essen sagt Reisen vorher.

Eine **Zitrone** lutschen: Bald geraten Sie gesellschaftlich in eine peinliche Situation. Eine auspressen bedeutet: Es ist Zeit zu sparen.

OHRRINGE *Siehe auch:* Schmuck. Goldene Ohrringe bedeuten, daß ein paar temporäre Rückschläge anstehen. Silberne bedeuten, daß andere Sie etwas zu hart beurteilen. Diamanten oder andere Edelsteine in den Ohrringen bedeuten, daß Sie sich nicht ganz auf der Höhe fühlen oder sogar faul sind. Der Kauf von Ohrringen heißt, daß Ihre Ideen etwas zu ausgefallen sind. Ihr Verlust bedeutet, daß der Weg finanziell gesehen steinig ist. Ohrringe finden warnt Sie vor dem Wettspiel. Ohrringe tragen heißt, daß Sie in der Arbeit nicht Ihren Beitrag leisten.

ÖL Auf Öl stoßen: Bald werden Sie reich werden. Etwas ölen: Der Chef wird Ihnen anerkennend auf die Schulter klopfen. Rizinusöl: Sie sind ein bißchen streitsüchtig. Olivenöl sagt eine strahlende Zukunft im Beruf voraus. Sonnenöl bedeutet, daß Sie und Ihr Kollege nicht zusammenpassen. Öl verschütten: Probleme werden auftauchen.

OPIUM Sie haben schlechten Umgang. Und auch wenn es ungerecht ist, beurteilen andere Sie nach dem Umgang, den Sie haben.

OPTIKER Krempeln Sie in der Arbeit die Ärmel hoch, sonst könnten Sie übergangen werden.

ORTE/SCHAUPLÄTZE **Arena**: Seien Sie bei allen geschäftlichen Angelegenheiten vorsichtig. Es lauern Fallen. Sind Sie in der Arena, so hüten Sie sich vor falschen Freunden. Zuschauer in der Arena bedeuten Leid.

Stehen Sie auf einem **Balkon**, könnten Sie Ihre Stelle verlieren. Stehen Sie aber mit jemandem vom anderen Geschlecht auf einem Balkon, gibt das eine heiße Liebesgeschichte! Bricht der Balkon zusammen oder sieht er gefährlich aus, gibt es wahrscheinlich traurige Nachrichten aus der Ferne.

Leben Sie in einem **Bauernhaus**, stehen bessere Zeiten bevor. Ein leeres bedeutet Einsamkeit, ein zerfallenes ist ein sicheres Zeichen dafür, daß Sie jetzt endlich Ihr Privatleben ordnen sollten. Sie stecken in einem Gefühlsdurcheinander.

Träumen Sie von einer **Bücherei**, ist das ein gutes Omen. Es bedeutet, daß Sie viel Selbstvertrauen haben und es mit allen aufnehmen können.

Sie müssen Ihr ganzes Taktgefühl aufbringen, um einen Krach zu vermeiden, wenn Sie einen **Canyon** sehen. Es könnte sich um eine finanzielle Diskussion handeln. Verschieben Sie alle geschäftlichen Besprechungen.

Sind Sie jung und träumen von einer **Dachkammer**, ist das eine Warnung vor Flirts und auch sexueller Promiskuität. Sind Sie älter, verheißt es einen angenehmen Ruhestand.

Ein **Graben** ist wieder ein Hindernistraum. Er bedeutet finanzielle Probleme, wenn Sie darin liegen, und Ärger in der Liebe, wenn Sie hineinfallen. Aber die Sorgen sind unbedeutend.

Einem nahestehenden Menschen wird eine unerwartete Ehre oder eine wohlverdiente Anerkennung zuteil, wenn Sie von einer **Kuppel** träumen.

In eine **Scheune** gehen verheißt Glück bei Ihren derzeitigen Projekten. Fällt sie zusammen oder fängt Sie Feuer, gibt es im Alltag Probleme.

Ein fremdes **Schlafzimmer** bedeutet Veränderungen zum Besseren. Ihr eigenes Schlafzimmer deutet an, daß im Moment alles reibungslos läuft. Sehen Sie ein Hotelschlafzimmer, wird bald dummes Gerede über Sie umgehen. Passen Sie auf. Es könnte Ihnen zusetzen.

Spielhalle: Sie sollten Ihre Zeit sinnvoller nutzen. Gehen Sie durch eine andere Halle, werden Sie beunruhigenden Versuchungen ausgesetzt sein. Sehen Sie eine Arkade, sollten Sie keine Geheimnisse ausplaudern, sonst könnten Ihre eigenen verraten werden.

Eine große **Stadt** zeigt, daß Sie hohe Ideale haben. Wohnen Sie im Traum dort, werden Sie sich verwirklichen.

Durchqueren Sie die **Wüste**, erwartet Sie eine schwierige Zeit in Ihrem Leben. Gibt es dort einen Sandsturm, wird die Lösung Ihrer Probleme viel Zeit in Anspruch nehmen. Eine Oase bedeutet, daß alles nicht so schlimm wird. Sie werden dabei auch etwas zu lachen haben.

PAAR Paarweise angeordnete Dinge kündigen ein sehr ungewöhnliches Ereignis in Ihrem Leben an.

PAGODE Betreten Sie sie, werden Sie ein langwährendes Problem lösen. Kommen Sie aus ihr heraus, sollten Sie daran denken, ein Versprechen zu halten. Sehen Sie eine Pagode, ist mit einer unerwarteten Reise zu rechnen.

PALAST Von außen gesehen, kündet er Verbesserung an. Von innen betrachtet, warnt er Sie vor zu großer Eitelkeit. Ein verfallender Palast kündet das Ende einer romantischen Liaison an.

PANTOMIME Es gibt ein Wort für das, was Ihnen Ihre Freunde derzeit antun – aber ich bin zu höflich, um es zu benutzen. Im Grunde genommen gehen sie Ihnen um den Bart, versuchen aber in Wirklichkeit, Sie hereinzulegen. Suchen Sie sich vertrauenswürdigere Gesellschaft.

PAPIERSCHNEIDEMASCHINE Sie bedeutet, daß Sie sich nicht vor der Arbeit drücken sollten, sonst ziehen Sie den kürzeren.

PAPST Auf dem Thron: Sie sollten Ihre neuen Einfälle in die Tat umsetzen. Sie werden ein Erfolg sein. Ist der Papst von Kardinälen umgeben, tun Sie etwas, das Ihren Freunden gegen den Strich geht. Sind Sie selbst der Papst, erwartet Sie eine friedvolle, glückliche Zukunft. Sprechen Sie mit ihm, werden sich die Probleme mit Ihrem Partner bald lösen.

PARADE Führen Sie eine an, werden Ihre Anstrengungen – wahrscheinlich die beruflichen – anerkannt werden. Laufen Sie in einer mit, ist unerwarteter, unwillkommener Besuch auf dem Weg zu ihnen. Eine Parade ansehen: Eine Gehaltserhöhung ist fällig.

PARFÜM Für eine Frau ist dies ein Zeichen für eine spannende neue Liebesaffäre. Für einen Mann kündet es ein Mißverständnis in der Arbeit an. Parfüm nur riechen: Bald taucht ein leidenschaftlicher neuer Partner auf.

PARK Es erwartet Sie eine aufregende neue Liebesaffäre, wenn Sie einen öffentlichen Park sehen. In einem spazierengehen: Setzen Sie sich nicht zu hohe Ziele. Sich im Park verirren: Sie haben in der Arbeit etwas falsch eingeschätzt.

PARKEN Ein Auto parken: Sie sollten eine Beziehung aufgeben, die Sie nicht mehr reizt.

PARTY Sie werden viel Vergnügen haben, aber nicht viel Geld verdienen, wenn Sie auf einer Party sind. Veranstalten Sie eine, gibt es Streit.

PASS Einen neuen beantragen: Ihr Liebesleben wird aufblühen. Ihn verlieren: Sie werden vom anderen Geschlecht enttäuscht werden. Einen finden: Sie machen sich um jemandes Gesundheit Sorgen. Das ist wirklich unnötig, er ist kerngesund.

PATRONE Ihre Liebesaffäre geht zu Ende.

PEITSCHE Sie haben etwas auf dem Gewissen. Gestehen Sie oder vergessen Sie es.

PELZ *Siehe auch:* Kleidung. Kaufen Sie im Traum einen luxuriösen Pelz, geraten Sie wegen der Eifersucht anderer in Schwierigkeiten. Wenn Sie einen Pelzmantel anziehen, wird sich im Beruf eine wichtige Verbindung anbahnen. All die Kriecherei beim Chef könnte sich letztendlich gelohnt haben. Verschenken Sie einen Pelz, vergeuden Sie Zeit mit riskanten Unternehmungen. Ein weißer Pelz bedeutet, daß Sie einen Freund verlieren werden. Ein schwarzer bedeutet, daß Ihre Ideen einfach nicht funktionieren werden, und ein brauner Pelz verkündet Gefühlsdramen. Träumen Sie von einem Pelz im Schaufenster, werden Ihre Pläne erfolgreich sein, weil Sie sie diesmal durchdacht haben.

PERISKOP Überraschende Neuigkeiten aus der Ferne werden Sie schockieren.

PERLEN *Siehe auch:* Farben/Edelsteine; Schmuck. Sie weisen auf gesellschaftlichen Erfolg hin. Werden Sie aufgefädelt oder gezählt, werden Sie unerwartet Geld erhalten. Wenn Sie sie verlieren oder fallenlassen, wird es ein paar unbedeutende Enttäuschungen für Sie geben.

PFAD Ein breiter Pfad kündet Glück durch Freunde an. Ein schmaler bedeutet, daß Sie bald irgendeinen Kampf ausfechten müssen. Mit Vorsicht werden Sie sich gut aus der Affäre ziehen.

PFEFFERMINZE Gesundheitlich wird es Ihnen besser gehen.

PFEIFE Eine rauchen: Sie werden Ihre eigenen Probleme lösen können.

PFEIFEN Man wird Sie kritisieren, wenn Sie im Traum pfeifen. Hören Sie andere pfeifen, erleidet einer Ihrer derzeitigen Pläne einen Rückschlag.

PFEILE *Siehe auch:* Waffen. Ein zerbrochener Pfeil bedeutet Mißerfolg in der Arbeit. Wenn Sie selbst einen Pfeil kaputt machen, bedeutet das einen Mißerfolg in der Liebe; aber fassen Sie Mut, Sie sollten die Beziehung sowieso besser beenden.

PFLÜGEN Für eine Frau bedeutet es, daß ihr jetziger oder künftiger Ehemann ein robuster harter Arbeiter ist. Bei einem Mann weist es auf eine anpassungsfähige Persönlichkeit hin, die ihm besonders im gesellschaftlichen Leben zugute kommt.

PFÜTZE *Siehe auch:* Wasser. Werden Sie naßgespritzt, werden Sie bald bei einem gesellschaftlichen Ereignis in Verlegenheit geraten. Bleiben Sie trocken und gehen um die Pfütze herum, wird Ihnen jemand aus einer brenzligen Situation helfen.

PILZ Sie werden um das, was Sie wollen, kämpfen müssen. Aber halten Sie durch, dann schaffen Sie es.

PLAN PLäne entwerfen bedeutet: Ein wichtiger neuer Freund wird in Ihr Leben treten. Zeichnen Sie sie selbst, hat eine Sache, auf die Sie sich einlassen wollen, einen Haken. Prüfen Sie sie genau.

PLANET Sie sind unruhig und Ihr Alltagsleben langweilt Sie, wenn Sie andere Planeten sehen. Beschäftigen Sie sich damit als Astronom, werden Ihre derzeitigen Projekte langsame Fortschritte machen, aber erfolgreich sein.

PLANKE Sie könnten beraubt werden. Treffen Sie besondere Vorsichtsmaßnahmen. Laufen Sie auf einer Planke, werden Sie bald vor eine schwierige Wahl gestellt werden. Überstürzen Sie nichts, dann treffen Sie die richtige Entscheidung.

PLASTIK Eine neue Freundschaft wird Sie beglücken und Ihnen nützlich sein.

PLATTE Eine Steinplatte ermahnt Sie, nicht so unflexibel zu sein.

PLATTFORM Auf einer stehen heißt: Demnächst gibt es eine Beförderung. Schwankte die Plattform, müssen Sie bei Ihrem Chef erst noch Eindruck machen, bevor er Sie für eine Beförderung in Erwägung zieht.

POLIZEI/GEFÄNGNISSE Begegnen Sie einem freundlichen Polizisten, hilft Ihnen ein geliebter Mensch. Es bedeutet, daß Sie Ihr Selbstvertrauen wiedererlangen können. Sind Sie selbst ein Polizist, bedeutet das, daß Sie sich in fremde Angelegenheiten eingemischt haben. Auf die Polizeiwache gehen: Sie sind an einem schwierigen beruflichen Projekt beteiligt. Die Wache verlassen: Eine Freundschaft mit jemandem vom anderen Geschlecht wird von Ihrem Partner mißverstanden.

Detektive bedeuten genau das, was Sie vermuten: Sie werden bald ein Geheimnis lüften.

Werden Sie **festgenommen**, wird auf Traurigkeit Freude folgen. Werden andere festgenommen, bekommen Sie ein überraschendes Geschenk. Werden Sie aus der Haft entlassen, werden Sie unerwartet Erfolg haben.

Ein **Gefängnis** im alten Stil ist ein Hindernistraum. Entlassung oder Flucht aus dem Gefängnis bedeuten, daß Ihre Probleme von kurzer Dauer sein werden. Andernfalls liegt ein langer, schwieriger Weg vor Ihnen. Sehen Sie andere im Gefängnis, werden sich Ihre Sorgen bald zerstreuen.

Sehen Sie sich hinter **Gittern**, verheißt das Glück. Sehen Sie nur ein Gefängnis, gibt es in der Familie Glück.

Sind Sie in eine **Grüne Minna** eingesperrt, wird sich Ihr Status verbessern. Werden andere in einer Grünen Minna weggefahren, müssen Sie sich auf zeitweilige Rückschläge gefaßt machen.

Werden Ihnen **Handschellen** angelegt, so handelt es sich um einen widersprüchlichen Traum, der besagt, daß Ihre Sorgen bald ein Ende haben werden. Werden andere in Handschellen gelegt, ist es ein Zeichen für Sicherheit und Schutz. Lassen Sie sie bei jemandem zuschnappen, wird sich Ihr Leben unerwartet verbessern.

Von **Häftlingen** träumen ist ein widersprüchlicher Traum. Ihre Sorgen werden sich bald zerstreuen, es sei denn, der Häftling entkommt. Dann müssen Sie sich gegen einige Höhen und Tiefen wappnen, da jemand Sie am Handeln hindern will. Sind Sie im Traum selbst ein Häftling, werden Sie zu Wohlstand kommen.

Macht die Polizei bei Ihnen eine **Razzia**, weist das auf ein paar kleinere Probleme hin. Verhindern Sie aber eine Festnahme, wird alles gut ausgehen. Sie sind emotionell verwirrt, wenn Sie einen Banküberfall sehen.

Führen Sie ein **Verhör** durch, bedeutet das, daß Sie mit Ihrer Umgebung keine dauerhaften Beziehungen pflegen können. Stand das Ende des Verhörs kurz bevor, gibt es eine erfreuliche Überraschung, wahrscheinlich in Form einer Reise.

POLO Spielen Sie dieses königliche Spiel oder schauen Sie dabei zu, wird Ihr Wohlstand wachsen – wahrscheinlich durch eine Erbschaft.

PORZELLAN (KERAMIK) Sie werden Glück bei sich zu Hause haben. Aber wenn es Risse hat oder zerbrochen ist, wird Ihnen eine unerwünschte Veränderung aufgezwungen. Am Ende geht aber alles gut aus.

POSTAMT Ein leerer Umschlag bedeutet, daß Sie bald aus der Flaute herauskommen. Versiegelte Umschläge sind ein Zeichen dafür, wie beschäftigt Sie derzeit sind. Legen Sie einen Brief ein, werden Sie etwas Verlorengeglaubtes wiederfinden.

Sind Sie ein **Bote**, wird man Ihnen ein lukratives Angebot machen. Kommt einer zu Ihnen, können Sie sich darauf verlassen, daß Ihr Arbeitsplatz nicht gefährdet ist.

Einen **Brief** schreiben: In Gefühlssachen läuft alles für Sie reibungslos. Einen erhalten: Aus der Ferne sind Nachrichten für Sie unterwegs. Einen Brief einwerfen: Ihre derzeitigen Probleme werden sich bald lösen. Ein anonymer Brief bedeutet Gefahr. Ein Liebesbrief besagt, daß Sie eine törichte Affäre bereuen. Ein Kettenbrief sagt eine ungewöhnliche neue Erfahrung voraus. Einen Brief finden: Einer Ihrer Freunde ist unzuverlässig.

Seltene **Briefmarken** künden gute Profite an. Und Ihr Status wird sich erhöhen, wenn Sie Briefe frankieren. Briefmarken kaufen: Sie bekommen eine Gehaltserhöhung. Briefmarken sammeln: Sie werden auf der gesellschaftlichen Leiter eine Stufe aufsteigen.

Sehen Sie einen **Briefträger**, heißt das eindeutig, daß Sie Nachrichten bekommen werden.

Tragen Sie ein **Paket**, laden Sie sich eine Verantwortung auf, die wirklich ein anderer tragen muß. Sagen Sie es ihm! Bekommen Sie ein Paket, werden Sie von jemandem sehr geliebt. Geben Sie eines auf, wird ein Kind etwas tun, was Unglück bringt.

POSTKARTE Eine erhalten: Sie werden in Kürze überraschende Neuigkeiten erfahren. Eine schreiben: Sie betrachten Ihre Probleme nüchtern. Postkarten sammeln: Sie können diese Entscheidung nicht mehr rückgängig machen – egal wie gern Sie es täten.

PREIS Einen Preis gewinnen bedeutet Erfolg. Einen verleihen heißt, daß Sie bald zu Geld kommen.

PRINZ/PRINZESSIN Begegnen Sie einem von beiden, steigt Ihr Prestige ganz gewaltig. Aber einige Ihrer Freunde werden versuchen, das auszunutzen.

PROVIANTBEUTEL Ist er voll, können Sie sich auf schöne Ferien freuen. Ist er leer, wird das Geld eine Weile knapp sein.

PULVER Pulver verschütten: Sie sind verwirrt über einen widersprüchlichen Rat. Bilden Sie sich Ihre eigene Meinung. Schießpulver sagt eine gelungene Flucht aus der Gefahr voraus.

PUMPE Das Geschäft wird aufblühen, wenn sie automatisch ist. Eine Handpumpe zeigt, daß das Leben Ihnen hart zusetzt. Eine Fahrradpumpe warnt Sie davor, nicht um Hilfe bei Ihren Problemen zu bitten. Nur Sie können sie lösen.

PUPPEN *Siehe auch* Kindheit/Kinder. Eine Papierpuppe heißt, daß es irgendwo in Ihrem Liebesleben einen Konkurrenten gibt. Eine Plastikpuppe ist ein Omen für Eifersucht, wahrscheinlich seitens Ihres Partners, und eine Flickenpuppe heißt, daß Ihre jetzigen Erfahrungen sich als nützlich erweisen werden – auch wenn es nicht so aussieht. Eine Lauf- oder Sprechpuppe heißt, daß Sie nicht mit Freunden streiten sollten. Eine Holzpuppe ist ein Zeichen, daß Sie unglücklich sind. Wenn Sie eine Puppe kaufen, wartet ein kleiner Gewinn auf Sie.

PYRAMIDE Beruflicher Erfolg und eine neue Liebesgeschichte sind angesagt. Steigen Sie auf eine Pyramide, haben Sie großes Selbstvertrauen. Steht sie auf dem Kopf oder ist beschädigt, lauern finanzielle Schwierigkeiten.

QUADRAT Diese Form ist ein Zeichen von Sicherheit.

QUARANTÄNE Diese Isolationszeit ist kein gutes Zeichen. Schicken Sie jemanden in Quarantäne, wird ein Projekt, das bisher gut lief, bald zu Ende sein. Sind Sie in Quarantäne, steht ein Bruch mit Ihrem Partner bevor.

QUILT Die luxuriöse Daunenvariante ist ein Zeichen für gestiegenen Wohlstand. Ein Patchworkquilt ist ein Zeichen für häuslichen Frieden.

RABBI Sind Sie Jude, werden Sie durch eigene Anstrengung zu Wohlstand gelangen. Sind Sie kein Jude, bedeutet ein Rabbi, daß Ihre Freunde Ihnen helfen werden, Ihre Ziele zu erreichen. Sind Sie selbst Rabbi, sieht Ihre finanzielle Zukunft rosig aus.

RACHE Sind Sie auf Rache aus, wird Ihr Liebesleben einen schweren Schlag erleiden. Und es wird Probleme in der Arbeit geben, wenn jemand versucht, sich an Ihnen zu rächen.

RAD Ein Autorad bedeutet, daß Sie bald etwas Wichtiges in bezug auf Ihre Arbeit erfahren werden. Ein Wagenrad kündigt nichtige Streitereien mit Ihrem Partner an. Sehen Sie auf dem Jahrmarkt ein Riesenrad, können Sie mit unerwarteten Veränderungen rechnen.

RADIO Radio hören: Eine erfreuliche Begegnung steht vor der Tür. Das Radio einschalten: Sie fühlen sich mit Ihrem Partner unwohl. Eines reparieren: Sie könnten Geld verlieren. Eines kaufen: Sie werden bald Kritik einstecken müssen. Ein altes Transistorradio kündigt eine Reise an, auf der Sie Berufliches mit Angenehmem verbinden können.

RAKETE Ein Zeichen für kurzlebigen Erfolg. Explodiert eine Rakete, bedeutet das familiären Wohlstand.

RANKENFUSSKREBSE *Siehe auch:* Meer/Wasser/Reisen. Sie sind ein Zeichen für einen angenehmen Ruhestand.

RASIERAPPARAT Ein elektrischer ist eine Ermahnung zu mehr Vorsicht. Wenn Sie sich beim Rasieren schneiden: Sie fühlen sich ruhig und zufrieden. Ein kaputter Rasierapparat: Sie verbergen Ihren Schmerz. Eine stumpfe Rasierklinge: Jemand, den Sie lieben, verwirrt Sie. Einen Rasierapparat kaufen: Sie müssen jetzt den Unterschieden zwischen sich und Ihrem Partner ins Auge sehen. Sich rasieren: Sie können sich mit einer bestimmten Situation einfach nicht länger abfinden. Ändern Sie etwas daran.

RATEN Finden Sie die richtige Antwort bei einem Ratespiel, werden Sie eine Einladung erhalten. Rät ein anderer, dann aufgepaßt: In Ihrem Bekanntenkreis gibt es einen Verräter.

RÄUBER Sie verlieben sich Hals über Kopf in jemanden, der Ihre Zuneigung eigentlich nicht verdient. Machen Sie sich nicht zum Narren.

Organisieren Sie einen **Überfall**, dann bereitet Ihnen ein innerer Konflikt derartige Angst, daß Sie ihn am besten sobald wie möglich bereinigen sollten. Nehmen Sie an einem Überfall teil, fehlt Ihnen die Selbstbeherrschung. Sind Sie das Opfer, wartet unerhoffter Gewinn auf Sie.

RAUCH *Siehe auch:* Feuer. Sie werden zu Geld kommen, wenn er aus einem Schornstein kommt. Wenn Sie aber die Quelle nicht kennen, steuern Sie auf eine Enttäuschung zu. Zigarettenrauch kündigt einen wichtigen neuen Freund an.

RAUSCHGOLDGIRLANDEN Eine Erinnerung, daß nicht alles Gold ist, was glänzt – lassen Sie sich nicht von schickem Äußerem täuschen. Kratzen Sie ein wenig an der Oberfläche, und sehen Sie nach, was sich wirklich darunter verbirgt.

RECHEN Ein Metallrechen zeigt, wie hart Sie arbeiten. Ein Holzrechen zeigt, daß Sie bald mit einer kniffligen Situation konfrontiert sein werden. Treten Sie auf einen, erleben Sie eine umwerfende Überraschung. Rechen Sie über etwas, werden Sie zu einer erfreulichen Familienfeier eingeladen werden.

RECHNUNGEN *Siehe auch:* Geld. Ein widersprüchlicher Traum. Sorgen wegen Rechnungen sind ein Hinweis auf eine finanzielle Glückssträhne. Wenn Sie Rechnungen bezahlen oder verschicken, werden Sie finanzielle Unterstützung brauchen.

RECHTLICHE ANGELEGENHEITEN Alles, was mit dem Gesetz oder Rechtsanwälten zu tun hat, signalisiert geschäftliche oder finanzielle Schwierigkeiten. Riskieren Sie nichts, und verleihen Sie kein Geld. Sind Sie im Traum Rechtsanwalt, werden Ihre inneren Kräfte Ihnen Erfolg bescheren. Verteidigen Sie jemanden, haben Freunde aus irgendeinem Grund das Vertrauen in Sie verloren. Wenn Sie Rechtsanwälte nur sehen, haben Sie wegen irgend etwas Schuldgefühle.

Werden Sie **Advokat**, werden Sie Sicherheit und Geld haben. Einen zur Verteidigung einschalten heißt, daß Ihre derzeitigen Projekte zu keinem guten Ende führen. Werden Sie einem Advokaten vorgestellt, machen Sie sich auf schlechte Nachrichten gefaßt.

Träumen Sie davon, jemandem ein **Alibi** zu verschaffen, dann halten Sie Abstand von streitsüchtigen Freunden. Ist es aber das Alibi eines anderen, nahen unerwartet gute Zeiten.

Werden Sie Zeuge eines **Diebstahls**, sollten Sie auf Ihr Geld achten, sonst geht es Ihnen aus. Werden Sie beim Stehlen erwischt, bedeutet das Glück.

Werden Sie vor Gericht **freigesprochen**, stehen Ihnen harte Zeiten mit feindlicher Konkurrenz bevor. Aber beruhigen Sie sich. Sie werden plötzlich siegen.

Wenn ein **Friedensrichter** Sie für schuldig befindet, wird eine Zeitlang nichts planmäßig verlaufen. Sind Sie unschuldig, stehen Ihnen glückliche Zeiten bevor. Sind Sie selbst der Friedensrichter, können Sie mit harter Arbeit erreichen, was Sie wollen.

Achten Sie auf Ihre Geldbörse, wenn Sie ein **Gerichtsgebäude** sehen. Aber keine Angst, wenn Sie nicht so viel Zeit vergeuden, wird sie nicht lange leer sein.

Sind Sie in einer **Gerichtsverhandlung**, heißt das, daß Sie sich eine Weile an Bewährtes halten sollten. Fangen Sie nichts Neues an.

Eine Anerkennung wird Ihnen zuteil werden, wenn Sie sich vor einem **Geschworenengericht** sehen. Sind Sie aber selbst Geschworener, ist das eine Warnung, sich mehr auf Ihre Intuition zu verlassen und nicht mehr auf andere zu hören.

Eine **Kaution** zahlen müssen oder dies anbieten bedeutet, daß Sie überlegen, sich auf eine unkluge Partnerschaft einzulassen. Vermeiden Sie sie in Ihrem eigenen Interesse.

Ein **Richter** ist ein schlechtes Zeichen für die Zukunft. Hindernisse und Schwierigkeiten warten auf Sie. Sie könnten in einen Streit verwickelt werden oder wegen etwas angeklagt werden, was Sie nicht getan haben. Aber alles wird gut.

Sagen Sie vor Gericht **aus**, wird Sie jemand um Hilfe bitten. Sagt ein anderer aus, müssen Sie sich in acht nehmen – man fällt Ihnen in den Rücken.

Sehen Sie Ihren Fall vor der **Schlichtungskommission**, werden Sie bekommen, was Sie wollen. Sind Sie in der Schlichtungskommission, können Sie sich nur mit Taktgefühl aus der Klemme ziehen.

Unterschreiben Sie einen **Vertrag**, werden Sie befördert werden. Weigern Sie sich zu unterschreiben, werden Sie zwar auch befördert, aber es dauert länger, als Sie dachten.

RECHTS Sie werden zwischen Ihrem Vergnügen und Ihren Prinzipien wählen müssen, wenn Sie die rechte Seite von etwas oder eine Rechtskurve sehen. Lassen Sie sich von Ihrem Bewußtsein führen. Rechtliche Angelegenheiten werden gut verlaufen, wenn Sie im Traum Rechtshänder sind.

REGIERUNG Gehören Sie im Traum irgendeiner Partei an, sollten Sie sich vor Ihren Feinden hüten. Aktuelle Pläne werden gutgehen, wenn Sie eine Wahl sehen. Wenn Sie Ihre Stimme abgeben, mangelt es Ihnen an Selbstvertrauen. Setzen Sie sich öfter durch. Vergessen Sie nicht, daß Sie genausogut wie die anderen sind.

REGISTER Wenn Sie eines erstellen, werden Sie befördert. Eines durchlesen ist ein sicheres Zeichen dafür, daß sich Ihr Sexualleben verbessern wird.

REIFEN Einen Reifen wechseln: Sie werden unerwartet Ihre Rücklagen antasten müssen. Ein geplatzter Reifen heißt, daß jemand auf Sie eifersüchtig ist. Kaufen Sie einen neuen Reifen, werden Ihre Sorgen bald verschwinden.

REISE *Siehe auch:* Ankommen/Abreisen. Dies sagt Veränderungen voraus. Bei einer schönen Reise werden sie günstig, bei einer unerfreulichen Reise ungünstig sein.

REISSNAGEL Schlagen Sie einen Reißnagel ein, werden Sie bald einem Freund zu Hilfe eilen. Ziehen Sie ihn heraus, sollten Sie nicht sprechen, wenn Sie nicht dran sind. Das bringt nur Aufregung mit sich.

REKORD Einen Weltrekord brechen. Sie kämpfen um Unabhängigkeit. Keine Angst, Sie bekommen Ihre Freiheit.

RELIGION Ist Religion das Hauptthema Ihres Traums, werden Sie sich bald zufrieden fühlen und den nötigen Seelenfrieden erlangen.

Eine **Abtei** sehen: Ein besonders gutes Omen, um Seelenfrieden zu erlangen. Eine verfallene Abtei weist auf unerwartetes Glück hin – wahrscheinlich in finanzieller Hinsicht. Ein Abt bedeutet, daß Sie Ihre Leidenschaften zügeln sollten. Sind Sie selbst der Abt, werden Sie mehrmals enttäuscht werden. Eine Gruppe von Äbten bedeutet Kummer und Schmerz.

Sind Sie **Agnostiker**, ist das eine Warnung, umsichtiger bei Beziehungen mit dem anderen Geschlecht zu sein.

Ein **Altar** besagt, daß Sie verlorenes Geld finden könnten. Knien Sie vor dem Altar, wird ein geheimer Wunsch in Erfüllung gehen. Einen Altar schmücken bedeutet eine lange Reise, und wenn einer errichtet wird, werden Sie bald zu Geld kommen.

Für ein paar Ihrer guten Taten werden Sie jetzt belohnt, wenn Sie eine **Bibel** sehen. Aber wenn Sie eine aufgeschlagene Bibel auf einem Pult sehen, heißt daß, daß Ihr Geist in Aufruhr ist. Einen Eid auf die Bibel leisten bedeutet, daß Sie sich besser behaupten müssen.

Ein **Bischof** in der Kirche heißt: Eine eingefahrene Situation wird sich positiv verändern. Steht er vor dem Altar, sieht die Zukunft rosig aus. Teilt er die Kommunion aus, wird sich in Ihrer Familie etwas Erfreuliches ereignen.

Von einem **Engel** träumen ist ein ganz besonders gutes Vorzeichen. Es bedeutet, daß andere Menschen Sie viel mehr respektieren werden. Sie werden Erfolg in der Liebe, Frieden und Wohlergehen haben. Sehen Sie sich von Engeln umringt, können Sie sich auf ein glückliches Leben mit vielen vertrauenswürdigen Freunden freuen.

Jedes der Zehn **Gebote** ist ein Hinweis, daß Sie etwas ändern sollten. Sie wissen, daß das, was Sie tun, falsch ist, warum also weitermachen?

Zufriedenheit und Seelenfrieden kann Ihnen gehören, wenn Sie sich an die Umstände anpassen, wenn Sie **Gott** sehen, hören oder wahrnehmen. Beten Sie zu Ihm, werden Sie zu Wohlstand gelangen. Reden Sie mit Ihm, gibt es bald Grund zu großer Freude.

Ein **Gottesdienst** im Freien bedeutet gute Nachrichten. In einer Kirche kündet er Schwierigkeiten an.

Wenn Sie **Gotteslästerung** hören, werden Sie Ihre Ziele verwirklichen. Sprechen Sie selbst gotteslästerlich, wird ein sogenannter Freund Sie in Verlegenheit bringen.

Verehren Sie ein **Götzenbild**, steht Ihnen eine große Enttäuschung bevor. Ein hölzernes Bild bedeutet, daß Sie mehr aufpassen sollten. Ein goldenes bedeutet: Hüten Sie sich vor Eifersucht.

Eine Abendmahl**hostie** heißt, daß Sie sich zuviel zumuten. Irgend etwas wird darunter leiden, wenn Sie zuviel Dinge auf einmal machen wollen.

Träumen Sie von **Jesus**, lautet die Botschaft: Trost im Unglück. Wenn Sie mit Ihm gesprochen oder zu Ihm gebetet haben oder Er Sie berührte, werden Sie wahren Seelenfrieden erlangen.

Die **Jungfrau Maria** ermahnt Sie, mit Ihren Vertraulichkeiten vorsichtig zu sein.

Eine **Kapelle** ist ein Glückszeichen. Sie werden bald wirklich sehr glücklich sein.

Ein **Kardinal** bedeutet baldiges Glück. Teilt er einen Segen aus, spricht Gebete oder geht in einer Prozession mit, stehen neue Erfahrungen, wichtige Veränderungen und berufliche Beförderung an.

Ihr sehnlichster Wunsch kann in Erfüllung gehen, wenn Sie das Äußere einer **Kathedrale** sehen. Ihr Inneres bedeutet Mißerfolg. Aber keine Panik – es gibt auch etwas Gutes an der Sache.

Eine **Kirche** von außen sehen ist ein gutes Omen. Treten Sie aber ein, werden Sie eindeutig von Sorgen gepeinigt. Aber keine Angst. Alle Ihre Sorgen sind im Grunde genommen ein Segen. Ein Kirchhof ist ein Zeichen, daß bald bessere Zeiten kommen.

Ein **Kirchendiener** bedeutet: Überdenken Sie Ihre Angelegenheiten öfter allein. Es könnte eine Enttäuschung bevorstehen, wenn Sie sich keine Zeit zum Nachdenken nehmen.

Eine **Kirchturmspitze** ist ein Omen für wahre Liebe und Freundschaft. Ist der Kirchturm aber verbogen oder geneigt, werden Sie einige Schwierigkeiten meistern müssen, bevor Sie ans Ziel gelangen.

Ein Holz**kreuz** besagt, daß Sie eine Überraschung erleben werden. Ein Goldkreuz bedeutet, daß Ihre Vorgesetzten über Sie reden - und zwar Gutes! Jedes andere Kreuz ist ein Zeichen von Behaglichkeit und Sicherheit.

Seien Sie in der Arbeit nicht so angeberisch, wenn Sie im Traum eine **Nonne** sehen. Sie sind sehr erfolgreich, aber das brauchen Sie nicht dauernd allen zu erzählen. Eine junge Nonne ist ein Symbol für unerfüllte Wünsche. Eine alte weist auf eine Erfahrung hin, die in der Zukunft einmal nützlich sein wird. Eine singende Nonne ist ein Zeichen, daß Sie mit Ihrem Partner fortan ein glückliches Leben führen werden.

Eine **Osterprozession** bedeutet bevorstehende Versuchung. Erliegen Sie ihr nicht. Wenn Sie Ostern feiern, kommen gute Zeiten.

Eine **Predigt** in einer Kirche bedeutet: Ein Projekt, das Ihnen am Herzen liegt, wird durch Verzögerungen vereitelt. Halten Sie die Predigt, so ist Ihr Mißtrauen gegenüber einer bestimmten Person unbegründet.

Wenn Sie eine **Taufe** sehen, wird ein unvorhersehbarer Umstand Ihnen Enttäuschung bereiten. Aber keine Sorge, es werden sich bald neue Türen für Sie öffnen. Wird ein Kind getauft, ist das ein Omen für große Freude.

RELIQUIE Sie zeigt, daß Sie mit beiden Beinen auf dem Boden stehen. Und das liebt man an Ihnen!

RENNEN Wenn Sie im Traum rennen, versuchen Sie, einer mißlichen Lage zu entrinnen. Können Sie nicht rennen, bedeutet das mangelndes Selbstvertrauen. Seien Sie doch etwas forscher. Erschrocken davonlaufen: Etwas, das Ihnen Spaß macht, wird Ihnen entzogen. Einem Gegenstand hinterherlaufen ist ein Zeichen für Wohlstand.

REPARATURWERKSTATT/GARAGE Eine Garage mit lauter neuen Autos ist ein Zeichen dafür, daß eine ältere Person Ihnen bei einem Problem helfen wird, das Sie für unlösbar hielten. Sind die Autos alt, müssen Sie mit jemandem kooperieren – das zahlt sich langfristig aus. Eine leere Garage bei einem Privathaus heißt, daß jemand, dem Sie vertrauen, Sie reinlegt. Stellen Sie Ihr Auto in die Garage, werden Sie durch eigene Bemühungen an Sicherheit gewinnen.

REPARIEREN Kleider flicken: Eine unerwartete neue Einkommensquelle zeichnet sich ab. Vielleicht ist es eine Teilzeitarbeit. Etwas anderes flicken: Es ist Zeit, Ihre Pläne neu zu überdenken – einfach um sicherzugehen, daß Sie das Richtige tun.

RETTUNG Plötzlicher Erfolg wird sich einstellen, wenn Sie jemanden retten. Aber aufgepaßt, wenn Sie gerettet werden müssen. Sie werden in nächster Zeit unfallgefährdet sein.

REVOLUTION Behalten Sie Ihre Geschäfte scharf im Auge, wenn Sie Menschen revoltieren sehen. Ist die Armee beteiligt, sind einige Rückschläge in Ihrem Privatleben unvermeidlich. Blutvergießen ist ein Zeichen, daß Sie in letzter Zeit zu unbesonnen waren.

RIEGEL *Siehe auch:* Türen. Wenn Sie Ihre Türriegel befestigen, wird Sie etwas beleidigen. Ein zerbrochener Riegel ist eine Warnung, daß Sie derzeit viel zu egoistisch sind. Öffnen Sie einen Riegel, bedeutet dies einen Neuanfang an einem anderen Ort. Werden Sie im Traum eingesperrt, braut sich Ärger zusammen.

RIESE Ein Gefahrenzeichen. Aber wenn Sie den Riesen töten, werden Sie Ihre Schwierigkeiten überwinden. Sind Sie der Riese, sollten Sie sich nicht auf riskante Dinge einlassen.

RINDE *Siehe auch:* Bäume/Pflanzen. Baumrinde ist eine Warnung, beim anderen Geschlecht die Sache ruhig angehen zu lassen. Mit der Tür ins Haus fallen kann wirklich Abneigung hervorrufen!

RINGEN Sehen Sie Ringer, dürfen Sie sich auf eine Glückssträhne freuen. Machen Sie bei einem Ringkampf mit, sollten Sie sich vor Glücksspielen hüten.

RITTER *Siehe auch:* Uniform. Ein Glückssymbol. Es ist ein Omen für Schutz und Sicherheit.

ROHR Wenn es wächst, werden sich die Gewinne erhöhen. Wird es geschnitten, sollten Sie mindestens einen Monat lang keine Wetten abschließen! Ein Rohrstock bedeutet ein erfolgreiches Liebesleben, aber erst nach gewisser Zeit. Wenn Sie jemanden schlagen oder selbst mit einem Rohrstock geschlagen werden, sollten Sie vorläufig keine größeren Veränderungen vornehmen. Ist er zerbrochen, werden Sie einen Sieg davontragen, wenn Sie es am wenigsten erwarten.

ROHRE Installations- oder andere Rohre: Durch Ihren Pessimismus machen Sie alles schlimmer. Es wird besser gehen, wenn Sie etwas heiterer sind.

ROLLEN Die Treppen oder einen Abhang herunterrollen: Sie fühlen sich nicht ganz auf der Höhe. Lassen Sie es nicht an anderen aus! Sich im Schlamm wälzen: Sie bürden anderen Ihre Probleme auf, und das ist einfach nicht fair. Etwas vor sich herrollen, zum Beispiel ein Faß, bedeutet: Der Umgang mit den Familienmitgliedern wird sich eine Zeitlang schwierig gestalten.

ROLLO Aufgepaßt, bevor Sie sich in eine neue Liebesaffäre stürzen. Das könnte zu bösem Gerede führen!

ROLLTREPPE Wie bei anderen Träumen bedeutet »aufwärts« Erfolg und »abwärts« Umstellungen. Aber wenn Sie träumen, daß Sie auf einer Rolltreppe nach unten gehen, können Sie am Ende erfolgreich sein, wenn Sie dazu entschlossen sind.

ROST Sie werden unerwarteten Gewinn machen.

RÜCKSTRAHLER An einem Fahrrad bedeutet er, daß Sie besonders in Beziehungen unzuverlässig sind. Lassen Sie die anderen nicht so hängen.

RUHM *Siehe auch:* Erfolg. Wenn Sie träumen, berühmt zu sein, streben Sie nach etwas, das wirklich eine Nummer zu groß für Sie ist. Bleiben Sie bei Ihren Leisten. Träumen Sie von einer berühmten Person, heißt das, daß Sie es weiterhin versuchen sollten. Hilfe naht von unerwarteter Seite.

RUINE Alte Ruinen sind ein Anzeichen für sich verbessernde Umstände. Aber es gibt unerfreuliche Nachrichten von einem Verwandten, wenn etwas Neues ruiniert ist.

SABOTAGE Sie müssen Ihr ganzes Taktgefühl aufbringen, um Streit in der Familie zu verhindern. Seien Sie überzeugend, nicht aggressiv.

SACK Ein voller bedeutet Glück. Ein leerer weist auf Hindernisse hin, die Sie überwinden müssen. Ein Sack Kohlen ist ein Zeichen, daß ein anregendes neues Projekt ansteht. Ein Sack Kartoffeln warnt vor Indiskretionen im sexuellen Bereich.

SÄGE Eine elektrische Säge heißt, daß Sie schlechten Umgang pflegen, und das schadet Ihrem Ruf. Eine Metallsäge kündet mehr Verantwortung an. Eine gewöhnliche Handsäge bedeutet, daß Sie ein paar Probleme bekommen werden, aber die führen zu Veränderungen, die zu Ihrem Besten sein werden.

SAITE Eine Saite befestigen: Ihre Bemühungen werden Ihnen zu dem Gewünschten verhelfen. Eine Saite lösen: Ärger im Liebesleben. Eine Saite abreißen: Sie sollten eine Beziehung abbrechen.

SALBEI Wenn Sie dieses Kraut sehen, dann stehen Veränderungen zum Besseren an.

SALBUNG Erinnern Sie sich an den Film *Reise in die Vergangenheit*? Wie sagte doch Bette Davis: »Warum nach dem Mond greifen, wo wir doch schon die Sterne haben?« Sie hatte ganz recht.

SAMMELN Irgend etwas sammeln – Briefmarken, Münzen usw. – bedeutet, daß Sie bald ein paar neue Freundschaften schließen werden. Wenn Sie etwas bei einer Sammlung spenden, werden Sie bald eine lange Reise machen.

SAND Auf Sand laufen: Sie sind eifersüchtig. Darauf liegen: Sie werden jemandem zu Hilfe eilen müssen. Sand auf den Boden streuen: Das Geld wird Ihnen durch die Finger rinnen.

SATELLIT Denken Sie mehr an sich. Holen Sie sich Rat, aber bilden Sie sich unbedingt eine eigene Meinung.

SATTEL Unter Umständen müssen Sie Ihre Pläne neu überdenken. Prüfen Sie sie genau.

SAUBERKEIT **Heften** Sie im Traum etwas **ab**, sollten Sie sich anderen gegenüber klar und deutlich ausdrücken, sonst könnte es bissiges Gerede geben. Sie haben es darauf abgesehen, Sie zur Zielscheibe zu machen.

Unerwartete Ausgaben kommen auf Sie zu, wenn Sie Ihre **Nägel** säubern und sie maniküren. Planen Sie die Ausgaben schon jetzt in Ihr Budget ein, sonst geht Ihnen nachher das Geld aus.

Bücher in ein Regal **räumen**: Ein Projekt, das Ihrer Meinung aufgegeben war, wird wieder auf den Tisch kommen. Dinge in eine Schublade räumen: Sie machen sich wegen Ihrer Probleme Sorgen. Den Eßtisch decken: Gesundheit und Stärke; ein Zeichen, daß Sie entschlossen und zuversichtlich sind und ein Lob vom Chef verdient haben. Tee- oder Kaffeetassen hinstellen: eine Warnung, Ihre Begeisterung für etwas Bestimmtes zu bremsen.

Machen Sie mit einem **Staubsauger** sauber, werden Sie bald beim anderen Geschlecht erfolgreich sein. Geht er aber kaputt, dann sollten Sie Geschäftliches nicht mit Vergnügen vermischen.

Sehen Sie ein **Zimmermädchen**, wenn Sie auch tatsächlich eines haben, so ist das ein gutes Omen. Andernfalls kündigt dies einen Statusverlust an. Träumt eine Frau, sie sei ein Zimmermädchen, heißt das, daß sie gesellschaftlich eine Stufe höher steigt.

SAUBERMACHEN Je sauberer etwas ist, desto eindringlicher ist die Warnung, sich nicht auf etwas Zweifelhaftes oder Unmoralisches einzulassen. Es mag vielleicht wie ein Spaß aussehen und gewinnversprechend sein, ist es aber einfach nicht wert.

SAUERSTOFF Was immer Ihnen im Weg steht, wird sich in Luft auflösen. Der Weg vor ihnen ist eindeutig und leicht.

SÄULE Einflußreiche Menschen sind bei der Hand, um Sie bei Ihren Zielen zu unterstützen.

SÄURE Das ist eine Warnung. Mit Säuren hantieren bedeutet, daß sich Gefahr durch ein Versprechen zusammenbraut. Wenn andere mit Säure hantieren, bedeutet dies den nahen Tod eines Feindes.

SCHACH *Siehe auch:* Spiele. Schachspielen zeigt, daß Sie entschlossen und geistesgegenwärtig sind. Beim Schachspiel verlieren bedeutet, daß Sie Ihre Ziele zu hoch gesteckt haben. Gewinnen Sie, so ist Geld auf dem Weg. Bei einer einzelnen Schachfigur müssen Sie sehr genau über Ihr Image nachdenken.

SCHACHTEL Eine leere Schachtel bedeutet, daß Ihre Pläne durcheinandergeraten. Aber wenn etwas darin ist, können Sie die Hindernisse überwinden. Wenn Sie eine volle Schachtel öffnen, will Ihnen jemand einen Heiratsantrag machen.

SCHAFOTT Es droht Gefahr durch Ihre eigene Indiskretion.

SCHALLPLATTE Mit Ihrem Liebesleben geht es abwärts, wenn Sie eine Schallpatte auf dem Plattenteller sehen. Eine kaufen: Ihr Selbstbewußtsein könnte etwas angekurbelt werden.

SCHAM *Siehe auch:* Schuld. Sich schämen bedeutet gut laufende Geschäfte. Schämen Sie sich aber wegen etwas Bestimmtem, dann haben Sie ein schlechtes Gewissen.

SCHATTEN Rechtliche Angelegenheiten werden gut laufen, wenn es Ihr eigener Schatten ist. Der Schatten von jemand anderem ist eine Warnung, in nächster Zeit nicht zu verreisen.

SCHATZ Graben Sie nach einem Schatz, dann wird sich Ihr Gesundheitszustand verbessern. Finden Sie einen, dann stellt sich Wohlstand ein.

SCHAUFEL Sie werden mehr Verantwortung bekommen. Benutzt aber ein Totengräber die Schaufel, sind Ihre Finanzen etwas wackelig.

SCHAUKEL Jemand hängt in der Schwebe. Wenn Sie sich gedulden, wird es zu Ihrem Vorteil sein.

SCHERE Ein Omen für eine gescheiterte Beziehung. Benutzen Sie die Schere aber, können Sie etwas durch Handeln schnell bereinigen.

SCHIEBEN Ein widersprüchlicher Traum. Schieben Sie etwas, werden Sie aus eigener Kraft ihre Sorgen überwinden. Je fester Sie schieben, desto erfolgreicher werden Sie Probleme lösen.

SCHILFROHR Eine Ihrer Freundschaften steht auf sehr unsicheren Füßen. Sie können Ihrem Kumpel einfach nicht trauen.

SCHIMMEL Jemand, der Ihnen am Herzen liegt, wird Sie enttäuschen. Sehen Sie Schimmel auf Lebensmitteln, kündigt das eine gelungene Flucht aus Gefahr an.

SCHIRM Dies ist ein Zeichen von Sicherheit. Ist er zerrissen oder umgeklappt, wird es bei Ihren Zielen kleinere Verspätungen und Schwierigkeiten geben. Einen Schirm kaufen: Finanziell geht alles nach Plan. Einen verlieren: Eine Auseinandersetzung in der Arbeit macht Ihnen das Leben schwer.

SCHLAFEN Es kommt häufig vor, daß man sich oder andere im Traum schlafend sieht. Schlafen Sie unruhig, sind Sie gesundheitlich nicht auf der Höhe. Schlafen Sie tief, werden Sie ein paar neue Geschäftsverbindungen knüpfen. Mit jemandem schlafen bedeutet, daß Sie optimistisch und zuversichtlich sind. Ein schnarchender Mann zeigt, daß Ihr Chef Ihren Wert kennt. Schnarcht eine Frau, ist ein finanzielles Projekt zu ehrgeizig.

SCHLAGEN Tun Sie es, werden Sie bald gesellschaftlich in eine peinliche Lage geraten. Bekommen Sie Schläge, bedeutet es gesellschaftlichen Erfolg.

SCHLÄGER Halten Sie Ihre Zunge im Zaum. Sie haben die Tendenz, sehr offenherzig zu sein.

SCHLAMM Ein Glückszeichen. Waten Sie aber im Schlamm, gibt es Ärger in der Familie.

SCHLAUCH Spritzen Sie damit, steht Ihnen ein kleines Abenteuer bevor. Ein Feuerwehrschlauch heißt, daß eine neue Liebesaffäre auf Sie wartet. Einen Garten bewässern bedeutet, daß Sie neue Freundschaften schließen werden.

SCHLEIFEN Irgendein Metall schleifen bedeutet einen Rückschlag in der Arbeit. Holz schleifen bedeutet, daß Sie Ihre Freiheit brauchen. Eine Wand schleifen: Ein Ex-Geliebter wird wieder in Ihr

Leben treten. Schleifen Sie ein Messer, gibt es in der Liebe eine größere Enttäuschung. Schleifpapier: Sie sind zu ehrgeizig.

SCHLEUDERN Wenn Sie ins Schleudern geraten, bedeutet das, daß Sie sich weigern, eine Entscheidung zu treffen. Nur so können Sie zu einer Lösung kommen, also tun Sie es schnellstmöglich.

SCHLITTSCHUH/ROLLSCHUHLAUFEN Eislaufen: Ihre Liebesbeziehung ist von jemandem bedroht, der eifersüchtig auf Sie ist. Rollschuhlaufen ist ein Zeichen, daß Sie sich Sorgen um etwas machen. Nehmen Sie Unterricht, wird sich Ihnen die Chance bieten, in der Arbeit Zeichen zu setzen. Sehen Sie Rollschuhfahrer, werden sich sogenannte Freunde gegen Sie wenden.

SCHLOSS Ist es ein Vorhängeschloß, werden Sie bald gerichtlichen Beistand brauchen. Ein Schloß aussuchen: Sie werden in die Probleme eines anderen hineingezogen. Sperren Sie etwas auf, winkt Ihnen das Glück. Aber wenn es Ihnen nicht gelingt, steht Ihnen Ärger bevor.

SCHLÜSSEL/SCHLÜSSELLOCH *Siehe auch:* Türen. Wenn Sie einen finden, wird sich ein drängendes Problem lösen. Verlieren Sie einen, bedeutet das eine unausweichliche Enttäuschung. Stecken Sie einen Schlüssel in ein Schloß, wird Ihr Liebesleben reibungslos laufen. Ein abgebrochener Schlüssel besagt, daß Sie eine gute Gelegenheit verpaßt haben. Ein Schlüsselbund weist auf geschäftliche Profite hin.

Steckt kein Schlüssel im Schlüsselloch, heißt das, daß einer Ihrer Freunde nicht vertrauenswürdig ist. Gucken Sie oder jemand anderes durch ein Schlüsselloch, sind Sie in letzter Zeit ein bißchen impulsiv. Denken Sie nach, bevor Sie handeln.

SCHMERZ Jeder Schmerz bedeutet, daß Sie kleine, kurzlebige Probleme und Ärgernisse haben.

Tun Ihre **Augen** weh, fühlt sich ein Verwandter unwohl.

Tragen Sie einen **Gipsverband**, werden Sie Ihren Ruf verteidigen müssen – aber daran waren Sie selbst schuld.

Ein unwiderstehlicher **Juckreiz** ist ein deutliches Zeichen, daß Sie sich nach neuen Horizonten und Erfahrungen sehnen. Juckende Hände bedeuten finanzielles Glück. Juckt die Nase, sollten Sie in der Arbeit keine Fehler machen. Ein allgemeiner Juckreiz bedeutet, daß Sie sich zuviel Sorgen machen: Seien Sie ein bißchen heiterer.

Kopfweh bedeutet, daß es eine Zeitlang nicht so gut laufen wird. Und Sie sollten Ihre Geheimnisse für sich behalten.

Ein unbedeutendes **Leiden** heißt: Suchen Sie den Arzt auf. Ein schweres Leiden bedeutet ein wichtiges Ereignis, das gut für Sie sein wird.

Ohrenweh kündet unerfreuliche Nachrichten an.

Qual ist ein widersprüchlicher Traum. Je größer die Qual, desto mehr Freude werden Sie erfahren.

Schmerzen im **Unterleib** bedeuten: Der Erfolg wird sich einstellen.

Zahnschmerzen bedeuten, daß Sie bezüglich einer bestimmten Situation nicht glücklich sind.

SCHMIED Sind Sie im Traum ein Schmied, bedeutet das, daß Sie bald den Glauben an sich verlieren werden. Beschlägt ein Schmied Pferde, werden Sie mit Hindernissen konfrontiert werden; wenn Sie einen Schmied lediglich sehen, so kündet dies von künftigem Pech und sogar Leid.

SCHMIEDE Wenn Sie von einer Schmiede träumen, werden Sie stetige Fortschritte machen. Arbeiten Sie in einer Schmiede, kann etwas Mehrarbeit Ihre Geldsorgen lösen. Funken in der Schmiede bedeuten Familienstreit, wenn Sie sich nicht beherrschen.

SCHMIERE Sehen Sie Schmiere an sich oder auf Ihren Kleidern, wird sich ein geplantes Vorhaben als Riesenfehler erweisen. Fettiges Geschirr oder andere Gegenstände warnen Sie, sich in anderer Leute Angelegenheiten einzumischen. Auch wenn man Sie darum bittet, halten Sie sich raus.

SCHMUCK Ist der Schmuck echt, werden Dinge, für die Sie sich derzeit interessieren, gelingen. Ist es nur Modeschmuck, könnte Sie Ihre Eitelkeit auf Abwege führen. Wenn Sie Schmuck stehlen, sollten Sie bei der Arbeit aufpassen. Schmuck verschenken oder bekommen heißt, daß Sie glücklich sein werden. Schmuck tragen heißt: Sie sollten nicht so impulsiv sein.

Ein **Armband** ist ein Glückszeichen. Tragen Sie eines, wird in Ihrem Liebesleben alles gelingen. Legt es Ihnen jemand um, dann machen Sie sich darauf gefaßt, sich zu verlieben und bald zu heiraten. Wenn Sie ein Armband finden, werden Sie in Kürze jemandem begegnen, der Sie verwirren wird. Wenn Sie eines verlieren, steht Ihnen eine Enttäuschung bevor.

Eine **Brosche** tragen kündigt eine Erbschaft an. Eine zu kaufen bedeutet, daß Sie jemand täuscht. Wenn Sie sie verkaufen, sollten Sie auf Ihr Portemonnaie aufpassen – Sie könnten viel Geld verlieren.

Elfenbein ist ein Glückszeichen. Eine unverheiratete Frau, die davon träumt, wird einen netten, freundlichen Mann heiraten und ein glückliches Familienleben führen.

Legen Sie eine **Halskette** um, so bedeutet das Heirat oder Beförderung in der Arbeit. Sehen Sie eine im Laden, sind Sie auf jemanden eifersüchtig. Eine Perlenkette sagt eine Zeit gedrückter Stimmung voraus. Ist sie gerissen, brauen sich familiäre Streitereien zusammen.

Goldene **Ohrringe** bedeuten zeitweilige Rückschläge. Silberne bedeuten, daß andere Sie zu hart beurteilen. Diamanten oder andere Edelsteine in den Ohrringen bedeuten, daß Sie sich nicht ganz auf der Höhe fühlen oder sogar träge sind. Kaufen Sie Ohrringe, dann sind Ihre Ideen etwas zu extravagant. Wenn Sie sie verlieren, ist der Weg finanziell gesehen steinig. Finden Sie welche, sollten Sie die Finger von diesem Glücksspiel lassen. Wenn Sie welche tragen, geben Sie in der Arbeit nicht Ihr Bestes.

Wenn Sie einen **Ring** verlieren, heißt das, daß Ihre Beziehung mit Ihrem Partner in der Schwebe ist. Ziehen Sie einen Ring ab, werden Ihre Probleme in der Liebe nur von kurzer Dauer sein. Bekommen Sie einen Ring geschenkt, werden Sie eine leidenschaftliche Nacht erleben. Streifen Sie einen Ring über, werden Sie bald auf eine Hochzeit gehen. Es könnte sogar Ihre eigene sein.

Ein **Rosenkranz** besagt, daß eine einflußreiche Person Sie unterstützt und protegiert. Ist der Rosenkranz aus Elfenbein, zeigen Sie im Moment nicht viel Initiative. Ein hölzerner Rosenkranz ist ein Zeichen dafür, daß Sie sentimental sind. Wenn Sie einen kaufen, haben Sie große Hoffnungen für ein neues Projekt.

SCHMUGGELN Diese Leiche im Keller wird bald gefunden werden. Aber keine Angst. Der Wirbel wird sich bald legen.

SCHMUTZ Wenn Sie oder Ihre Kleidung schmutzig sind, sollten Sie sich ärztlich untersuchen lassen. In Schmutz treten oder fallen: Ein Umzug steht bevor. Mit Schmutz werfen oder beworfen werden heißt, daß jemand, dem Sie vertrauten, Ihre Geheimnisse gegen Sie verwenden will. Seien Sie zur Selbstverteidigung bereit.

SCHNEIDER Wenn Sie ihn bei der Arbeit sehen, steht eine unerwartete Reise an. Sind Sie selbst Schneider, sollten Sie Ihre Geheimnisse besser für sich behalten.

SCHÖNHEIT Ein außergewöhnlich gutes Vorzeichen für Erfolg im Geschäfts- und im Liebesleben.

SCHÖPFKELLE Verwenden Sie eine, werden Sie von einem abwesenden Freund hören. Sehen Sie eine, bedeutet das eine geheime Gefahr.

SCHORNSTEIN Ein Fabrikschornstein ist ein Zeichen für unerwarteten Geldsegen. Auf einem Haus bedeutet er, daß der Weg eine Zeitlang steinig sein wird. Ein rauchender Schornstein verheißt gute Nachrichten. Ein zerfallender Schornstein bedeutet ein paar Ärgernisse, aber wenn er tatsächlich einstürzt, gibt es bald etwas zu feiern. Bei einem Schornsteinfeger macht man Ihnen Vorwürfe für etwas, was Sie nicht getan haben.

SCHOSS Eine aufregende neue Liebesaffäre zeichnet sich ab, wenn Sie auf dem Schoß einer Person des anderen Geschlechts sitzen. Fallen Sie herunter, werden Sie durch dummes Benehmen an Prestige verlieren.

SCHRANK Ein unmißverständlicher Traum. Ist er leer, stehen magere Zeiten bevor. Ist er voll, geht es bergauf. Sachen in einen Schrank stellen: Sie können Ihre Verluste wettmachen, aber dazu ist harte Arbeit nötig.

SCHREINER Das ist wirklich ein Zeichen für Glück. Einen Schreiner sehen, einer sein oder einen mieten bedeutet Liebe, Respekt und Glück und vor allem die Zeit, all das zu genießen!

SCHUBKARRE Beladen oder schieben Sie sie, werden Sie eine aufregende neue Freundschaft schließen. Ziehen Sie sie, bedeutet das traurige Nachrichten. Kippen Sie sie um, wird man Sie bitten, neue Verantwortung zu übernehmen.

SCHUBLADEN Eine geschlossene bedeutet, daß Sie einen Rivalen überlisten müssen, um Ihr Ziel zu erreichen. Eine offene bedeutet eine neue Chance, und bei einer vollen ist jetzt der richtige Zeitpunkt für ein neues Vorhaben. Eine leere Schublade kündigt harte Arbeit an, eine verriegelte bedeutet ein paar unvorhergesehene Probleme, die Sie aber mit Geduld bewältigen.

SCHÜCHTERN *Siehe auch:* Beziehungen. Sind Sie schüchtern, werden derzeitige Projekte gut laufen. Sind in Ihrem Traum andere Leute schüchtern, wird jemand, auf den Sie sich verlassen, Sie hereinlegen.

SCHULD *Siehe auch:* Scham. Sind Sie an etwas Schlimmem schuld, ist das nicht unbedingt ein schlechtes Omen, sondern es heißt meistens, daß Ihre Aussichten sich verbessern werden. Werden andere für schuldig befunden, müssen Sie sich als Mann in naher Zukunft an ein paar ungewöhnliche Situationen gewöhnen. Für eine Frau ist es ein Zeichen, daß sie zu empfindlich ist. Wenn Sie die Gestalt des **Judas** sehen, sollten Sie bei neuen Freunden vorsichtig sein. Erst sollen sie ihren Wert beweisen, bevor Sie sich zu sehr auf sie einlassen. Wenn Sie Justitia mit der Waage der Gerechtigkeit sehen, ist Ihnen ein erfolgreiches Spiel sicher.

SCHULE Jede Schulart bedeutet etwas anderes. Sie werden ein paar Veränderungen vornehmen müssen, wenn Sie eine Grundschule sehen. Bei einer Realschule müssen Sie zwischen vielen Wahlmöglichkeiten entscheiden. Ein Internat zeigt, daß Sie hilfreiche Freunde haben. Eine Privatschule bedeutet, daß Sie mit etwas Riskantem konfrontiert werden. Wenn Sie im Traum wieder in die Schule gehen, werden Ihre finanziellen Pläne glücken.

Jede Art von **Akademie** kündet neue Freunde und Erfahrungen an. Aber Vorsicht. Es könnte Sie ein Vermögen kosten.

Für einen Mann bedeutet ein **Diplom** Berge von Geld durch eigene Anstrengungen. Bei einer Frau warnt das Diplom vor zu großer Eitelkeit.

Sehen Sie sich als **Lehrer**, heißt das, daß Sie nicht auf zwei Hochzeiten tanzen können.

Lernen Sie etwas Neues, ist das ein Zeichen, daß Sie sich übernommen haben. Lernen Sie singen, werden Sie zeitweise traurig sein. Lernen Sie tanzen, werden Sie sich mit einer neuen Aktivität beschäftigen.

Durch die **Prüfung** fallen bedeutet, daß Ihre Ziele zu hoch gesteckt sind und Sie die Richtung

ändern sollten. Bestehen Sie die Prüfung, werden sich all Ihre Hoffnungen erfüllen.

Trägt ein Mann im Traum eine **Uniform**, wird sich sein Status erhöhen. Für eine Frau ist es ein gutes Zeichen für ihr Liebesleben.

Schreiben Sie sich an der **Universität** ein, haben Sie einen besonders starken Willen. Besuchen Sie tatsächlich eine, sollten Sie nicht mehr so launisch sein. Arbeiten Sie dort, steht eine glückliche Phase bevor. Promovieren Sie, wird sich Ihnen eine neue berufliche Herausforderung bieten.

Eine **Vorlesung** hören ist ein Zeichen begrenzter Erfolge. Eine halten: Möglicherweise ziehen Sie um.

SCHUPPEN Sie werden eine wichtige Entscheidung treffen müssen. Fischschuppen bedeuten, daß Sie einen falschen Freund haben.

SCHÜSSEL Eine silberne hat einen unerwarteten Umzug zur Folge. Eine goldene zeigt, daß Sie Ihr derzeitiges Ziel erreichen werden. Eine volle Schüssel bedeutet Glück. Eine leere bedeutet, daß Sie eine Zeitlang auf der Stelle treten werden. Zerbrochenes oder beschädigtes Geschirr ist ein Zeichen von Familienzwist.

SCHWANGERSCHAFT Sie machen eine schwere Zeit durch. Für ein Mädchen bedeutet es, daß andere ihr bei der Problemlösung helfen werden. Eine Frau kann nur mit Geduld ihre Ziele erreichen. Träumt ein Mann davon, schwanger zu sein, wird er hart kämpfen müssen, um den erhofften Erfolg einzuheimsen.

SCHWARZES SCHAF *Siehe auch:* Tiere. Sie werden einen überraschenden Gewinn machen. Wenn man Sie »schwarzes Schaf« nennt, ist das eine Warnung, mit dem Klatsch aufzuhören!

SCHWERT Es ist mit kleinen Rückschlägen zu rechnen. Wird das Schwert aus der Scheide gezogen, sollten Sie Ihre finanziellen Probleme klären, sonst verschlimmern sie sich.

SCHWIMMBECKEN Schwimmen Sie in einem Schwimmbecken, gibt es viele Parties. Ist es aber schmutzig oder leer, meiden Sie Glücksspiele: Ihre Tips und Systeme sind leider Reinfälle.

SEGELFLUGZEUG *Siehe auch:* Fliegen. Ein Freund oder Kollege wird Ihnen einen überraschenden Vorschlag machen. Hören Sie auf Ratschläge, bevor Sie sich entscheiden.

SEGEN *Siehe auch:* Religion. Sie werden zu einer Heirat gezwungen werden, wenn Sie einen Segen erteilt bekommen, doch wenn er von einem Priester erteilt wird, ist es ein vielversprechendes Zeichen. Werden andere gesegnet, so bedeutet das für Sie ein glückliches Familienleben. Wenn Sie selbst den Segen geben, werden Sie sich anstrengen müssen, um Hindernisse zu überwinden.

SEIL Aufgerollt ist es ein Zeichen dafür, daß Sie diese schwierige Aufgabe vollbringen werden. Wickeln Sie es ab, wird ein ganz neues Kapitel in Ihrem Leben aufgeschlagen. Gehen Sie auf einem Seil, ist es ein guter Zeitpunkt für eine Wette. Ein Seil hinaufklettern ist ein Zeichen für Glück. Eine Seilabsperrung bedeutet: Jemand betrügt Sie.

SEITENSCHIFF *Siehe auch:* Religion. Das Seitenschiff einer Kirche besagt, daß Sie bald von Schwierigkeiten und Unglück heimgesucht werden. Ist es der Gang eines Theaters, kündet dies den Tod eines Freundes an. Einen Theatergang hinuntergehen bedeutet, daß Sie sich etwas Schlimmes haben zuschulden kommen lassen!

SELBSTMORD Sie brauchen Tapetenwechsel oder müssen sich mehr erholen. Es wächst Ihnen eindeutig alles über den Kopf.

SEXUALITÄT Sind Sie eine Frau und träumen davon, das Geschlecht zu wechseln, dann spricht das für Erfolg in der Familie. Für einen Mann ist es ein Zeichen, daß er bald einen peinliche Schlappe im Bett erleiden wird! Jemanden aufreizen: Sie werden ein Ziel verwirklichen. Aber ist es wirklich ein lohnendes Ziel?

Wenn Sie – egal, ob Mann oder Frau – in ein **Bordell** gehen, wird sich Ihr häusliches Leben tatsächlich verbessern! Träumen Sie davon, umarmt zu werden, sollten Sie Ihre Impulsivität besser zähmen. Das bringt Ihnen nur Ärger ein. Andere umarmen oder andere dabei zu sehen bedeutet, daß ein paar familiäre Zwistigkeiten drohen.

Wenn Sie den **Geschlechtsverkehr** genossen haben, werden Sie sich bereitwillig an neue Umstände anpassen. Sehen Sie anderen beim Verkehr zu, kommen Zufriedenheit und Erfolg zu Ihnen. Wenn aber irgendein Teil dieses Traums unangenehm ist, unterdrücken Sie wahrscheinlich ein emotionales Problem. Ein professioneller Berater könnte helfen.

Ob Sie in einem **Harem** sind oder einen um sich herum sehen – dies ist ein Zeichen, daß Sie mit dem anderen Geschlecht beschäftigt sein werden.

Impotenz ist ein widersprüchlicher Traum und verheißt Erfolg im Liebesleben und bei Ihren anderen Interessen.

Eine **Jungfrau** ist ein Symbol für Glück. Doch wenn sie tot ist, müssen Sie mit Komplikationen am Arbeitsplatz rechnen. Fangen Sie eine Beziehung mit einer Jungfrau an, wird Ihnen das Glück bei allem, was Sie tun, hold sein. Sind Sie selbst eine Jungfrau, sind Sie in einer Sache etwas naiv.

Jemanden zu **küssen** kündet eine neue Liebesaffäre an. Werden Sie von Ihrem Partner geküßt, ist Ihre Partnerschaft ernst gemeint. Einen Toten küssen ist ein Omen für ein langes, glückliches Leben. Ein Baby küssen bedeutet, daß eine vermeintlich schwierige Sache gut laufen wird. Weichen Sie einem Kuß aus, ist mit einer unbedeutenden Krankheit zu rechnen.

Wenn Sie von einer **Prostituierten** träumen, bedeutet das, daß Sie Angst haben, sexuell zu versagen. Werden Sie von einer angesprochen, sollten Sie mit Ihren Schmeicheleien nicht so leichtfertig sein. Sehen Sie sich selbst als Prostituierte, werden erheiternde Nachrichten eintreffen. Gehen Sie zu einer Prostituierten, braut sich zu Hause Ärger zusammen.

Sehen Sie eine **Vergewaltigung**, dann könnte Ihr achtloses Benehmen Sie Ihren guten Ruf kosten. Denken Sie genau nach, sonst enttäuschen Sie andere Menschen.

SICH HINLEGEN Dies kündet eine kurze Krankheit oder Unglück an.

SIEB Kaufen Sie keine Luxusartikel mehr, sonst reicht bald das Geld nicht mehr für das Notwendigste.

SITZEN Sitzen Sie hoch oben, wird sich Ihr Status verbessern. Handelt es sich um einen niedrigen Sitz, wird es Zeit, sich stärker selbst zu behaupten.

SKELETT *Siehe auch:* Menschlicher Körper. Ist es ein menschliches Skelett, warten Sorgen auf Sie. Ein Tierskelett zeigt, daß Sie zu Depressionen und Einsamkeit neigen. Suchen Sie sich neue Freunde. Sehen Sie das Skelett im medizinischen Zusammenhang, stehen neue Ereignisse vor der Tür.

SOMMERSPROSSEN Haben Sie oder andere im Traum Sommersprossen, zeigt das, wie beliebt Sie beim anderen Geschlecht sind.

SONNE *Siehe auch:* Dunkelheit/Licht; Wetter. Hell und klar: Der Erfolg gehört Ihnen. Eine rote Sonne bedeutet einen Kampf, den Sie am Schluß aber gewinnen werden. Ein Sonnenaufgang kündigt an, daß sich Ihnen bald neue Türen auftun werden, und wenn Sie den Sonnenuntergang sehen, warten spannende Veränderungen auf Sie.

SONNENSEGEL Bei einem aufgezogenen Sonnensegel machen Sie neue, merkwürdige Erfahrungen. Ein eingeholtes Sonnensegel bedeutet, daß Sie die Arbeitsstelle wechseln werden.

SONNENUHR Lesen Sie die Zeit ab, wird Ihr innigster Wunsch in Erfüllung gehen. Ansonsten kündigt sie ein paar erfreuliche gesellschaftliche Ereignisse an.

SPIELE Träume von Spielen aller Art künden heftigen Streit mit Ihrem Partner an. Wenn Sie gewinnen, werden sich einige Ihrer Ziele nicht verwirklichen. Verlieren Sie, werden Sie Ihre Feinde bald besiegen. Wenn Sie Spiele in einem Laden verkaufen, machen Sie sich in Sachen Liebe etwas vor. Ihr Partner erzählt Ihnen leider Märchen. Sehen Sie der Realität ins Auge. Bei einem Freundschaftsspiel sind Ihre Beziehungen mit dem anderen Geschlecht etwas instabil.

Wenn Sie **Backgammon** spielen, werden Sie bald auf die Probe gestellt werden. Wenn Sie gewinnen, können Sie mit einer Erbschaft rechnen. Wenn Sie verlieren, müssen Sie mit einem geschäftlichen Verlust rechnen. Wenn Sie andere Backgammon spielen sehen, werden Sie Ihre Konkurrenten aus dem Feld schlagen.

Jedes **Ballspiel** ist ein Zeichen für erfreuliche Neuigkeiten. Kegeln ist meist ein glücksverheißendes Omen – besonders wenn Sie selbst kegeln.

Billard spielen ist ein sicheres Anzeichen dafür, daß sich rechtliche und familiäre Auseinandersetzungen über Eigentum zusammenbrauen.

Fußball bedeutet einen unerwarteten Glücksfall. Jetzt ist der Zeitpunkt, zu wetten oder Ihr finanzielles Glück zu versuchen. Sie könnten dabei steinreich werden. Wenn Sie von einem Fußballspiel träumen, müssen Sie Ihre Freunde sorgfältiger auswählen.

Golf bezieht sich auf das andere Geschlecht. Läuft das Spiel gut, trifft das auch für Ihr Liebesleben zu. Wenn nicht, können Sie sich auf Probleme in Herzensdingen gefaßt machen.

Hockey besagt, daß sich harte Arbeit als erfolgreich erweisen wird.

Wenn Sie **Polo** spielen oder dabei zuschauen, bedeutet dies, daß es Zeit wird, ein neues Hobby zu pflegen oder neue Freundschaften zu schließen.

Erzielen Sie im Traum irgendwelche **Punkte**, lernen Sie bald neue Freunde kennen und es bieten sich Ihnen neue Chancen.

Ein **Tenniscourt** zeigt, daß Sie Verantwortungsgefühl haben. Wenn Sie jemanden Tennis spielen sehen, wartet eine Beförderung auf Sie. Wenn Sie selbst spielen, deutet das an, daß Sie sich nach mehr Unabhängigkeit sehnen.

SPINNWEBEN *Siehe auch:* Insekten. Wenn keine Spinne drinsitzt, stehen ruhige Tage und glückliche Zeiten bevor. Wird ein Netz gesponnen, wird man Sie kritisieren.

SPION Spioniert man Ihnen nach, sollten Sie nicht so unbesonnen sein. Spionieren Sie anderen nach, dürfen Sie mit einem interessanten neuen Angebot rechnen.

SPITZE Sie haben derzeit magnetische Anziehungskräfte auf das andere Geschlecht. Wenn Sie Spitze herstellen, wird ein zweifelhaftes Geschäft Profit abwerfen. Aber lassen Sie sich nicht erwischen. Spitzenvorhänge sind eine Warnung, Ihre Zeit nicht mit frivolen Vergnügen zu vergeuden. Papierspitze bedeutet, Sie sollten nicht dem Anschein trauen.

SPITZNAME Lassen Sie sich nicht auf etwas Neues ein, lautet die Warnung, sondern halten Sie sich eine Weile an Altbewährtes.

SPLITTER Haben Sie sich einen zugezogen, sollten Sie Ihr Temperament zügeln. Hat sich ein anderer einen zugefügt, sollten Sie besser auf Ihre persönlichen Beziehungen achten.

SPRECHEN Sehen und/oder hören Sie sich oder andere mit einem ungewöhnlichen **Akzent** sprechen, dann könnten Nachrichten aus der Ferne eine überstürzte Reise notwendig machen.

Hören Sie einen **Eid** oder leisten Sie einen, werden Sie entweder befördert oder Sie steigen gesellschaftlich eine Stufe höher.

Hüten Sie Ihre Zunge, wenn Sie im Traum **flüstern**. Ein voreiliger Ausbruch könnte Ihnen Ärger einbringen.

Sie machen eine Zeit der Eifersucht durch, wenn Sie jemandes Sprechweise **nachahmen**. Das ist kein besonders glückliches Zeichen.

SPRINGBRUNNEN *Siehe auch:* Wasser. Der Traum von einem sprudelnden Springbrunnen verheißt Ihnen Glück. Ein trockener Springbrunnen kündet eine Zeit der Frustration an.

SPRINGEN Es kommt Hilfe von unerwarteter Seite. Ein Springseil ist ein Zeichen dafür, daß Sie unnötige Selbstzweifel haben.

STAFFELEI *Siehe auch:* Bilder/Malerei. Ein Künstler mit einer Staffelei heißt, daß Sie bald mit voller Kraft voraus segeln werden.

STANGE Nur Ihr starker Wille und Ihre Entschlossenheit können Ihnen zu dem verhelfen, was Sie wollen. Stahlstangen bedeuten Unglück. Messingstangen bedeuten, daß Ihnen jemand untreu ist.

STAPEL Sie haben vergessen, etwas zu tun, wenn Sie Stapel von Gegenständen sehen.

STÄRKE Ein starker Mann ist ein sicheres Zeichen dafür, daß Sie zu hoch hinauswollen. Eine starke Frau bedeutet: Es ist ein guter Zeitpunkt für ein Wettspiel. Zeigen Sie selbst ungewöhnliche Stärke, winkt Ihnen eine leidenschaftliche neue Affäre.

STAUB *Siehe auch:* Sauberkeit. Träume von Staub weisen auf eine Zeit nichtiger Streitereien und unbedeutender Unannehmlichkeiten hin. Aber wenn Sie Staub wischen, werden diese Ärgernisse verschwinden. Eine Staubwolke ist ein Omen für ein bevorstehendes Problem.

STAUSEE *Siehe auch:* Meer/Wasser/Reise. Wasser in einem Stausee ist eine Warnung, nicht impulsiv zu handeln – besonders wenn es um Geld geht.

STECKNADEL Kleinere Enttäuschungen und nichtige Streitereien sind im Anzug. Sich auf eine Stecknadel setzen: Es erwartet Sie eine nette Überraschung! Stechen Sie sich damit, werden Sie jemandes anderen Probleme klären müssen. Finden Sie eine, haben Sie Glück. Ein Nadelkissen ist ein Zeichen für Errungenschaften.

STEIN Trittsteine lassen ein langsames, aber stetiges Vorankommen erwarten. Kopfsteine sind eine Warnung, keine Risiken einzugehen. Mit Steinen werfen ist ein Zeichen dafür, daß Sie einer verpaßten Gelegenheit nachtrauern.

STEINBRUCH Ruhen Sie sich nicht auf Ihren Lorbeeren aus. Es gibt noch eine Menge zu tun. Ein Kalksteinbruch bedeutet finanzielle Probleme. Steine sagen eine Reise voraus.

STEMPEL Ein falscher oder fehlender Stempel warnt Sie vor dem Betrug durch Kollegen. Ein korrekter verspricht Erfolg bei derzeitigen Projekten.

STERN Ein einflußreicher Freund vom anderen Geschlecht wird Ihnen beim Erreichen Ihrer Ziele helfen, wenn Sie einen hellen glitzernden Stern sehen. Viele Sterne stehen für Erfolg. Eine Sternschnuppe bedeutet, daß Sie ihn schließlich erzielen, aber Sie müssen eine Weile warten.

STICKEREI Sticken Sie selbst, dann bedeutet es Glück. Wenn Sie andere sticken sehen, will jemand Sie täuschen.

STIERKAMPF Wenn Sie sich einen Stierkampf ansehen, werden Sie bald entschieden handeln müssen.

STOFF Es kommt auf die Stoffart an. Aber generell gilt: Leinen bedeutet eine Gehaltserhöhung; Wolle steht für Sicherheit; Samt bedeutet Erfolg im Liebesleben; Seide bedeutet ein gutes Sozialleben, und bei Baumwolle sollten Sie etwas diskreter sein. Nylon erinnert Sie daran, daß die Dinge nicht immer so sind, wie sie erscheinen. Sind Sie in Satin gekleidet, ist Ihr Selbstvertrauen groß. Stoff schneiden kündet eine beunruhigende Mitteilung aus der Ferne an.

STOPFEN/FLICKEN Sie werden sich wieder mit einem Freund versöhnen, mit dem Sie Streit hatten. Wenn ein anderer flickt, warnt Sie dies vor leerem Gerede. Jemand, den Sie respektieren, will einfach nicht wissen, ob Sie etwas ausplaudern.

STOSS Sie unterschätzen sich, wenn Sie einen Stoß bekommen. Haben Sie etwas mehr Zutrauen. Geben Sie anderen einen Stoß, dürfen Sie nicht so aggressiv sein. Versuchen Sie es auf die sanfte Methode.

STRÄSSCHEN/GASSE Eine schmale Landstraße heißt, Sie sollten diskreter mit Dingen umgehen, die das andere Geschlecht betreffen. Ist die Straße abgesperrt, plagen Sie persönliche Probleme und Zweifel. Eine dunkle Gasse bedeutet ein großes finanzielles Problem.

STRASSE Wenn Sie sie nicht erkennen, steht ein gewinnträchtiges neues Vorhaben vor der Tür. Eine lange Straße zeigt, daß Sie sich in einer Sache geduldig zeigen müssen. Eine gewundene Straße kündigt eine Überraschung an.

STRASSENPFLASTER Wird ein neues verlegt, laufen Ihre derzeitigen Interessen reibungslos. Aber ein holpriges ermahnt sie, gegen Ihre Eifersucht anzukämpfen. Sie könnten eine geschätzte Position verlieren.

STRICKEN Wenn Sie stricken, werden Sie bald Seelenfrieden erlangen. Lassen Sie aber Maschen fallen, wird der Haussegen eine Weile schief hängen. Ein kompliziertes Muster kündigt die Erneuerung einer alten oder den Beginn einer interessanten neuen Freundschaft an.

STROH Strohballen bedeuten, daß Sie bald genug Geld sparen können. Brennt das Stroh, warnt Sie das vor nachlässigem Umgang mit Ihrem Geld. Ist es naß, tun Sie unter Umständen etwas Dummes. Ein Strohhut besagt, daß der Schein trügt. Ein Strohhalm ist ein Zeichen für größere Verantwortung.

STRUMPFBAND *Siehe auch:* Kleidung. Dies bezieht sich auf Ihr Liebesleben. Bei einem Mann heißt das, daß er im Moment eine ganz bestimmte Dame im Auge hat. Für eine Frau ist es ein Zeichen von Treue.

STUMM/SPRACHLOS Verschlägt es Ihnen im Traum die Sprache, besonders wenn Sie nicht um Hilfe rufen können, ist es ein sicheres Anzeichen dafür, daß Sie bald die Katze aus dem Sack lassen werden. Nicht um Hilfe schreien zu können besagt, daß es Zeit wird, Ihre Meinung für sich zu behalten und Ihre Geheimnisse niemandem weiterzuerzählen, wie glaubwürdig er auch sein mag. Vertrauen Sie eine Zeitlang niemandem, und halten Sie den Mund! Auch Glücksspiele sind tabu. Halten Sie sich in nächster Zeit zurück.

STUNDENGLAS Eine Warnung, gründlich nachzudenken, bevor Sie handeln – überstürzen Sie nichts.

SÜDEN Diese Himmelsrichtung ist ein Zeichen für Sicherheit.

SUMPF Lassen Sie sich nicht entmutigen, wenn Sie das sehen! Halten Sie durch, dann kommen Sie schließlich ans Ziel.

SUMPF Mischen Sie sich nicht in fremde Probleme ein, lautet die Botschaft hier. Geben Sie Ratschläge, aber halten Sie sich unbedingt heraus.

TABLETT Ist es voll, winkt Ihnen das Glück. Wenn Sie es fallenlassen, werden Sie bald Ihre Worte bereuen.

TABLETTE Sie zeigt, daß Sie reizbar sind. Nehmen Sie sie ein, heißt das, daß Sie unentschlossen sind. Tabletten in einer Schachtel: Sie machen sich zu viele Sorgen.

TAL Ist es dunkel, dann werden Sie ein ruhiges, zufriedenes Leben führen. Ist es tief, wird Ihnen ein gewinnträchtiges Vorhaben über den Weg laufen. Ist es grün und üppig, werden Sie für Ihre Wünsche hart arbeiten müssen.

TANZEN Meistens ist es ein gutes Zeichen. Wenn Sie tanzen, erwartet Sie bald ein stattlicher Gewinn. In der Öffentlichkeit tanzen signalisiert ein Treffen, das Ihr Leben verändern könnte. Allein tanzen bedeutet Traurigkeit. Sie können Ihre Hoffnungen getrost begraben, Sie werden nicht bekommen, was Sie wollen.

TAPETE Ihr gesellschaftlicher Status wird sich verbessern, wenn Sie sehen, daß ein Zimmer tapeziert wird.

TASCHE Dieser Traum hängt von der Art der Tasche ab. Eine Papiertüte warnt vor finanziellen Unannehmlichkeiten. Eine Stofftasche bedeutet Erfolg im Geschäft, eine Ledertasche kündet eine unerwartete Reise an. Schwere Taschen sind ein gutes Omen dafür, daß Ihre Träume wahr werden. Eine Tasche tragen bedeutet, daß Sie bald Schulden machen werden. Wenn Sie mehrere tragen, sollten Sie sich vor Verrat durch einen Freund hüten.

TASCHENGELD *Siehe auch:* Geld. Bekommen Sie Taschengeld, stehen glückliche Zeiten bevor. Wenn Sie welches geben, dann hüten Sie sich vor Mißerfolgen in der Familie.

TASCHENTUCH Ein schmutziges Taschentuch kündigt baldigen Streit an. Ist es aus Baumwolle, sollten Sie sich mehr durchsetzen. Ein leinenes Taschentuch ist ein Omen für verborgene Feindseligkeiten. Seide bedeutet, daß gute Zeiten nahen. Ein zerrissenes Taschentuch weist auf eine heikle Situation in der Arbeit hin, und ein verlorenes bedeutet eine gescheiterte Liebesgeschichte. Wenn Sie Ihre Nase putzen, steigen Sie auf der gesellschaftlichen Leiter einen Schritt nach oben, und wenn Sie mit einem Taschentuch winken, werden Sie eine wichtige neue Freundschaft schließen.

TASSE Eine volle Tasse bedeutet Geld. Eine leere bedeutet Umstellungen, also schnallen Sie den Gürtel enger. Eine verzierte oder Geschenktasse:

Sie können vermeiden, sich öffentlich zum Narren zu machen, wenn Sie auf den Rat eines treuen Freundes hören.

TAUBHEIT Beim Verlust Ihres Gehörs werden Sie demnächst viel Geld bekommen. Sind andere taub, werden Sie Ihre jetzigen Probleme bald lösen. Versuchen Sie, sich einem Tauben verständlich zu machen, machen Sie sich leider in einer Liebesgeschichte etwas vor.

TÄUSCHUNG Jemanden im Traum täuschen oder getäuscht werden ist ein Zeichen von Beunruhigung, Sorgen und Einsamkeit. Es verheißt auch Komplikationen oder Verluste in ihrem Berufsleben.

Wenn Sie **lügen**, werden Sie sich durch Ihr eigenes dummes Verhalten Ärger einhandeln. Wenn andere Lügen über Sie verbreiten, werden Sie bald unerwartete Hilfe bekommen.

Genau wie im richtigen Leben ist jede Art von **Maske** ein Versuch, die Wahrheit zu verbergen. Täuschung ist im Gange, auch Eifersucht. Hüten Sie sich davor. Wenn Sie selbst eine Maske aufsetzen, ist es ein Zeichen, daß Sie und Ihr Partner Probleme haben. Sehen Sie sich Ihre Beziehung genau an und versuchen Sie, die Sache ins reine zu bringen.

Ein Traum von **Untreue** ist ein widersprüchliches Omen. Ist Ihnen jemand untreu, wird er Ihnen bald seine Ergebung beweisen. Sind Sie selbst untreu, geraten Sie bald in Versuchung.

Wenn Sie sich in **Verkleidung** sehen, sollten Sie nicht so verschlossen sein – besprechen Sie sich mit einem Freund. Sind andere verkleidet, hat einer Ihrer Pläne etwas Unmoralisches an sich. Denken Sie noch mal darüber nach, sonst könnte das Ergebnis Sie in Verlegenheit bringen.

TAXI *Siehe auch:* Fahren. Fahren Sie allein in einem Taxi, winkt Ihnen ein angenehmes Leben. Sie haben sogar Zeit, Ihr Hobby wiederaufzunehmen. Passen Sie auf, wenn Sie nachts mit jemandem vom anderen Geschlecht in einem Taxi fahren. Ihre eigene Diskretion wird einen Skandal provozieren! Mit Freunden in einem Taxi fahren bedeutet, daß Sie einem Geheimnis auf die Spur kommen.

TEE Kalter Tee kündigt den Bruch einer emotionalen Beziehung an. Heißer Tee: Ihr Scharfsinn wird jemanden vom anderen Geschlecht anziehen.

TEER Dies ist ein Zeichen dafür, daß Sie sich in Ihrem Liebesleben festgefahren haben. Vielleicht wäre ein neuer Partner eine gute Idee? Sehen Sie Teer auf Ihrer Kleidung, sollten Sie Klatsch nicht weitererzählen.

TELEFON Benutzen Sie es, wird sich ein unbedeutender Zwist mit Ihrem Partner zu einem handfesten Krach ausweiten. Nehmen Sie das Telefon ab, werden Sie in den nächsten Tagen von Problemen heimgesucht werden.

TELESKOP Sie sehen im Augenblick einfach nicht klar. Nehmen Sie einen anderen Standpunkt ein.

TENNIS Ein Tennisplatz zeigt, daß Sie Verantwortungsgefühl haben. Wenn jemand Tennis spielt, erwartet Sie in der Arbeit eine Beförderung. Spielen Sie selbst, so sehnen Sie sich nach mehr Unabhängigkeit.

TEPPICH *Siehe auch:* Möbel. Laufende Projekte werden erfolgreich sein, selbst wenn sie im Moment schwierig erscheinen. Teppichklopfen steht für wichtige Neuigkeiten. Ein unansehnlicher, alter Teppich bedeutet, daß Sie Schulden haben.

TESTAMENT Machen Sie Ihr Testament, so sorgen Sie sich unötig um Ihre Gesundheit. Ist es ein fremdes Testament, so spricht das für familiäre Probleme.

TEUFEL Das bedeutet Gefahr. Wenn Sie den Teufel sehen, kommen lockende Versuchungen auf Sie zu – vermeiden Sie sie. Wenn Sie mit dem Teufel reden, ist der Schaden wahrscheinlich schon angerichtet. Sind Sie im Traum selbst der Teufel, stehen unruhige Zeiten bevor.

THEATERKRITIK Dies kündigt Besuch von einer weit entfernt lebenden Person an.

THERMOMETER Veränderungen bahnen sich an. Kaufen Sie eines, dann wird ein Arbeitsprojekt gut gelingen.

TICKET Langersehnte Nachrichten werden eintreffen und Ihnen dabei helfen, klarer zu sehen.

TIEFKÜHLKOST *Siehe auch:* Lebensmittel. Man plant eine spannende Reise oder eine rauschende Party für Sie.

TIERARZT Sehen Sie sich als Tierarzt, werden Sie beruflich erfolgreich sein und mehr Geld verdienen. Suchen Sie einen auf, werden Sie eine Freundschaft schließen, die lange hält. Behandelt er Tiere, wer-

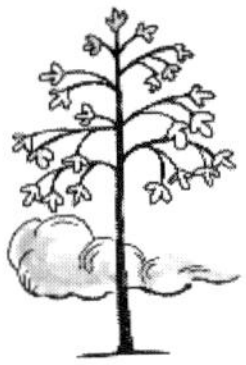

den Sie bald eine bedeutende Entscheidung bezüglich Ihrer Karriere treffen müssen.

TIERE Hier hängt die Deutung von dem jeweiligen Tier ab, aber Tiere zu streicheln bedeutet meistens, daß Sie bald vermögend sein werden. Tiere zu füttern weist ebenfalls auf Wohlstand hin. Sie von sich zu weisen könnte eine bevorstehende Scheidung bedeuten.

Affen in einem Käfig bedeuten, daß Ihnen eine Meinungsverschiedenheit mit Ihrem Partner bevorsteht. Sie weisen auch darauf hin, sich vor einem Störenfried in Ihrem Freundeskreis zu hüten und sich mit größerer Aufmerksamkeit der Arbeit zu widmen. **Affen** warnen Sie davor, daß Sie von Lügen und Täuschung umgeben sind. Wenn Sie Affen füttern, wird ein Freund Sie betrügen.

Ein **Alligator** ist ein Zeichen dafür, daß Sie von Feinden umgeben sind. Sind es mehrere Alligatoren, sollten Sie sich bei neuen Unternehmungen in acht nehmen.

Bankrott könnte bevorstehen, wenn Sie einen **Ameisenbären** sehen. Seien Sie also vorsichtig mit geschäftlichen Abmachungen, und nehmen Sie keine finanziellen Risiken auf sich.

Ein nahestehender Mensch wird sich Ihnen anvertrauen, wenn Sie von einer **Antilope** träumen. Es kann auch ein Zeichen für plötzliche finanzielle Verbesserung sein.

Pech wird es in Ihrem Leben sicher nicht geben, wenn Sie einen **Bären** im Käfig sehen. Erfolg für die Zukunft ist gesichert. Ein tanzender Bär bedeutet: Wagen Sie Ihr Glück im Spiel! Glücksspiele könnten Ihnen Glück bringen. Einen Bären in die Flucht schlagen oder ihn töten heißt, daß Sie Ihre Feinde schlagen werden. Aber wenn er Sie angreift, passen Sie auf. Jemand hat es auf Sie abgesehen.

Büffel verheißen baldigen schnellen Gewinn. Aber wenn Sie sehen, daß ein Büffel getötet oder verletzt wird, sollten Sie gründlich über ein neues geschäftliches Unterfangen nachdenken.

Ihr Geschick im Geschäft wird Ihnen Wohlstand bescheren, wenn Sie von einem **Dachs** träumen. Wenn Sie einen töten, werden Sie sich bald verlieben.

Delphine sind wunderbare Geschöpfe, aber in Träumen leider kein gutes Zeichen. Sie stehen für Probleme, gefährliche Reisen, das Scheitern eines Projekts, das einem am Herzen liegt, oder für die Krankheit eines Freundes.

Mythische **Drachen** bedeuten, daß eine mächtige Person Sie zum Erfolg treiben und es Berge von Geld geben wird.

Gefährliche wilde Tiere verheißen im allgemeinen Pech, und einem wilden **Eber** nachzujagen oder vor ihm davonzurennen bedeutet, daß Sie bald eine große Enttäuschung erleben werden. Wenn Sie ihn aber töten oder sehen, daß er getötet wird, könnte es sein, daß Sie bald befördert werden.

Eichhörnchen füttern: Sie können dank harter Arbeit ein angenehmes Leben führen. Herumrennende Eichhörnchen: mit Ihrem Liebesleben geht es abwärts. Eichhörnchen, die Bäume hinaufklettern, warnen Sie vor finanziellen Nöten.

Ein **Einhorn** ist kein gutes Zeichen. Leute, die nicht so vertrauenswürdig sind, wie Sie anfangs glaubten, bereiten Ihnen Probleme.

Elefanten zeigen, daß Sie sich guter Gesundheit erfreuen. Auch werden Sie jemand Wichtigen kennenlernen, der Ihre Karriere beeinflussen wird.

Esel sind ein Zeichen dafür, daß Sie trotz Ihrer Probleme diese mit ein wenig Geduld überwinden werden. Für ein unverheiratetes Mädchen bedeutet ein Esel, daß ihr künftiger Ehemann ein guter, wenn auch nicht sehr reicher Kerl sein wird. Schreiende Esel bedeuten, daß Sie diese verbotene Affäre beenden sollten; man wird Ihnen bald auf die Schliche kommen, und dann gibt es eine Menge Scherereien. Ein weißer Esel bedeutet, daß Ihr Sexualleben knistern wird.

Fledermäuse, die tagsüber herumfliegen, sind ein Symbol für Beruhigung und Ruhe, aber wenn Sie nachts eine sehen, gibt es bald ein – familiäres oder finanzielles – Problem. Wenn eine Fledermaus an Ihnen vorbeifliegt und Sie streift, soll Sie dies daran erinnern, daß die Pechsträhne bald vorbei sein wird.

Hören Sie nicht auf boshaftes Gerede, wenn Sie ein kuscheliges **Frettchen** sehen. Ist es auf der Jagd, stehen Ihnen ein paar emotionale Dramen bevor.

Ein schlauer alter **Fuchs** repräsentiert jemanden, den Sie nicht mögen oder sogar einen Liebesrivalen. Es ist eine Warnung, ihn im Auge zu behalten. Wenn Sie den Fuchs töten, werden Sie die Rivalen überlisten.

Eine **Giraffe** warnt Sie davor, sich in anderer Leute Angelegenheiten einzumischen.

Ein **Hase** ist ein gutes Zeichen. Rennt er auf Sie zu, dann wird Sie bald ein Freund besuchen. Für eine unverheiratete Frau bedeutet das, daß bald ihr künftiger Ehemann in ihr Leben treten wird. Wenn Sie aber sehen, daß ein Hase gehetzt wird, werden Sie bald mit ernsthaften Risiken konfrontiert werden.

Eine schöne Zeit liegt vor ihnen, wenn in Ihrem Traum ein **Hirsch** erscheint. Ist er in Gefangenschaft oder wird er gejagt, bedeutet er jedoch Enttäuschung; jemand, dem Sie vertrauen, wird Sie im Stich lassen. Wenn Sie einen Hirschen töten oder einen toten sehen, sehen Sie sich Ihre Freunde genau an; einer redet hinter Ihrem Rücken schlecht über Sie.

Hunde symbolisieren Freunde. Ein **freundliches** Hündchen verheißt glückliche Zeiten in guter Gesellschaft. Ein **knurrender** Hund bedeutet: Mißtrauen Sie einem Ihrer Freunde. **Beißt** der Hund tatsächlich, dann führt ein sogenannter Freund etwas gegen Sie im Schild. Ein **bellender** Hund bedeutet, daß Sie bald in Rechtsstreitereien verwickelt werden könnten. Parken Sie deshalb nicht auf durchgezogenen Linien, und versuchen Sie nicht, im Bus schwarzzufahren. **Kämpfende** Hunde bedeuten, daß man Sie bald bitten wird, in einem Streit unter Freunden einzuschreiten. Ein **weißer** Hund ist ein Zeichen für Glück. Ein **schwarzer** bedeutet verräterische Freunde. Ein **Wachhund** sagt einen Streit mit Ihrem/r Geliebten voraus. Ein **Polizeihund** ist ein Zeichen für geschäftliche Auseinandersetzungen, und ein **Blindenhund** bedeutet, daß magere Zeiten vor Ihnen liegen. Ein **streunender** Hund verheißt schlechte Neuigkeiten. Für Verheiratete bedeutet ein Hund, daß sie sich in Kürze mit ihrer besseren Hälfte streiten werden. Singles sollten achtgeben, sie könnten sonst verführt werden!

Eine schwierige Wahl steht Ihnen bevor, wenn Sie von einem **Igel** träumen: entweder Geld zu verdienen, befördert zu werden oder einen Freund zu verlieren. Denken Sie gründlich darüber nach, bevor Sie sich entscheiden.

Das edle, ausdauernde **Kamel** bedeutet, daß Sie in der Arbeit alle Register ziehen müssen, um Schwierigkeiten zu meistern. Auf einem Kamel zu reiten weist auf eine strahlende Zukunft hin.

Ein **Känguruh** sagt eine aufregende, unerwartete Reise voraus.

Kaninchen bedeuten Glück und auch Fruchtbarkeit. Einer verheirateten Frau verheißen sie Schwangerschaft. Eine Gruppe von Kaninchen weist auf eine erfreuliche neue Verantwortung hin. Kaninchenfell bedeutet, daß Sie sich bald einen Nerz leisten können.

Katzen sind meistens kein gutes Omen. Sie bedeuten Täuschung und sind oft ein Zeichen dafür, daß Ihr Partner untreu ist. Wenn Sie eine Katze töten, werden Sie bald in schlechte Gesellschaft geraten. Eine schwarze Katze ist ein Zeichen bevorstehender Krankheit, aber wenn Sie sie verjagen, haben Sie vielleicht überraschend eine Glückssträhne.

Für eine Frau weist ein **Katzenjunges** auf einen erfreulichen Flirt hin, für einen Mann bedeutet es eine Liebesenttäuschung.

Jemand, dem Sie vertrauen, wird Sie bald im Stich lassen, wenn Sie eine **Klapperschlange** sehen. Gehen Sie ihr aus dem Weg, können Sie Ihre Konkurrenten überlisten. Werden Sie von ihr gebissen, steht Ihnen ein Kampf bevor.

Mißtrauen Sie Ihren Kollegen, wenn ein **Krokodil** auftaucht. Wenn es Sie verfolgt oder bedroht, kommen Sie bald in eine glückliche Lage. Schnappt es Sie oder verletzt es Sie, werden die Geschäfte eine Zeitlang schlecht laufen. Wenn Sie ein Krokodil töten, wird Ihr Erfolg Ihre kühnsten Erwartungen übertreffen.

Ein Geschäftskonkurrent wird eine ziemliche Herausforderung für Sie darstellen, wenn Sie von **Kröten** träumen. Wenn Sie Partner haben, befürchte ich, daß diese Sie verschaukeln könnten. Aber wenn Sie eine Kröte töten, ist Ihnen beruflicher Erfolg sicher.

Eine zufrieden grasende **Kuh** verheißt Glück. Aber wenn sie mager ist oder Ihnen nachjagt, ist ein Herzenswunsch in Gefahr. Eine Kuh zu melken bedeutet, daß Sie bald Geld wie Heu haben werden.

Erfolg bei derzeitigen Projekten ist auch dann zu erwarten, wenn Sie von einem **Lama** oder etwas träumen, das aus seiner Wolle gefertigt ist.

Lämmer sind ein Zeichen für eine erhebende Erfahrung. Herumtollende Lämmer verheißen glückliche Zeiten mit der Familie. Bei blökenden Lämmern sehen Sie sich bald mit neuen Verantwortlichkeiten konfrontiert. Ein alter Freund taucht wieder in Ihrem Leben auf, wenn Sie ein verlorenes Lamm

finden. Wenn Sie Lamm essen oder zubereiten, werden Sie bald zu Geld kommen.

Ein ungewöhnliches gesellschaftliches Ereignis oder interessante neue Freunde sind zu erwarten, wenn Sie einen **Leguan** sehen.

Leoparden sind ein Symbol für Feinde oder Konkurrenten. Wenn Sie einen sehen, werden Sie am Ende gewinnen. Wenn Sie einen töten, werden Sie hart um das kämpfen müssen, was Sie haben wollen. Ein rennender Leopard bedeutet eine schwere Krankheit.

Gesellschaftlicher Erfolg könnte sich einstellen, wenn Sie von einem **Löwen** träumen. Brüllt er, werden Sie mit ein bißchen Eifersucht zu kämpfen haben. Ein Löwenjunges verheißt Ihnen einen wertvollen neuen Freund.

Versteckte Feindseligkeit ist die Botschaft des **Luchses**.

Jemand, dem sie vertrauen, droht, Ihnen in den Rücken zu fallen, wenn **Maulwürfe** im Traum auftauchen. Wenn Sie einen fangen oder töten, werden Sie befördert.

Das Hauptthema bei **Mäusen** sind Streitereien mit der Familie oder Freunden. Wenn Sie sie verscheuchen, wird sich alles klären. Haben Sie Angst vor einer Maus, werden Sie in einer gesellschaftlichen Situation in Verlegenheit geraten. Eine Maus zu töten besagt, daß Sie Geld verdienen werden. Wenn Sie eine in einer Falle fangen, gibt es bald unerfreuliche Neuigkeiten. Werden Mäuse von einer Katze gejagt oder getötet, sollten Sie nicht dem Rat anderer folgen, sondern sich auf Ihr eigenes Urteil verlassen.

Nashörner ermahnen Sie, Ihren Pflichten auch wirklich nachzukommen. In einem Zoo bedeuten sie, daß Ihre sexuelle Anziehungskraft auf dem Höhepunkt ist. Eine ganze Zeitlang werden Sie das andere Geschlecht abwehren.

Sie könnten verfolgt werden, wenn Sie sich nicht in acht nehmen. **Nerze** bedeuten schwere Arbeit und wenig Vergnügen. Der Pelz ist eine Warnung, daß Sie zu gierig nach etwas sind.

Ein **Nilpferd** in freier Wildbahn steht für einen Konkurrenten, der gefährlich werden könnte. Ein Nilpferd im Zoo verheißt eine Zukunft voller Enttäuschungen.

Für ein Liebespaar sind **Ochsen** ein gutes Vorzeichen für eine Hochzeit. Auf einem Feld grasende Ochsen bedeuten, daß die Geschäfte gut laufen werden.

Sie werden demnächst neue, interessante Freunde kennenlernen, wenn Sie von einem **Ochsenfrosch** träumen. Wenn Sie einen fangen, seien Sie auf der Hut, jemand hat Ihnen ein Kuckucksei gelegt!

Schlechte Zeiten könnten näher sein, als Sie meinen, wenn Sie einen **Otter** sehen. Versuchen Sie, für diese Zeiten Geld zu sparen.

Die goldigen schwarzäugigen **Pandas** sind ein sicheres Anzeichen dafür, daß Sie sich zuviel Sorgen machen. Einige Ihrer Probleme existieren bloß in Ihrem Kopf.

Paviane hingegen sind ein gutes Zeichen für Singles. Es könnte bald eine Heirat geben. Wenn Sie verheiratet sind, bedeutet ein Pavian gesellschaftlichen Aufstieg und eine glückliche Zeit für Geschäftliches.

Ein **Pferd** ist ein gutes Zeichen, es sei denn, es ist ein schwarzes, denn dann verheißt es Kummer. Auf einem Pferd zu reiten weist auf Glück durch Unabhängigkeit hin.

Ratten verheißen bevorstehende, aber letztlich unbedeutende Probleme. Wenn Sie verliebt sind, ist jemand entschlossen, Ihnen Ihre/n Herzallerliebste/n wegzunehmen. Sind Sie verheiratet, werden sogenannte Frende Sie in Aufregung versetzen.

Ein überraschender Gewinn ist zu erwarten, wenn Sie von einem **Rentier** träumen. Sie werden etwas Verlorengeglaubtes wiederfinden oder entdecken, daß etwas vermeintlich Minderwertiges in Wirklichkeit äußerst wertvoll ist.

Grasende **Schafe** sind ein Zeichen für Glück. Geschorene Schafe verkünden eine baldige Hochzeit. Wenn Sie Schafe im Stall sehen, wird sich Ihnen bald eine gute Gelegenheit bieten. Aber ein leerer Schafsstall zeigt, daß Ihrem Leben die Richtung fehlt.

Schakale bedeuten, daß jemand versucht, Ihren schwachen Punkt zu finden und ihn gegen Sie zu verwenden. Wenn Sie es geschickt anstellen, können Sie ihn überlisten.

Eine **Schlange**, die sich um Sie windet, ist ein Zeichen dafür, daß Sie Sklave Ihrer sexuellen Leidenschaften sind! Beißt eine Schlange Sie, steht Ihnen ein Kampf bevor. Mehrere Schlangen bedeuten, daß jemand, dem Sie vertrauen, Sie bald im Stich lassen wird. Wenn Sie eine Schlange töten, werden Sie trotz Widerstandes erfolgreich sein. Ein Schlangenbeschwörer bedeutet, daß über Sie geredet wird.

Eine **Schnecke** ist kein gutes Omen: Sie sind ein bißchen unzuverlässig und launisch.

Ein sich suhlendes **Schwein** bedeutet, daß man Ihnen in Kürze ein lohnendes geschäftliches Angebot machen wird. Bei einem sauberen Schwein winkt unerwarteter Erfolg. Ein wildes Schwein warnt Sie davor, daß jemand auf Sie eifersüchtig ist und möglicherweise gemeines Gerede über Sie in Umlauf bringt. **Schweine** sind ein gutes Zeichen für die Familie, aber ein schlechtes für die Geschäfte. Je fetter das Schwein, desto besser läuft es zu Hause und desto schlechter im Geschäft.

Seehunde sagen Wohlstand voraus. Aber wenn Sie sie töten, werden Ihre Geschäfte schlecht laufen.

Sie sind zwar ein ganz netter Typ, wenn Sie von einem **Stachelschwein** träumen, aber verletzen andere oft, ohne es zu wissen. Versuchen Sie, sich in deren Lage zu versetzen.

Ein **Stall** voller Kühe bedeutet großen Erfolg. Ein Stall voller Esel verheißt hingegen Probleme bei der Arbeit. Aber Pferde sind ein sicheres Zeichen für Wohlstand.

Sie sehen sich mit harter Konkurrenz in Ihrem Liebesleben konfrontiert, wenn Sie einen **Stier** sehen – allerdings bedeutet ein weißer eine wahre Glückssträhne. Werden Sie von einem verfolgt, so ist ein Geschenk an Sie unterwegs.

Schützende Einflüsse sind um Sie herum am Werk, und Ihre Sorgen werden bald ein Ende haben, wenn Sie von **Walen** träumen.

Ein neues Talent oder Hobby wird Ihnen bald zu Geld verhelfen oder Ihnen viel Freude bereiten, wenn Sie einen **Waschbären** sehen.

Spielen Sie nicht den Fußabtreter! lautet die Botschaft eines **Widders**. Andere buttern Sie unter, und Sie müssen sich jetzt endlich behaupten.

Wiesel weisen Sie darauf hin, daß jemand vom anderen Geschlecht ein verschlagenes Wesen hat. Aufgepaßt!

Wölfe sind ein schlechtes Omen. Einen Wolf jagen bedeutet, daß Gefahr ganz in Ihrer Nähe lauert. Werden Sie von einem Wolf verfolgt, sind Sie wegen etwas allzu besorgt. Aber wenn Sie einen Wolf töten, ist ein kleiner Erfolg zu erwarten.

Eine **Zebra**herde warnt Sie davor, alles auf eine Karte zu setzen. Ein einziges Zebra heißt, daß Ihnen bald von unerwarteter Seite ein Gewinn zufließen wird.

Ziegen sind ein Hinweis darauf, daß Sie nur mit Geduld über Ihre Probleme hinwegkommen. Eine Ziege auf einem Felsen oder hohen Berg verheißt Geldsegen. Werden Sie von einer Ziege mit den Hörnern gestoßen oder verfolgt sie Sie, dann schließen Sie keine Wette ab – Sie können unmöglich gewinnen.

TIERKREISZEICHEN Wenn Sie es sehen oder sich damit beschäftigen, dann winken Ihnen Ruhm und Vermögen.

TINTE Ein Verlust oder eine Trennung könnte bevorstehen, wenn Tinte verschüttet wird. Ein Tintenfleck könnte Krankheit bedeuten. Je größer der Fleck, desto schlimmer die Krankheit. Tinte in ein Faß gießen sagt eine Reise voraus.

TISCHDECKE Eine benutzen: Irgendwie werden Sie die Aufgabe erfüllen, zu deren Erledigung Sie nicht die Kraft zu haben glaubten. Eine zusammenfalten: Man wird Ihnen eine besondere Einladung zukommen lassen. Eine saubere Tischdecke verspricht: Alles in Butter, sowohl beruflich wie privat. Ist sie aber schmutzig, erwarten Sie familiärc Streitigkeiten.

TOD Tod ist selten ein schlechtes Omen. Wenn Sie träumen, Sie seien tot, bedeutet dies das Ende Ihrer Sorgen und einen Neubeginn in Ihrem Leben. Wenn Sie mit einem Toten sprechen, werden Sie bald gute Nachrichten bekommen. Der Tod eines anderen kann eine Geburt bedeuten oder ein kleiner Hinweis sein, langsam zu handeln, weil Sie sich übernehmen. Der Tod eines abwesenden Freundes sagt eine Hochzeit voraus. Hüten Sie sich vor Trauerfällen, dann erfahren Sie bald von einer Geburt, einer Verlobung oder einer Hochzeit. Glück winkt Ihnen, wenn Sie einen Toten flußabwärts treiben sehen.

Von einer **Beerdigung** träumen weist ebenfalls auf die Nachricht von einer Geburt oder Hochzeit hin. Werden Sie lebendig begraben, heißt das, sich nicht auf etwas einzulassen, das unmoralisch ist.

Eine **Beisetzung** ist ein widersprüchlicher Traum. Sehen Sie eine, dann kommt die Nachricht von einer Hochzeit oder Verlobung. Wenn Sie von Ihrer eigenen Beisetzung träumen, werden sich Ihre Sorgen bald zerstreuen.

Asche von einer **Einäscherung** bedeutet eine unerwartete Erbschaft. Wenn Sie Ihre eigene Einäscherung sehen, heißt das, daß Sie sich nicht mehr von anderen beeinflussen lassen sollten. Sie müssen sich auf Ihr eigenes Urteil verlassen. Werden andere eingeäschert, ist es ein Omen für Gesundheit und eine mögliche Erbschaft. Asche in einer Urne signalisiert, daß ein derzeitiges Projekt Sie nicht gerade begeistert.

Andere werden Ihre Handlungen falsch verstehen, wenn Sie eine **Einbalsamierung** sehen.

Sie müssen einfach Ihre Leidenschaften zügeln, wenn Sie im Traum bei einer **Flugzeugkatastrophe** ums Leben kommen.

Ein **Friedhof** ist ein widersprüchlicher Traum. Ein gut gepflegter ist ein Omen für Glück und Wohlstand. Ist er verwahrlost, werden Sie zuerst einigen Ärger haben. Blumen auf ein Grab legen ist ein Zeichen, daß Sie etwas unentschlossen und viel zu empfindlich sind.

Wird jemand mit einem **Gewehr** umgebracht, ist es Zeit, einen unerfreulichen Lebensabschnitt abzuschließen und neu zu beginnen. Geben Sie den unheilvollen Schuß ab, werden Sie mit dem anderen Geschlecht eine Enttäuschung erleben.

Ein **Grab** ist kein gutes Zeichen. Ein neues bedeutet ein nicht gehaltenes Versprechen. Ein vernachlässigtes bedeutet künftiges Herzeleid. Ein offenes Grab sagt traurige Nachrichten aus der Ferne voraus. Ein Grab schaufeln ist ein Omen, daß Sie von jemandem überrundet werden, der, ohne daß Sie davon wissen, mit Ihnen zu konkurrieren versucht.

Jeder wird sich für Ihre Interessen einsetzen, wenn Sie ein **Grabmal** sehen. Aber wenn Sie darin eingeschlossen sind, wird es Zeit für eine ärztliche Untersuchung.

Ein neuer **Grabstein** ist ein Zeichen für eine neue Chance; ein alter bedeutet, daß Sie eine alte Freundschaft erneuern werden.

Ein **Leichenbestatter** ist ebenfalls ein widersprüchliches Symbol. Sie werden bald von einer Hochzeit oder Geburt erfahren. Ein Trauerschleier bedeutet, daß etwas Sie verärgern wird.

Ein **Leichenwagen** heißt, daß Ihre Last im Leben bald leichter wird. Fahren Sie einen Leichenwagen, wird Ihnen bald eine neue Verantwortung erwachsen.

Wenn Sie einen **Nachruf** lesen, werden Sie gute Nachrichten erhalten.

Ein **Sarg** bedeutet nicht unbedingt etwas Schlechtes. Wenn Sie nur einen sehen, bedeutet das, daß Sie bald heiraten oder Besitz erwerben werden. Sehen Sie sich im Sarg, wird sich Ihr Leben in irgendeiner Weise ändern. Aber ein kunstvoller Sarg könnte den Tod eines Partners bedeuten.

Verfassen Sie ihr eigenes **Testament**, heißt das, daß Sie sich unnötig um Ihre Gesundheit sorgen. Jemandes anderen Testament kündigt familiäre Probleme an.

Ein **Totenhemd** heißt, daß Sie auf eine Party eingeladen werden. Ein menschlicher Schädel bedeutet, daß Sie zu einem nahestehenden Menschen kein Vertrauen haben. Ein Tierschädel sagt eine unangenehme Situation voraus.

Wenn Sie jemanden im Traum **umbringen**, ist das ein Zeichen, daß Sie unter großem Streß stehen. Wenn Sie Ihren Vater umbringen, werden Sie ein paar Opfer bringen müssen. Töten Sie Ihre Mutter, werden Sie bald bissige Bemerkungen zu hören bekommen. Wenn Sie Ihre/n Liebste/n umbringen, wird ein Streit die Beziehung bald endgültig beenden. Werden Sie Zeuge eines Mordes, wird es bald unerwünschte Veränderungen geben.

TOILETTE Eine wichtige Angelegenheit, die derzeit in der Schwebe ist, wird erfolgreich abgeschlossen werden.

TOLLWUT Jemand versucht, Ihnen in den Rücken zu fallen, wahrscheinlich ein sogenannter Freund. Betrachten Sie Ihren Bekanntenkreis genau, und finden Sie heraus, wer es ist, bevor es zu spät ist.

TOMBOLA Wenn Sie bei der Tombola gewinnen, werden Sie eine glückliche Zeit durchleben. Wenn

Sie verlieren, wird ein Termin in Ihrem Kalender gestrichen werden.

TOPF Blumentopf: Sie haben vielleicht nicht viel Geld, aber jede Menge Spaß. Kochtöpfe bedeuten, daß Sie nicht so leichtgläubig sein sollten. Zerbrochene Töpfe bedeuten Traurigkeit.

TOR *Siehe auch:* Spiele. Spielen Sie einen Fußballstar und erzielen ein Tor, dann dürfen Sie sich auf neue Freunde und neue Möglichkeiten freuen.

TORE Ein offenes Tor verheißt bedeutende Veränderungen für Sie. Ist es geschlossen, sollten Sie Ihre Probleme nicht mehr aufschieben, sondern sie einfach anpacken. Ein Holz- oder Eisentor bedeutet ein glänzendes Leben. Gold- oder Metalltore ermahnen Sie, bei allem, was Sie tun, vorsichtig zu sein.

TRÄGER Jemand wartet einfach darauf, daß Sie einen Fehler machen, wenn irgendwelche Träger auftauchen. Seien Sie besonders vorsichtig und lassen Sie sich nicht hereinlegen.

TRATSCH Es gibt gute Nachrichten, wenn über Sie getratscht wird. Sich den Tratsch von anderen anhören sagt häuslichen Zwist oder Streit wegen Vermögen voraus. Werden Sie des Geredes beschuldigt oder dabei erwischt, dann sollten Sie eine vertrauliche Mitteilung nicht preisgeben. Das fällt auf Sie zurück.

TRAUERFALL *Siehe auch:* Tod. Ein widersprüchlicher Traum. Bei einem Trauerfall hören Sie wahrscheinlich bald von einer Geburt, einer Verlobung oder Hochzeit.

TREIBHAUS *Siehe auch:* Blumen. Sind Sie in einem Treibhaus, bedeutet das Erfolg und eine strahlende Zukunft.

TREIBSAND Ziehen Sie jemanden heraus, wird Ihr Gehalt ständig steigen. Versinken Sie darin, heißt das, daß Sie sich nicht in fremde Angelegenheiten mischen sollten.

TREPPEN Aufwärts ist gut, abwärts nicht so gut. Stolpern Sie, heißt das, daß Sie nicht so streitsüchtig sein sollten. Treppen putzen kündigt eine unerwartete Veränderung der Lebensumstände an. Eine Holztreppe bedeutet, daß Sie bei der Arbeit Fehler machen.

TRESOR Ist er voll, stehen beunruhigende Zeiten bevor. Ein leerer Tresor ist ein Zeichen für großen Erfolg.

TRETEN Tritt Sie jemand, fürchten Sie die Konkurrenz. Wenn Sie treten, wird sich die Lage bessern. Vielleicht werden Sie sogar bald befördert. Schießen Sie einen Ball, sind gute Nachrichten unterwegs. Ein Tritt in den Hintern bedeutet einen kontinuierlichen Statusaufschwung. Wenn Sie aber jemanden getreten haben, ist ein anderer eifersüchtig auf Sie.

TROMMELN *Siehe auch:* Geräusche. Sie werden ein paar Riesenerfolge haben. Spielen Sie selbst Trommel, werden sie einfach wunderbar sein. Trommelschlegel ohne Trommel bedeuten, daß Sie absolut korrekt sein müssen bei allem, was Sie tun. Betrügen Sie nicht das Finanzamt. Es wird Ihnen am Ende auf die Schliche kommen!

TRUHE Eine breite Truhe bedeutet, Sie müssen aufpassen, sonst verschulden Sie sich. Eine kleine bedeutet, daß in Ihrem Liebesleben alles in Ordnung ist. Eine leere Truhe bedeutet eine unbedeutende Enttäuschung. Ist sie voll, wird die ganze Familie an einem Strang ziehen, aber erst nach einigen Meinungsverschiedenheiten.

TRUNKENHEIT *Siehe auch:* Getränke. Sehen Sie einen Betrunkenen in einer Kneipe, heißt das, daß es Ihnen körperlich nicht besonders gut geht. Betrinken Sie sich selbst, sind ein paar kleine Gewinne zu erwarten. Ein Betrunkener auf der Straße bedeutet, daß Sie zuviel Geld ausgeben. Ein singender Betrunkener ist ein sicheres Zeichen dafür, daß Sie nicht genug Selbstvertrauen haben.

TUNNEL Ein Hindernistraum, wenn Sie sich durch den Tunnel kämpfen. Ansonsten bedeutet es Veränderungen. Schaffen Sie es bis ans andere Ende, dann winkt Ihnen das Glück.

TÜREN Wenn Sie jemanden **anklopfen** hören, wird Ihnen bald das Glück hold sein. Klopfen Sie selbst an, sind Sie nostalgisch. Aber versuchen Sie nicht, die Vergangenheit zurückzuholen, es wird nie mehr so sein wie damals.

Eine **Drehtür** ist ein sicheres Anzeichen dafür, daß Sie im Trott sind. Probieren Sie etwas Neues aus. Wer weiß, vielleicht gefällt Ihnen das besser.

Der **Eingang** eines Gebäudes bedeutet, daß Sie sich unsicher fühlen. Raffen Sie sich auf, dann fühlen Sie sich sicherer.

Schockierende Nachrichten wird es geben, wenn Sie von einer **Falltür** träumen. Lassen Sie sich davon nicht zu übereilten Entscheidungen hinreißen.

Eine **offene** Tür besagt, daß sich Ihre Hoffnungen bald erfüllen werden. Sehen Sie mehr als eine Tür, bieten sich Ihnen bald mehrere gute Gelegenheiten.

Rostige **Türangeln** bedeuten familiäre Probleme. Quietschen sie, geht bösartiges Gerede über Sie um.

Gibt es eine **Türglocke** und Sie drücken darauf, werden Sie einen aufregenden neuen Freund kennenlernen. Wenn Sie die Glocke läuten hören, wird Sie bald eine neue Beschäftigung entzücken.

Bei einem **Türgriff** können Sie mit einer ungewöhnlichen Glückssträhne rechnen. Jetzt könnte ein guter Zeitpunkt für ein Wettspiel sein.

Geschlossene oder **verriegelte** Türen bedeuten, daß Sie verpaßten Gelegenheiten nachtrauern. Sie können nichts daran ändern, also vergeuden Sie nicht Ihre Zeit damit.

UEBERFLUSS Überfluß an etwas ist eine Warnung, sparsam mit Ihren Ressourcen umzugehen. Überfluß an vielen Dingen ist ein sehr gutes Zeichen.

ÜBERNATÜRLICHES Ihr gesellschaftliches Leben erlebt einen Aufschwung, wenn Sie eine **Hexe** sehen, aber für das Liebesleben ist sie kein gutes Zeichen. Sie könnten bald ernüchtert werden.

Jede Art von **Magie** bedeutet unerwartete Veränderungen. Sie sind vielleicht anfangs schwer begreiflich, werden aber schließlich einen Sinn ergeben.

Das **Okkulte** besagt, daß Sie bald eine Geheiminformation erhalten werden, die Sie zu Ihrem Vorteil nutzen können.

Eine **Seance** ist ein Zeichen dafür, daß Sie nicht zu stolz sein sollten, um jemanden um Hilfe zu bitten.

ÜBERSCHWEMMUNG Wenn Sie von einer kleinen Überschwemmung träumen, werden Ihre Sorgen von kurzer Dauer sein. Eine Sturmflut bedeutet Sorgen. Das Leben wird eine Zeitlang schwer sein. Werden Sie von der Flut weggespült, nutzt Sie jemand vom anderen Geschlecht aus – vertrauen Sie ihm nicht. Retten Sie sich vor der Flut, wird Ihnen jemand bei der Bewältigung Ihrer Probleme helfen.

ÜBERSETZER Siehe auch: Sprechen. Geldprobleme stehen im Vordergrund, wenn Sie als Übersetzer arbeiten oder einen beauftragen.

ÜBUNG Ein Glückstraum, wenn Ihnen die Übung Spaß gemacht hat. Wenn Sie danach müde waren, dann erzwingen Sie in einer Sache nichts – Sie werden es bereuen.

UMARMUNG *Siehe auch:* Sexualität. Werden Sie im Traum umarmt, sollten Sie besser Ihr impulsives Verhalten zügeln. Es wird Sie in Schwierigkeiten bringen. Jemand anderen umarmen oder sehen, wie sich andere umarmen, bedeutet, daß sich familiäre Streitereien anbahnen.

UMSCHLAG Ist er leer, werden Sie bald aus der Flaute herauskommen. Versiegelte Umschläge sind ein Zeichen dafür, wie beschäftigt Sie sind. Stecken Sie einen Brief in einen Umschlag, dann werden Sie etwas Verlorengeglaubtes wiederfinden.

UNEHELICHES KIND Ein widersprüchlicher Traum. Wenn Sie im Traum eines sind, wird Ihnen bald ungewöhnliche Ehre zuteil. Ist es jemand anderes, wird sich Ihre gesellschaftliche Stellung verbessern. Haben Sie ein uneheliches Kind, werden Sie bald etwas bereuen.

UNFALL Die Bedeutung dieses Traums hängt von den Umständen des Unfalls ab, aber meistens ist er eine Warnung. Ist es ein Autounfall, sollten Sie eine Zeitlang nicht öfter als notwendig verreisen. Unfälle zur See beziehen sich auf Liebesaffären, Unfälle zu Lande auf geschäftliche Angelegenheiten. Versuchen Sie, Dinge, die im Traum erscheinen, zu meiden, zum Beispiel Strom, Messer, Feuer usw.

UNGEDULD Treffen Sie keine überstürzten Entscheidungen. Ihnen stehen verwirrende Zeiten bevor, gehen Sie die Dinge ruhig an.

UNGEHEUER Kein gutes Zeichen. Sie machen anderen mit Ihrer Deprimiertheit und Ihrem Pessimismus das Leben schwer. Greift ein Ungeheuer Sie an oder verfolgt Sie, heißt das, daß Sie vor kurzem bitter enttäuscht wurden. Sie werden darüber hinwegkommen.

UNIFORM Trägt ein Mann im Traum eine Uniform, wird sich sein Status in irgendeiner Weise erhöhen. Für eine Frau ist es ein gutes Zeichen für ihr Liebesleben.

Jede Art **Abzeichen**, ob Sie es selbst tragen oder ein anderer, bezieht sich auf die Sicherheit Ihrer Arbeit, Ihrer Familie oder Ihres Geldes – was Ihnen am wichtigsten ist.

Sehen Sie einen **Admiral**, verheißt das gesellschaftlichen und beruflichen Erfolg. Sind Sie der Admiral, sind gefährliche Liebschaften zu erwarten.

Für eine Frau bedeuten **Epauletten** eine prickelnde neue Liebesaffäre, für einen Mann Beförderung oder Gehaltserhöhung.

Eine wehende **Fahne**: Sie bekommen ein paar Einladungen zu Parties. Eine Fahne hissen oder einholen heißt: Geld ist unterwegs. Mehrere Fahnen: Es gibt jemanden, der Sie mag.

Seien Sie etwas organisierter, sonst gibt es ein Durcheinander, wenn Sie Leute mit **Helmen** sehen. Tragen Sie selbst einen, heißt das, Sie sollten nicht so verschwenderisch sein.

Sehen Sie **Insignien**, dann werden Sie trotz gegnerischen Widerstandes vorankommen. Tragen Sie Insignien, haben Sie bald eine aufregende neue Liebesaffäre.

Sehen Sie **Kadetten** in Uniform, müssen Sie hart arbeiten. Sind sie beim Drill, heißt das, daß Sie jemand betrügt. Eine Frau wird Sie betrügen, wenn die Kadetten graduiert werden.

Ein **Kapitän** bedeutet für einen Mann berufliche Beförderung. Für eine Frau ist er eine Ermahnung, sich vor eifersüchtigen Freunden zu hüten.

Ein **Offizier** in der Armee ist ein Zeichen von Sicherheit und Schutz. Ein Polizeibeamter warnt Sie davor, daß ein Freund leichtsinnig mit seinem Geld umgehen wird und Sie in die Zwangslage hineingezogen werden.

Ratsherren sind eine Warnung vor Glücksspielen. Sind Sie selbst einer, zeichnen sich unüberwindliche Schwierigkeiten am Horizont ab. Sehen Sie andere Leute mit Ratsherren, müssen Sie sich vor eifersüchtigen Freunden hüten.

Sehen Sie als Frau einen **Soldaten**, warnt er Sie vor einer flüchtigen Affäre. Für einen Mann kündigt er berufliche Veränderungen an.

UNSICHTBARKEIT Schnelle, unerwartete Veränderungen stehen bevor. Aber keine Angst, sie sind zu Ihrem Besten.

UNTERHALTSZAHLUNG *Siehe auch:* Geld. Für gedankenlose Vergnügen muß bezahlt werden, und genau das sagt Ihnen dieser Traum, wenn Sie der Unterhaltzahlende sind. Bekommen Sie welchen, so geht ein langgehegter Wunsch in Erfüllung.

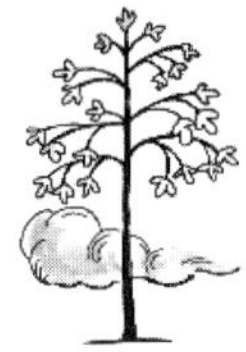

UNTREUE *Siehe auch:* Täuschung; Beziehungen. Wenn im Traum Ihr Partner oder ein Freund Ihnen untreu ist, ist alles in Ordnung. Das heißt nämlich, daß Sie ihnen vertrauen können. Sind Sie aber selbst untreu, sehen Sie sich bald Versuchungen ausgesetzt. Widerstehen Sie ihnen.

UNVERHEIRATETE FRAU Mehr als eine: Es gibt bald ein paar erfreuliche gesellschaftliche Ereignisse. Ist Sie vom Typ alte Jungfer, sollten Sie nicht so impulsiv sein. Sind Sie selbst eine, wird sich an Ihren Umständen unerwartet etwas ändern.

UNWOHLSEIN *Siehe auch:* Krankheit. Dieser widersprüchliche Traum weist auf glückliche Zeiten hin. Ist ein Bekannter krank, bedeutet das Glück für ihn.

URINIEREN Urinieren Sie auf den Boden, sehen Sie sich momentan mit einem schwierigen Problem konfrontiert. Tun Sie es auf der Straße, haben Sie wegen einer früheren Handlung Schuldgefühle. Machen Sie im Traum ins Bett, erhalten Sie bald Geld. Und Sie und Ihr Partner werden sich gehörig in die Haare kriegen, wenn Sie sehen, daß ein Kind in die Hose macht.

URKUNDE Wenn Sie eine verlangen, heißt das, daß Sie jemandem nicht trauen. Eine Geburtsurkunde verkündet neues Leben und bedeutet positive Veränderungen für Sie. Ein ärztliches Attest zeugt von guter Gesundheit, aber ein Todesschein signalisiert familiäre Unruhen.

URNE *Siehe auch:* Tod. Eine Holzurne ist ein Zeichen für Wohlstand. Ist sie aus Porzellan, heißt das, daß Sie in letzter Zeit zuviel tratschen. Ist Asche in der Urne, begeistert Sie ein derzeitiges Projekt gar nicht. Ist sie zerbrochen, dann kämpfen Sie gerade gegen Ihre Schüchternheit bezüglich einer Sache an.

VAMPIR *Siehe auch:* Blut. Sie sehen der Zukunft mit großer Besorgnis entgegen. Beißt Sie der Vampir, dann machen Sie sich auf eine unerfreuliche Begegnung gefaßt. Töten Sie einen Vampir, warten bessere Zeiten auf Sie.

VERANDA Sitzen Sie auf einer Veranda, werden die Sorgen in Ihrem Liebesleben bald verschwinden. Schlafen Sie dort, sollten Sie sich schützen: Jemand will Ihnen in den Rücken fallen! Sehen Sie Blumen auf der Veranda, bekommen Sie bald eine nette Überraschung.

VERÄNDERUNG/TRANSFORMATION Wenn Sie sich an ungewöhnliche Bedingungen **anpassen**, bedeutet dies eine sichere finanzielle Zukunft.

Wenn Sie im Traum **größer werden**, wächst Ihr Selbstvertrauen täglich. Wird jemand anderer größer, heißt das, daß Sie sich vor der Zukunft fürchten. Wird ein Gebäude größer, ist Geld auf dem Weg zu Ihnen.

Wenn Sie von der Veränderung im **Lebensstil** träumen, weil Sie plötzlich berühmt werden, streben Sie nach etwas, das wirklich eine Nummer zu groß für Sie ist. Bleiben Sie bei Ihren Leisten.

Veränderungen anderer Art, beispielsweise bei der Kleidung, bedeuten, daß Sie stark sein und einer aufkeimenden Versuchung widerstehen sollten.

Wenn Sie sich in jemand anderen **verwandeln**, indem Sie ihn nachahmen, werden Sie eine Phase der Eifersucht durchmachen. Das ist kein sehr glücksverheißendes Omen.

VERBAND *Siehe auch:* Ärzte/Krankenhäuser. Ein widersprüchlicher Traum. Einen Verband tragen bedeutet, daß Sie bald gute Nachrichten erhalten.

VERBRECHEN Von einem Verbrechen hören oder es mitansehen: Die Lage wird sich zum Besseren wenden. Wenn Sie eines begehen, werden Sie erfolgreich sein bei etwas, das Ihnen am Herzen liegt. Werden Sie erwischt, sollten Sie ein Geheimnis für sich behalten.

Einen **Bankräuber** sehen bedeutet, daß Sie Hals über Kopf jemandem erliegen, der Ihre Zuneigung eigentlich nicht wert ist. Machen Sie sich nichts vor.

Ein **Einbrecher** im eigenen Haus ist eine Warnung, sich vor Betrug zu hüten. Wenn Sie ihn auf frischer Tat ertappen, könnten Sie eine Erbschaft machen.

VEREINBARUNG (SCHRIFTLICH) *Siehe auch:* Lesen/Schreiben. Wenn Sie eine Vereinbarung nicht einhalten, dann müssen Sie sehr schwer arbeiten.

VERGNÜGUNGEN Je größer das Vergnügen, desto größere Befriedigung werden Sie erfahren.

VERKEHR Bitten Sie um Unterstützung bei einem Problem, wenn Sie den Straßenverkehr sehen. Sind Sie Verkehrsteilnehmer, werden sich familiäre Problem bald lösen. Ein Verkehrsstau bedeutet: Sie werden in bezug auf etwas Bestimmtes viel Geduld aufbringen müssen.

VERLASSEN Ein widersprüchlicher Traum. Wenn Sie im Traum jemanden oder etwas verlassen, werden Sie wegen dummen Geredes einen Freund verlieren. Wenn aber Sie verlassen werden, können Sie darauf zählen, daß Ihre Freunde sich um Sie scharen werden, wenn Sie sie brauchen.

VERLASSENWERDEN *Siehe auch:* Kindheit. Verlassenwerden ist ein widersprüchlicher Traum und bedeutet, daß Sie wieder zu einem/r Geliebten zurückfinden oder sich schnell von Unglück erholen. Jemanden Nahestehenden verlassen bedeutet Schwierigkeiten. Aber wenn Sie auf den warnenden Traum hören, können Sie sie überwinden. Etwas Unangenehmes aufgeben heißt gute Nachrichten in bezug auf Geld. Sehen Sie, wie jemand anderes verlassen wird, dann stehen wichtige Neuigkeiten bevor.

VERLIEBT *Siehe auch:* Sexualität. Wenn Sie verliebt sind, wird aus einer Freundschaft bald eine aufregende Liebesgeschichte. Macht Ihnen hingegen jemand vom anderen Geschlecht verliebte Avancen, dann seien Sie vorsichtig. Eine Beziehung könnte Sie in einen Skandal verwickeln.

VERLIES *Siehe auch:* Polizei/Gefängnisse. Ein Hindernistraum. Sitzen Sie im Verlies, sollten Sie Ihre Pläne ändern. Entkommen Sie, wird alles nach einer Zeit harter Arbeit gutgehen.

VERLUST Etwas verlieren: Es gibt bald unerwartete Veränderungen. Eine Wette verlieren: Sie sind in gewisser Hinsicht zu anmaßend. Ein Rennen oder Spiel verlieren: Sie nehmen schlechte Angewohnheiten an.

VERPACKEN Verpacken Sie ein Geschenk, sollten Sie jetzt jemandem Ihre Gefühle offenbaren. Verpacken Sie Waren in einem Laden, haben Sie jetzt die Gelegenheit, Ihre Position in der Arbeit zu konsolidieren.

VERSCHWÖRUNG An einer Verschwörung teilnehmen: Sie machen sich selbst etwas vor. Eine Ver-

[redacted]

schwörung aufdecken: Sie werden so lange kompromittiert, bis Sie sich wehren.

VERSICHERUNG *Siehe auch:* Geld. Wenn Sie sie kassieren, gibt es einen Rückschlag. Wenn Sie sie kaufen, stehen Ihre Pläne auf festem Fundament. Die Zukunft sieht optimistisch aus.

VERSTECKEN Wenn Sie das tun, werden Sie einen Ihrer Pläne später bereuen – und eigentlich wissen Sie das auch, oder? Wenn Sie im Traum etwas verstecken, ist das eine Ermahnung, Ihre Probleme nicht für sich zu behalten. Vertrauen Sie sich jemandem an, vielleicht kann er Ihnen helfen.

VERTEIDIGUNG Jemanden verteidigen bedeutet, daß Sie sicher sein können, den richtigen Menschen zu vertrauen. Selbstverteidigung bedeutet, nichts zu erzwingen. Sie können nicht auf jeden zählen.

VERTRETER Mit oder über einen x-beliebigen Vertreter zu verhandeln zeigt eine erfreuliche Veränderung Ihrer Umgebung an.

VERUNSTALTUNG Jede Verunstaltung, ob Ihre eigene oder die anderer, bedeutet, daß Sie sich zu leicht vom Schein trügen lassen. Einer Ihrer Freunde ist einfach eine hinterhältige Schlange!

VERWALTUNG *Siehe auch:* Arbeit. Handelt es sich um Ihre eigenen Angelegenheiten, werden Sie bald eine Erbschaft machen. Angelegenheiten anderer und Ihre Geschäftsverbindungen werden sich verbessern.

VERWIRRUNG Wenn Verwirrung das Hauptthema in Ihrem Traum ist, ist sie eine Warnung, nicht nachzugeben. Veränderungen wären jetzt ungünstig.

Völliges **Erstaunen** kann ein verwirrendes Gefühl sein, und wenn Sie dies verspüren, steht eine Beförderung an. Wenn Sie andere erstaunen, gibt es bald gute Nachrichten, wahrscheinlich in bezug auf Geld.

Wenn Sie sich in einem **Labyrinth** befinden, ist es ein Hindernistraum. Finden Sie Ihren Weg hinaus, werden sich Ihre Probleme mühelos lösen.

Verirren Sie sich oder haben Sie Angst, zwingt Sie möglicherweise ein überraschender Widerstand zum Kurswechsel.

Wenn Sie ein **Puzzle** lösen, werden Sie schließlich eine komplizierte Situation in den Griff bekommen. Ein leichtes Puzzle zeigt, daß in Ihrem Leben etwas nicht stimmt und in Ordnung gebracht werden muß. Ein schwieriges Puzzle ist ein Zeichen dafür, daß Sie sich unnötig Sorgen machen.

VIEH *Siehe auch:* Tiere. Grasendes Vieh bedeutet Wohlstand. Vieh treiben bedeutet, daß Sie für Ihre Wünsche hart arbeiten müssen. Bei schwarzem Vieh sollten Sie in der Arbeit achtgeben, sonst könnte etwas verlorengehen.

VIERLINGE Doppelter Ärger kommt auf sie zu, aber er dauert nicht lange.

VÖGEL Vögel, besonders singende oder fliegende, sind meistens ein gutes Zeichen. Tote Vögel bedeuten, daß sich Sorgen anbahnen – außer es handelt sich um Raubvögel; dann sind die Sorgen nur von kurzer Dauer. Vögel im Nest künden von künftigem Familienglück. Ausschlüpfende Vögel sind ein Zeichen für verzögerten Gewinn. Ein Vogelschwarm sagt ein Familientreffen voraus. Ein Vogelkäfig signalisiert eine glückliche Heirat, aber wenn er leer ist und die Tür offensteht, ist er ein Zeichen von Verrat. Die einzelnen Vogelarten haben jeweils ihre eigene Bedeutung:

Ein fliegender **Adler** ist ein sehr gutes Zeichen für die Geschäfte. Wenn er hoch oben sitzt, werden Sie zu Ruhm und Reichtum gelangen. Aber wenn der Adler angreift, gibt es bald Probleme.

Ein **Albatros** ist ein Zeichen für Glück und bedeutet, daß Sie ein paar gute Nachrichten bekommen und eine Glückssträhne haben werden.

Ein **Bussard** ist ein Vogel, der Sie warnt, keinen Klatsch zu verbreiten. Das fällt nur auf Sie zurück!

Es wird Zeit, etwas aufzugeben, wenn Sie eine **Elster** sehen. Sie vergeuden Energie, die wahrscheinlich auf jemanden vom anderen Geschlecht gerichtet ist, der einfach kein Interesse hat.

Der lustige **Emu** weist darauf hin, daß ein wohlmeinender Freund Ihnen einen unsinnigen Rat gibt. Hören Sie nicht darauf!

Enten sind ein Glückszeichen, es sei denn, sie greifen Sie an – dann werden Sie etwas verlieren. Fliegende Enten bedeuten, daß bald Geld hereinkommt. Wenn sie schwimmen, sind sie ein Zeichen für ein glückliches Familienleben.

Eine **Eule** in einem Traum verkündet Enttäuschung; wenn Sie sie vertreiben, wird alles besser. Eine Eule im Haus macht Familienstreitigkeiten unvermeidbar.

Wenn Sie kleine **Federn** sehen, wird Ihnen eine außergewöhnliche Glückssträhne Berge von Geld einbringen. Schmückende Federn oder Gegenstände aus Federn wie eine Boa signalisieren gesellschaftlichen Erfolg. Eine weiße Feder ist ein Zeichen für eine langandauernde Freundschaft.

Ein exotischer **Flamingo** sagt neue Erfahrungen an aufregenden Orten voraus.

Gänse sind ein Zeichen für Verbesserung, wenn sie fliegen, schwimmen oder herumlaufen. Wenn sie schnattern, versucht jemand, Sie übers Ohr zu hauen.

Fliegende **Geier** deuten an, daß Sie einen Liebeskonkurrenten haben. Wenn sie fressen, winkt Ihnen bald Reichtum. Wenn Sie einen Geier töten, werden Sie Ihr Leben bald ganz im Griff haben.

Wenn Sie einen **Habicht** sehen, liegt eine strahlende Zukunft vor Ihnen. Andernfalls wird Ihr Leben eine Zeitlang langweilig sein.

Wenn ein **Hahn** kräht, gibt es bald hervorragende Neuigkeiten. Aber streitende Hähne künden Familienfehden an.

Hören Sie nicht auf Gerede, wenn Sie von einem **Kakadu** träumen. Ein Kakadu im Käfig zeigt Ihnen bald, wie indiskret Sie gewesen sind.

Klatschen Sie nicht, lautet die Botschaft eines bunten sprechenden **Papageis**.

Eine **schwarze Henne** kündet traurige Nachrichten an, eine weiße gute und eine braune finanzielles Glück. Eine gluckende Henne bedeutet, daß Sie bald ein paar wirklich aufregende Klatschgeschichten hören werden. Wenn die Henne Eier legt, dürfen Sie mit Wohlstand rechnen. Wenn Sie eine töten, müssen Sie sich auf ein paar Höhen und Tiefen gefaßt machen. Wenn Sie eine Henne rupfen, werden Sie im Briefkasten bald eine unerwartete Rechnung finden.

Ein **schwarzer Schwan** bedeutet bevorstehende geschäftliche Schwierigkeiten. Bei weißen Schwänen wird Ihr Liebesleben aufblühen. Auf einem Teich sagt ein Schwan Wohlstand voraus.

Ein **Storch** ist kein gutes Zeichen, sondern verheißt Veränderungen, die Sie in eine schlechtere Lage bringen werden. In einem Nest kündet der Storch familiäre Probleme an. Wenn er fliegt, bedeutet das, daß Sie eine Gesetzwidrigkeit begehen werden. Achten Sie auf das Tempolimit!

Ein herumstolzierender **Truthahn** kündet Verwirrung an. Wenn Sie einen töten, haben Sie bald eine Glückssträhne. Wenn Sie ihn kochen, bedeutet das Wohlstand. Aber wenn Sie das Fleisch essen, könnten Sie unter Umständen ein gravierend falsches Urteil abgeben.

Sehen Sie einen **Vogel Strauß**, wird Ihr gesellschaftliches Leben hektisch werden, und Sie haben das Geld, um es zu genießen. Der Champagner wird in Strömen fließen!

Eine einzelne **weiße Taube** verheißt eine friedliche Lösung für Ihre Probleme. Ein Taubenschwarm bedeutet, daß Sie bald wieder einem alten Freund begegnen werden. Gurrende Tauben verheißen eine dauerhafte Liebesaffäre.

VORFAHREN Ihre eigenen verstorbenen Vorfahren bedeuten, daß das Glück auf Ihrer Seite ist. Vorfahren anderer Leute bedeuten gute Aussichten in punkto Geld. Der Traum kann aber auch eine Warnung sein, Leuten, die angeblich verliebt sind, nicht zu glauben!

VORHÄNGE Offene Vorhänge: Sie werden einen Gegner überlisten. Neue Vorhänge aufhängen ist ein Zeichen für vermehrte gesellschaftliche Aktivitäten. Weiße Vorhänge bedeuten, daß Sie eine lästige Aufgabe erledigen müssen. Bunte Vorhänge bedeuten, daß Sie eine Zeitlang bescheidener leben müssen.

VORTEIL Ein gutes Omen, wenn Sie sich einen Vorteil zunutze machen oder jemand Sie ausnutzt. Ihrer Familie wird es gutgehen.

VULKAN *Siehe auch:* Hitze. Bricht er aus, heißt das, daß Sie eine möglicherweise gefährliche Situation ignorieren wollen. Raucht er, wird sich eine Liebesaffäre, in die Sie sich stürzen wollen, nicht wie gewünscht entwickeln. Ein aktiver Vulkan besagt, daß Sie eine Weile keine Veränderungen vornehmen sollten.

WACHPOSTEN Sie könnten ausgeraubt oder Opfer eines Einbruchs werden, wenn Sie ihn im Dienst sehen. Halten Sie Wache, können Sie mit einer Gehaltserhöhung rechnen.

WACHSEN *Siehe auch:* Veränderung/Transformation. Wenn Sie natürliche Dinge wachsen sehen, werden Sie befördert.

WAFFEN Handelt es sich um ein **Luftgewehr**, sollten Sie Entscheidungen vorläufig aufschieben. Kaufen Sie eines, werden Sie hintergangen. Bekommen Sie eines, dann ist Vorsicht geboten: Ihr Liebster betrügt Sie.

Eine **Kanone** ist ein sicheres Zeichen, daß Sie besorgt sind und vielleicht etwas Riskantes tun wollen. Sind Sie ein Mann und sehen, wie eine Kanone losgeht, steuert Ihre berufliche Entwicklung auf eine zwielichte Sache zu. Für eine Frau bedeutet es eine Begegnung mit einem Mann in Uniform.

WAFFENLAGER *Siehe auch:* Waffen. Dieses Gebäude bedeutet, daß Sie mit einem Rivalen rechnen müssen, aber wenn Sie sich darin befinden, dann wird ein Unterfangen, das viel Einsatz erfordert, ein Erfolg sein.

WAFFENSTILLSTAND Ein Gegensatztraum. Sie könnten aufgrund böser Zungen einen Freund verlieren.

WAGEN Wird er von einem Pferd gezogen, kündigt das Nachrichten aus der Ferne an. Fahren Sie darin, sollten Sie sich vor überstürzten Käufen hüten. Ist der Wagen beladen, erhalten Sie demnächst ein Überraschungsgeschenk.

WAGENHEBER Er bedeutet eine Veränderung zum Besseren. Benutzen Sie ihn, dann hüten Sie sich vor bösem Gerede.

WAHL *Siehe auch:* Regierung. Ihre derzeitigen Pläne führen schnell zum Erfolg.

WÄHLSCHEIBE Eine Telefonwählscheibe bedeutet, daß jemand, der Ihnen Geld schuldet, es Ihnen endlich zurückzahlen wird. Ein Uhrenzifferblatt ist ein Zeichen für neue Interessen. Wenn es kaputt ist, sollten Sie besser Ihre Investitionen überprüfen. Eine Kompaßscheibe ist ein Zeichen für eine Liebesgeschichte.

WAHRSAGEN Lassen Sie sich im Traum wahrsagen, wird in Ihrem Liebesleben alles stimmen, nicht aber im Berufsleben. Wenn Sie aber wahrsagen, werden Ihre Pläne erfolgreich sein.

WAISE Durch Ihren Egoismus werden Sie einen wertvollen Freund verlieren, wenn Sie ein Waisenhaus sehen. Sehen Sie allerdings ein Waisenkind, wird sich Ihr materieller Wohlstand durch einen unerwarteten Gewinn mehren. Sind Sie im Traum ein Waisenkind, wurde ein Versprechen nicht gehalten.

WALD Wenn Sie träumen, Sie seien allein oder verängstigt in einem Wald, hintergeht Sie jemand, dem Sie vertrauen. Haben Sie sich in einem Wald verirrt, wird eines Ihrer Lieblingsprojekte zum Erfolg führen. Sich im Wald verstecken heißt, daß eine derzeit schwierige Angelegenheit sich später auszahlen wird.

WALZER Ein unbedeutendes Mißverständnis könnte eine seit langem bestehende Beziehung gefährden. Klären Sie die Lage, dann passiert nichts.

WANDSCHRANK Ein leerer Wandschrank warnt Sie davor, sich zu verschulden. Ist er voll, werden Ihre geschäftlichen Gewinne einen Aufschwung erleben. Ein Wäscheschrank sagt glückliche Zeiten zu Hause voraus.

WANDTEPPICH Ein paar wunderschöne Überraschungen sind zu erwarten. Besser noch: Sie werden sich amüsieren, ohne einen Pfennig Geld auszugeben!

WANNE *Siehe auch:* Waschen. Ist sie voll, könnte es Krach in der Familie geben. Ist sie leer, heißt das, daß Sie unentschlossen sind. Lassen Sie sie einlaufen, wird beruflich alles glücken. Leeren Sie sie aus, gibt es bald schlechte Nachrichten.

WARTESCHLANGE Stehen Sie in der Schlange, wird Ihnen ein familiärer Rat aus der Sackgasse helfen. Sehen Sie eine, wird ein wichtiges Ereignis vorteilhaft für Sie sein.

WASCHEN Mischen Sie sich nicht in anderer Leute Angelegenheiten, wenn Sie mit der Hand waschen. Mit der Maschine waschen könnte einen Umzug bedeuten. Hände und Gesicht waschen: Sie schließen bald eine nette neue Freundschaft.

Sehen Sie ein leeres **Bad**, sollten Sie nicht im Zorn Entscheidungen treffen. Ist es zu heiß oder zu kalt, dann müssen Sie einen Plan, der Ihnen am Herzen liegt, nochmals überdenken. Steigen Sie bekleidet in die Badewanne, wird es zum Streit mit Ihrem/r Liebsten kommen. Und wenn Sie nur ein Bad einlassen, dann werden Sie sich mit jemandem streiten.

Im Meer **baden**: Ein unerwartet großes Vermögen ist unterwegs. In einem See baden: Ihre Schwierigkeiten werden vorübergehen. In einem Fluß baden: Es kommt eine erfreuliche Über-

raschung auf Sie zu. Mit anderen baden: Neue Freunde brauchen Ihre Hilfe.

Wenn Sie sich **duschen**, ist Geld unterwegs.

Machen Sie **Handwäsche**, sind Sie körperlich derzeit gut in Form. Hängen Sie sie zum Trocknen auf, brodelt es gewaltig in Ihnen. Saubere Wäsche bedeutet Glück, schmutzige weist auf Probleme hin.

Waschen Sie sich mit einem **Schwamm**, wird man Ihnen für gut geleistete Arbeit danken. Drücken Sie ihn aus, erhalten Sie bald eine Gehaltserhöhung. Ein trockener Schwamm warnt Sie vor Glücksspielen.

Seife ist ein gutes Zeichen für Ihr Liebesleben. Seifenflocken bedeuten, daß Sie für etwas, das Sie haben wollen, kämpfen müssen. Medizinische Seife bedeutet: Ein Geheimnis wird gelüftet.

Seifenschaum kündigt immer Nachrichten aus der Ferne an.

WASSER Klares, stilles Wasser ist ein gutes Zeichen. Ist es aber aufgewühlt und trübe, lauern Probleme. Trinken Sie Wasser, werden Sie Glück haben, aber wenn Sie es verschütten oder ausgießen, dann müssen Sie Ihr Temperament zügeln. Heißes Wasser kündigt gesellschaftliche Rückschläge an, aber fließendes Wasser bedeutet dauerhaftes Glück. Es erwartet Sie eine Gehaltserhöhung, wenn Sie einen Wasserfall sehen. Alles, was gegossen wird, läßt aufregende Ereignisse erwarten.

Sehen Sie einen langsam fließenden, sauberen **Fluß**, bedeutet das Glück. Fließt er schnell oder ist schlammig, dann braut sich Ärger zusammen. Fallen Sie hinein, lauert Gefahr auf Sie. Baden Sie in einem Fluß, bekommen Sie Geld. Schwimmen Sie durch einen Fluß, werden sich Ihre Hoffnungen bald erfüllen.

Sie vergeuden Ihre Zeit, wenn Sie ein **Leck** sehen. Ein undichtes Rohr bedeutet: Sie sollten sich ein breiteres Betätigungsfeld für Ihre Aktivitäten suchen. Ist das Dach undicht, steht Pech bevor. Ist ein Heizkörper undicht, werden Sie bald von einer Geburt erfahren.

Eine ausgetrocknete **Quelle** sagt Bitterkeit voraus. Trinken Sie von einer Quelle, dann wird Ihre Zuneigung zu jemandem erwidert.

Stehen Sie im **Regen**, wird eine kränkelnde Liebesaffäre bald zu einem Ende kommen. Werden Sie bei einem heftigen Unwetter durchnäßt, werden Sie zu Geld kommen.

Ein klarer, stiller **See** ist ein Symbol für künftiges Glück und Erfolg. Ist das Wasser aber aufgewühlt und dreckig, steht Ihnen eine schwierige Lebensphase bevor. Überqueren Sie den See mit einem Boot, werden Sie in der Achtung der anderen steigen. Springen Sie hinein, bedeutet das Unglücklichsein. Sie machen sich zuviel Sorgen, wenn Sie in einem See waten.

Ein **Strom** steht für Lebenskräfte. Ein ruhig dahinfließender, klarer Strom besagt, daß es mit Ihrem Leben genauso sein wird. Ist er trübe oder aufgewühlt, dann wird es eine Weile auch so sein.

Ein voller **Wasserbehälter** besagt, daß Sie bald zu Geld kommen werden. Ist er leer, werden Sie es ohne eigene Schuld schwer haben. Wurde der Behälter aufgefüllt, bläst ein frischer Wind und es gibt neue Gelegenheiten.

Waten Sie im Wasser, bezieht sich das auf Liebe und Freundschaft. Ist das Wasser klar, läuft alles gut. Ist es schlammig oder trübe, müssen Sie mit Enttäuschungen rechnen.

WASSERSPEIER Diese bizarren Figuren zeigen, daß Sie sich mit Ihrem Sinn für Humor bald Ärger einhandeln werden.

WEBEN Frieden und Zufriedenheit wird sich einstellen, wenn Sie etwas weben. Webt ein anderer, dann werden Sie etwas Ehrenvolles erreichen.

WEBSTUHL Das bedeutet einen Rückschritt. Aber keine Panik. Bald werden Sie zwei Schritte in eine andere Richtung machen können.

WEIHNACHTEN Glückliche Familienzeiten stehen bevor. Ein guter Zeitpunkt, neue Freunde zu finden. Gesundheitlich könnte es Ihnen nicht besser gehen.

WEIHNACHTSLIEDER *Siehe auch:* Musik; Geräusche. Wenn Sie Weihnachtslieder hören, liegt ein glückliches, zufriedenes Jahr vor Ihnen.

WEIHRAUCH Wenn Sie Weihrauch riechen, sind Ihre Sorgen vorbei. Wenn Sie den Rauch sehen, lassen sich Ihre Hoffnungen verwirklichen.

WEISER Ein Weiser bedeutet Glück.

WEIZEN *Siehe auch:* Lebensmittel. Reifer Weizen ist ein Zeichen für Wohlstand. Wird er geerntet, werden Ihre derzeitigen Pläne glücken. Ist er aber schlecht, werden Sie sich bald einigen Problemen stellen müssen.

WELT *Siehe auch:* Fremde Orte/Menschen. Alle möglichen Reisen sind angesagt. Sehen Sie das Ende der Welt, so handelt es sich um einen widersprüchlichen Traum. Er bedeutet neue Anfänge.

WERBUNG Eine Werbung im Fernsehen oder Radio ist kein gutes Zeichen. Sie zeigt, daß Ängste und Sorgen Ihre Fähigkeit zur Vernunft bezwingen, und das könnte Ihr Urteilsvermögen beeinflussen und zu dummen Fehlern führen. Eine Plakatwand weist auf unerwartete Veränderungen Ihres Lebensstils hin.

WESTEN Diese Himmelsrichtung kündigt eine lange Reise an.

WETTER Zeigt ein **Barometer** gutes Wetter an, kommt Glück. Ist das Wetter schlecht oder regnerisch, dann werden Traurigkeit und Enttäuschung folgen. Sehen Sie ein kaputtes Barometer, dann sollten Sie weniger Geld ausgeben.

Ein zuckender **Blitz** verheißt langandauerndes Glück. Wird jemand vom Blitz getroffen, werden Sie mit Ihren weiteren Plänen Erfolg haben.

Eine leichte **Brise** bedeutet, daß Sie schwarze Zahlen schreiben.

Ein **Regenbogen** ist ein glückverheißendes Zeichen – auch wenn Sie am Ende nicht den Goldtopf finden. Erfreuliche Veränderungen stehen Ihnen bevor.

Leichter pulvriger **Schnee** zeigt, wie bösartig Sie im Moment sind. Wird der Schnee zu Eis, hegen Sie Zweifel an einem Geliebten. Schneematsch ist ein Zeichen, daß Sie diskret sind. Fällt Schnee, wird es in Ihrem Leben ein paar interessante Veränderungen geben. Und eine Schneewehe ist ein Omen für unerwartetes Vergnügen und finanzielles Glück.

Ein heftiger **Sturm** bedeutet, daß Sie sich in einer verzwickten Lage befinden. Denken Sie genau nach, bevor Sie handeln. Wird etwas von einer Windbö weggeblasen, stellen Sie zu große Besitzansprüche an Ihren Partner.

Ein **Unwetter** bedeutet, daß nur Sie etwas ändern können. Wenn Sie das akzeptieren, werden Sie sich aus der Klemme befreien.

Laufen Sie im **Wind**, drohen familiäre Probleme, aber wenn Sie sich unterstellen, werden Sie bald ermutigende Nachrichten bekommen.

Ein **Zyklon** warnt Sie vor Risiken im nächsten halben Jahr. Wird Eigentum durch einen Zyklon beschädigt, dann wird Ihnen im gesellschaftlichen Leben eine Zeitlang Glück beschert sein.

WETTRENNEN Nehmen Sie an einem teil, können Sie mit einem interessanten neuen Angebot rechnen. Schauen Sie dabei zu, werden Sie Erfolg haben. Verfolgen Sie ein Pferderennen, kündigt das eine neue Umgebung an. Bei einem Rennpferd wird es Zeit zu sparen.

WIDERSACHER *Siehe auch:* Ärger/Konfrontation. Ein widersprüchlicher Traum. Handelt es sich um einen Geschäftskonkurrenten oder einen gesellschaftlichen Rivalen, werden Sie vorübergehend einige Probleme haben, die Sie aber aus eigener Kraft überwinden können.

WIEGEN Ganz gleich, was gewogen wird, Sie eingeschlossen, es bedeutet, daß jemand ein waches Auge auf Sie hat – wahrscheinlich bei der Arbeit. Geben Sie daher acht, daß Sie keine Fehler machen.

WINDMÜHLE Eine funktionierende ist ein Zeichen für Zufriedenheit. Ist sie aber kaputt, heißt das, daß Sie Ihre Zeit für etwas verschwenden. Minimieren Sie Ihre Verluste, und gehen Sie die Sache anders an.

WINKEN Winkt Ihnen ein Freund oder Verwandter, so winkt Ihnen eine erfreuliche Zukunft. Ist es ein Unbekannter, wird es ein paar unbedeutende Rückschläge geben.

WITWE/WITWER In Trauerkleidung sind sie ein Zeichen dafür, daß Sie jemanden vermissen. Weinen sie, dann drückt Sie Ihre derzeitige Verantwortung. Sind Sie selbst verwitwet, machen Sie sich zuviel Gedanken um etwas, das sich bald klären wird.

WITZ Ein lustiger Witz sagt Streit mit einem Freund voraus. Erzählen Sie einen lustigen Witz, dürfen Sie mit geschäftlichem Erfolg rechnen. Kommt er aber nicht an, gibt es eine persönliche Enttäuschung. Schmutzige Witze sind ein Zeichen von fetten Gewinnen.

WOHLSTAND *Siehe auch:* Geld. Dieser Traum verheißt direkte Verbesserung. Je größer der Wohlstand, desto schneller werden sich Ihre finanziellen Probleme lösen.

WOLKEN *Siehe auch:* Wetter. Ist die Sonne von Wolken verdeckt, haben Sie ein starkes Pflichtgefühl. Ist es der Mond, sind Sie geduldig und ausdauernd und werden so derzeitige Probleme in der Arbeit überwinden. Bewölkter Himmel bedeutet, daß Sie eine Zeitlang sehr gefühlvoll sein werden. Aber flockige weiße Wolken sind ein Zeichen dafür, daß Sie bald gute Arbeit leisten werden.

WRACK Jeder kaputte Gegenstand ist eine Warnung, sich zusammenzureißen. Etwas Einfallsreichtum sollte Ihnen darüber hinweghelfen.

WUNDE STELLE Haben Sie selbst welche am Körper, wird alles besser. Sie bei anderen oder Tieren sehen: Sie müssen eine Zeitlang Ihre Bedürfnisse zugunsten anderer zurückstellen.

WURZEL Die Pflanzen- oder Baumart ermahnt Sie, sich stärker zu behaupten, sonst wird ein anderer von Ihrer harten Arbeit profitieren. Eine Zahnwurzel kündigt Familienstreitigkeiten an.

ZAHLEN Zahlen aufschreiben: Das unvorhersehbare Verhalten einer Person hat Sie in eine Zwickmühle gebracht. Reden Sie darüber. Zahlen lesen: Sie können auf Ihre Hoffnungen vertrauen. Zahlen ausradieren oder austauschen: Sie sind bei Ihrem Partner zu schüchtern. Sie fühlen sich nur deshalb einsam, weil Sie nicht genug kommunizieren.

ZÄHLEN Möglicherweise übernehmen Sie sich. Lassen Sie andere ihren Teil beitragen. Geld zählen kündigt eine Gehaltserhöhung an.

ZÄHNE Kein gutes Omen. Zahnschmerzen bedeuten, daß Sie über eine bestimmte Situation gar nicht glücklich sind. Fällt Ihnen ein Zahn aus, haben Sie Angst, einen geliebten Menschen zu verlieren. Fallen alle Zähne aus, sehen Sie der Zukunft mit großer Besorgnis entgegen. Eine Plombe verheißt Vergnügen. Wird ein Zahn gezogen, bedeutet das, daß Sie im Augenblick leiden. Falsche Zähne lassen Unglück in der Liebe und eine größere Krise erwarten. Schlechte oder abgebrochene Zähne zeigen, daß eine Beziehung, die Ihnen wichtig ist, zu scheitern droht.

ZAUMZEUG Wenn Sie einem Pferd Zaumzeug anlegen, werden Sie zu etwas gezwungen, von dem Sie sich besser fernhalten sollten. Aber zum Schluß verbuchen Sie es einfach als Erfahrung. Zerrissenes oder ausgeleiertes Zaumzeug ist ein sicherer Hinweis darauf, sich nicht in eine heimliche Liebesaffäre zu stürzen: man wird Sie erwischen!

ZEIT Träumen Sie im Sommer vom **August**, werden Sie bei Ihren Unternehmungen erfolgreich sein.

Träumen Sie im Winter vom August, werden Sie eine unerwartete Reise machen.

Das **Ende** von etwas ist das Symbol für einen neuen Anfang.

Frühling bedeutet, daß Sie höchst inspiriert sind.

Machen Sie sich auf Geldprobleme gefaßt, wenn Sie zu einem anderen Zeitpunkt vom **Mai** träumen. Den November und Ihren Lebensabend werden Sie glücklich und zufrieden verbringen.

Träumen Sie vom **März**, wenn nicht März ist, steht Ihnen eine Enttäuschung bevor. Etwas, das Sie erwarteten, wird einfach nicht eintreffen.

Geschehen im Traum Dinge am **Nachmittag**, ist das meist ein gutes Zeichen für Ihr Privatleben. Ein herrlicher Nachmittag kündigt gute Zeiten an, ein bewölkter bedeutet kleine Profite, und ein verregneter gute geschäftliche Profite.

Und wenn Sie in einem anderen Monat vom **Oktober** träumen, versucht jemand Sie zu einer Veränderung zu bewegen, die Ihnen nicht paßt. Bleiben Sie standhaft, hören Sie nicht auf ihn.

Sehen Sie das **Pendel** einer Uhr, dann sorgen Veränderungen für Aufruhr in Ihrem Alltagsleben. Nehmen Sie sie dankbar an, und alles ist in Ordnung.

Erreichen Sie das **Rentenalter**, dann erwartet Sie leider eine Menge harte Arbeit.

Träumen Sie vom **September**, wenn keiner ist, verändert sich demnächst manches zum Besseren.

An einem anderen Tag vom **Sonntag** träumen ist ein Omen für häusliche und berufliche Veränderungen.

Wenn Sie eine **Uhr** sehen, dürfen Sie nicht mehr so viel Zeit vergeuden. Ziehen Sie eine Uhr auf, steht Ihnen bald eine neue Liebesgeschichte bevor.

Treffen Sie eine **Verabredung** oder halten Sie eine ein, müssen Sie einen geheimen Plan, den Sie hegten, fallenlassen. Er wird einfach nicht glücken.

Alle **Verspätungen** bedeuten eine aufreibende Zeit. Wenn aber ein Bus, ein Flugzeug oder ein

Zug Verspätung hat, haben alle Ihre Probleme mit Geld zu tun.

Bald gibt es Geld für Sie, wenn Sie vom **Winter** träumen.

ZEITUNG Eine lesen: Ereignisse in der Ferne arbeiten zu Ihren Gunsten. Eine kaufen: Eine schnelle Beförderung ist zu erwarten. Etwas in Zeitungspapier einwickeln: Es steht ein glückliches Wiedersehen mit Freunden an.

ZELLE *Siehe auch:* Polizei/Gefängnisse. Eine Warnung, nicht achtlos zu sein. Wenn Sie etwas versprochen haben, tun Sie es auch - sonst könnten Sie einen Freund verlieren.

ZELT Finanzielle Sorgen werden schneller verschwinden, als Sie denken, wenn Sie ein Zelt aufstellen. Fällt es aber zusammen, werden Sie Ihre Pläne nochmals überdenken müssen, besonders wenn es um Finanzielles geht.

ZEMENT Ein Glückszeichen. Sie werden befördert oder bekommen eine Gehaltserhöhung.

ZERBRECHEN Zerbrechen Sie Teller, dann ist Ihnen materieller Gewinn sicher. Tassen oder Gläser zerbrechen zeigt, wie großzügig und enthusiastisch Sie sind. Andere Haushaltsgegenstände zu zerbrechen zeigt, daß Sie von Ihrem Familienleben frustriert und enttäuscht sind.

ZERSTÖRUNG Wenn Sie fremdes Eigentum zerstören, werden die Dinge eine Zeitlang nicht gut laufen. Wenn Sie etwas Zerstörtes finden, werden Sie unerwartet einen kleinen Triumph feiern, wahrscheinlich bei der Arbeit.

ZIEGEL Ziegel bedeuten plötzliche Veränderung, die zu einigen Unruhen führt. Wenn sie nicht gelegt werden, dann wird sich die Lage langsam bessern. Maurer, die die Arbeit niederlegen und eine Kaffeepause machen, sagen Ihnen, daß Sie mehr Energie auf Ihre Arbeit verwenden müssen. Rosten Sie nicht ein!

ZIERGEGENSTAND Mit dem Verkauf Ihres Hauses, Ihres Autos oder eines anderen Vermögenswertes werden Sie Profit machen. Einen Ziergegenstand kaputtmachen verheißt eine Glückssträhne.

ZIGARETTE *Siehe auch:* Feuer. Eine Schachtel Zigaretten bedeutet: Wichtige Geschäftsabschlüsse bahnen sich an. Einzelne Zigaretten: Sie werden in bezug auf jemanden bald desillusioniert. Sich eine Zigarette anzünden: Sie werden womöglich eine völlig andere Laufbahn einschlagen. Zigarettenrauch kündigt einen neuen, wichtigen Freund an.

ZIGARRE *Siehe auch:* Feuer. Wenn Sie im Traum eine rauchen, symbolisiert dies Erfolg. Eine nicht angezündete Zigarre bedeutet, daß irgendein Unglück bevorsteht.

ZIGEUNER Eine ungewisse Zeit liegt vor Ihnen, wenn die Zigeuner zelten oder im Wohnwagen wohnen. Wenn Sie ihnen etwas abkaufen, bringt das Glück, allerdings erst nach einigen Mühsalen. Eine Zigeunerin bedeutet Nachrichten aus der Ferne oder eine plötzliche Reise. Ein Zigeuner steht für Liebesabenteuer.

ZIMMER Ein Wartezimmer: Sie sind hinsichtlich eines Arbeitsprojektes zuversichtlich. Ein Ballsaal: Es lauern emotionale Probleme. Eine Spielhalle: Gewisse Vorschläge sind nicht, was sie scheinen. Ein Eßzimmer: Sie sollten nicht so hartnäckig sein. Ein Wohnzimmer kündet unerwartete Gäste an.

ZIMMERDECKE Eine rissige oder beschädigte Decke bedeutet, daß Ihnen ein Freund Unannehmlichkeiten bereiten wird. Ist sie aber schön verziert, verheißt dieses schützende Zeichen Glück.

ZIRKUS *Siehe auch:* Auftreten. Wenn Sie im Traum mit Kindern im Zirkus sind, verheißt das Glück mit Geld. Wenn Sie mit Erwachsenen dort sind, achten Sie mehr auf den Eindruck, den Sie machen.

ZISCHEN Zischt eine Schlange, bedeutet das, daß Sie sich beherrschen sollen. Hören Sie einen Menschen zischen, bedeutet das, daß Sie Fortschritte machen werden. Zischen Sie selbst, ist das ein sicheres Zeichen dafür, daß Sie einen peinlichen Fauxpas begehen werden.

ZOO *Siehe auch:* Tiere. Viele Reisen erwarten Sie, wenn Sie in den Zoo gehen. Nehmen Sie ein Kind mit, dann dürfen Sie mit Profiten rechnen.

ZÜCHTIGUNG Ein widersprüchlicher Traum. Werden Sie gezüchtigt, werden Sie sich bald wie ein Schneekönig über etwas freuen. Sehen Sie, wie Kinder gezüchtigt werden, sollten Sie sich vom Arzt untersuchen lassen.

ZUHAUSE *Siehe auch:* Familie. Das Zuhause ist ein Symbol für finanzielle Sicherheit. Ihr eigenes Zuhause bedeutet Glück innerhalb der Familie.

Ein großzügiges **Anwesen** warnt Sie davor, mit den Nachbarn mithalten zu wollen. Die können es sich leisten – aber Sie nicht!

Sehen Sie eine **Fußmatte** vor der Haustür, kommt bald unwillkommener Besuch. Alle anderen Matten kündigen Hindernisse an.

Eine helle saubere **Küche** bedeutet Glück in der Familie. Je neuer und sauberer sie ist, desto größer ist die Freude.

Wenn Sie ein nobles **Penthouse** sehen, bedeutet das, daß Sie über Ihre Verhältnisse leben.

Sehen Sie die **Toilette**, wird eine wichtige Angelegenheit, die bisher in der Schwebe war, erfolgreich abgeschlossen werden.

Gestaltet sich der **Umzug** problemlos, wird im realen Leben alles reibungslos verlaufen. War er jedoch schwierig oder gar verheerend, werden Sie sich vor eine große Entscheidung gestellt sehen. Machen Sie so weiter wie bisher, oder probieren Sie etwas ganz anderes aus. Sie haben die Wahl.

Veränderungen an Ihrem Zuhause bedeuten, daß Sie bald erfreuliche Veränderungen machen werden.

Eine luxuriöse **Villa** heißt, daß Sie ein paar unbeliebte Veränderungen hinnehmen müssen. Eine heruntergekommene besagt, daß diese Veränderungen ihr Gutes haben.

ZUSAMMENSTOSS Jeder Zusammenstoß verkündet eine wichtige Leistung. Je größer der Zusammenstoß, desto mehr werden Sie erreichen.

ZUSTELLUNG Die Zustellung eines Briefs bedeutet, daß die Arbeit gut vorangeht. Ein Paket ist ein Zeichen, daß eine Ihrer Beziehungen auf einer merkwürdigen Basis steht. Vielleicht will der andere mehr als nur gute Freundschaft? Ein Telegramm weist Sie darauf hin, Ihr Geld beisammenzuhalten.

ZWANGSJACKE Ein Hindernistraum, wenn es um Geld geht. Werden Sie daraus befreit, wird Ihnen jemand aus der Patsche helfen. Ansonsten ist es Zeit, den Gürtel enger zu schnallen.

ZWERG Wenn Sie Im Traum einen Zwerg sehen oder einer sind, werden Ihre Sorgen bald wie durch Zauberhand verschwinden.

ZWILLINGE Auf doppelten Ärger folgt doppelte Freude.

ZYKLON *Siehe auch:* Wetter. Eine Warnung, für wenigstens sechs Monate keine Risiken einzugehen. Wird Eigentum durch einen Zyklon beschädigt, wird wenigstens Ihr Sozialleben eine Zeitlang glücklich sein.

Register verwandter Traumsymbole

Zur Deutung dieser anderen Traumthemen schlagen Sie bei den Querverweisen im Hauptteil nach.

ARKADE *siehe:* Orte/Schauplätze.

ARKTIS *siehe:* Fremde Orte/Menschen.

ARM *siehe:* menschlicher Körper.

ARTERIE *siehe:* Blut.

ARTHRITIS *siehe:* Krankheit.

ARTISCHOCKE *siehe:* Gemüse.

AS *siehe:* Karten.

ASIEN *siehe:* Fremde Orte/Menschen.

ASPIK *siehe:* Lebensmittel.

ASTHMA *siehe:* Krankheit.

AUFSTIEG *siehe:* Erfolg.

AUGEN *siehe:* menschlicher Körper.

AUGENLIDER *siehe:* menschlicher Körper.

AUGUST *siehe:* Zeit.

AUKTION *siehe:* Kaufen/Verkaufen.

AUSTRALIEN *siehe:* Fremde Orte/Menschen.

AUTOGRAMM *siehe:* Lesen/Schreiben.

AUTOR *siehe:* Lesen/Schreiben.

AVOCADO *siehe:* Frucht.

B

BACKGAMMON *siehe:* Spiele.

BACKPFLAUMEN *siehe:* Frucht.

BAD *siehe:* Waschen.

BADEMANTEL *siehe:* Kleidung.

BALKON *siehe:* Orte/Schauplätze.

BALLAST *siehe:* Meer/Wasser/Reise.

BANANE *siehe:* Frucht.

BANJO *siehe:* Musik.

BÄR *siehe:* Tiere.

BAROMETER *siehe:* Wetter.

BEERDIGUNG/BEGRÄBNIS/BEISETZUNG *siehe:* Tod.

BEEREN *siehe:* Frucht.

BEFÜRCHTUNG *siehe:* Furcht.

BEGRÄBNIS *siehe:* Tod.

BEIFALL, *siehe:* Anerkennung.

BEIN *siehe:* menschlicher Körper.

BEITRITT *siehe:* Regierung.

BERNSTEIN *siehe:* Farben/Edelsteine.

BESCHIMPFUNG *siehe:* Ärger/Konfrontation.

BESCHLEUNIGEN *siehe:* Fahren.

BETT/BETTWÄSCHE *siehe:* Möbel; Sexualität.

BEWEIS (MATERIAL) *siehe:* rechtliche Angelegenheiten.

BEWUNDERUNG *siehe:* Beziehungen.

BIBER *siehe:* Tiere.

BIENEN *siehe:* Insekten.

BIER *siehe:* Getränk.

BIGAMIE *siehe:* Beziehungen.

BILLARD *siehe:* Spiele.

BIRNEN *siehe:* Frucht.

BISCHOF *siehe:* Religion.

BLASE *siehe:* menschlicher Körper.

BLASPHEMIE *siehe:* Religion.

BLEI *siehe:* Metalle.

BLINDDARMENTZÜNDUNG *siehe:* Krankheit.

BLÖKEN *siehe:* Geräusche.

BLUMENKOHL *siehe:* Gemüse.

BLÜTE *siehe:* Blumen; Bäume/Pflanzen.

BLUTEN *siehe:* Blut.

BOHNEN *siehe:* Gemüse.

BOOTE *siehe:* Meer/Wasser/Reise.

BORGEN/LEIHEN/KREDIT aufnehmen *siehe:* Bank; Geld.

BRAND *siehe:* Feuer.

BRANDUNG *siehe:* Meer/Wasser/Reise.

BRANDY *siehe:* Getränk.

BREMSEN *siehe:* Fahren.

BRIEFTRÄGER *siehe:* Postamt.

BRONCHITIS *siehe:* Krankheit.

BROSCHE *siehe:* Schmuck.

BROT *siehe:* Lebensmittel.

BRUDER *siehe:* Familie.

BRUNNENKRESSE *siehe:* Lebensmittel.

BRUST *siehe:* menschlicher Körper.

BRÜSTUNG *siehe:* Brücken.

BRUSTWARZE *siehe:* menschlicher Körper.

BÜCHER *siehe:* Lesen/Schreiben.

BUCHT *siehe:* Meer/Wasser/Reise.

BÜFFEL *siehe:* Tiere.

BÜGELHORN *siehe:* Musik.

BÜSCHE *siehe:* Bäume/Pflanzen.

BUSSARD *siehe:* Vögel.

BÜSTENHALTER *siehe:* Kleidung.

BUTTER *siehe:* Lebensmittel.

BUTTERBLUMEN *siehe:* Blumen.

C

CANYON *siehe:* Orte/Schauplätze.

CELLO *siehe:* Musik.

CHAMÄLEON *siehe:* Tiere.

CHAMPAGNER *siehe:* Getränk.

CHEF *siehe:* Arbeit.

CHIRURG *siehe:* Ärzte/Krankenhäuser.

CHOR *siehe:* Musik.

COUSIN *siehe:* Familie.

D

DACHBODEN *siehe:* Orte/Schauplätze.

DACHS *siehe:* Tiere.

DATTELN *siehe:* Frucht.

DELPHIN *siehe:* Tiere.

DETEKTIV *siehe:* Polizei/Gefängnisse.

DIAMANTEN *siehe:* Farben/Edelsteine.

DRACHEN *siehe:* Tiere.

DREHTÜR *siehe:* Türen.

DUDELSACK *siehe:* Musik.

DUELL *siehe:* Ärger/Konfrontation.

E

EBER *siehe:* Tiere.

EHEMANN *siehe:* Familie.

EICHE *siehe:* Bäume/Pflanzen.

EICHEL *siehe:* Bäume/Pflanzen.

EICHHÖRNCHEN *siehe:* Tiere.

EIDECHSE *siehe:* Tiere.

EIER *siehe:* Lebensmittel.

EINBRECHER *siehe:* Verbrechen, Polizei/Gefängnisse.

EISBECHER *siehe:* Lebensmittel.

EISKREM *siehe:* Lebensmittel.

EKLIPSE *siehe:* Dunkelheit/Licht.

ELEFANT *siehe:* Tiere.

ELLBOGEN *siehe:* menschlicher Körper.

ELSTER *siehe:* Vögel.

EMU *siehe:* Vögel.

ENGEL *siehe:* Religion.

ENTEN *siehe:* Vögel.

ERBSEN *siehe:* Gemüse.

ERDNÜSSE *siehe:* Lebensmittel.

ERMORDEN *siehe:* Tod.

ERSTAUNEN *siehe:* Verwirrung.

ESEL *siehe:* Tiere.

ESKIMO *siehe:* Fremde Orte/Menschen.

EULE *siehe:* Vögel.

EXPLOSION *siehe:* Geräusche.

F

FEDERN *siehe:* Vögel.

FEIGE *siehe:* Frucht.

FERSEN *siehe:* menschlicher Körper.

FINGER *siehe:* menschlicher Körper.

FINGERKNÖCHEL *siehe:* menschlicher Körper.

FLAMINGO *siehe:* Vögel.

FLAMME *siehe:* Feuer.

FLEDERMAUS *siehe:* Tiere.

FLEISCH *siehe:* Lebensmittel.

FLIEGEN *siehe:* Insekten.

FLÖHE *siehe:* Insekten.

FLÖTE *siehe:* Musik.

FONDANT *siehe:* Lebensmittel.

FRACHT *siehe:* Meer/Wasser/Reise.

FREISPRUCH *siehe:* rechtliche Angelegenheiten.

FRETTCHEN *siehe:* Tiere.

FRIEDENSRICHTER *siehe:* rechtliche Angelegenheiten.

FRIEDHOF *siehe:* Tod.

FRÖSCHE *siehe:* Tiere.

FROSTBEULEN *siehe:* Krankheit.

FUCHS *siehe:* Tiere; Jagd.

FÜSSE *siehe:* menschlicher Körper.

G

GALLENLEIDEN *siehe:* Krankheiten.

GÄNSE *siehe:* Vögel.

GARNELE *siehe:* Fische/Fischen.

GEBOT *siehe:* Religion.

GEGENMITTEL *siehe:* Krankheit.

GEIER *siehe:* Vögel.

GERICHTSHOF *siehe:* rechtliche Angelegenheiten.

GESANG *siehe:* Musik; Geräusche.

GESÄSS *siehe:* menschlicher Körper.

GEWAND *siehe:* Bekleidung; Nacktheit.

GEWINNE *siehe:* Geld.

GEWÜRZNELKEN *siehe:* Lebensmittel.

GIN *siehe:* Getränk.

GIRAFFE *siehe:* Tiere.

GITARRE *siehe:* Musik.

GLOCKEN *siehe:* Geräusche.

GOLDFISCHE *siehe:* Fische/Fischen.

GONG *siehe:* Geräusche.

GORILLA *siehe:* Tiere.

GOTT *siehe:* Religion.

GRAB/GRABSTEIN *siehe:* Tod.

GRABEN *siehe:* Orte/Schauplätze.

GRAPEFRUIT *siehe:* Frucht.

KANONE *siehe:* Waffen.

KAPELLE *siehe:* Religion.

KAPITÄN *siehe:* Uniform.

KARDINAL *siehe:* Religion.

KAROTTEN *siehe:* Gemüse.

KARTOFFEL *siehe:* Gemüse.

KARUSSELL *siehe:* Kindheit/Kinder.

KÄSE *siehe:* menschlicher Körper.

KASTANIEN *siehe:* Lebensmittel.

KATER *siehe:* Getränk.

KATHEDRALE *siehe:* Religion.

KÄTZCHEN *siehe:* Tiere.

KATZEN *siehe:* Tiere.

KEHLE/RACHEN/GURGEL *siehe:* menschlicher Körper.

KEKS *siehe:* Lebensmittel.

KESSELPAUKE *siehe:* Musik.

KETCHUP *siehe:* Lebensmittel.

KIEFER *siehe:* menschlicher Körper.

KIRCHE *siehe:* Religion.

KIRSCHEN *siehe:* Frucht; Bäume/Pflanzen.

KLAPPERSCHLANGE *siehe:* Tiere.

KLAVIER *siehe:* Musik.

KLEID *siehe:* Kleidung.

KLIPPEN *siehe:* Meer/Wasser/Reise.

KLOPFEN *siehe:* Geräusche.

KLOSTER *siehe:* Religion.

KNIE *siehe:* menschlicher Körper.

KNÖCHEL *siehe:* menschlicher Körper.

KNÖPFE *siehe:* Kleidung.

KOHL *siehe:* Gemüse.

KOKOSNUSS *siehe:* Lebensmittel.

KONFETTI *siehe:* Hochzeiten.

KONFITÜRE *siehe:* Lebensmittel.

KONZERT *siehe:* Musik.

KOPF *siehe:* menschlicher Körper.

KOPFSALAT *siehe:* Lebensmittel.

KORALLE *siehe:* Farben/Edelsteine.

KRABBE *siehe:* Fische /Fischen.

KRAGEN *siehe:* Kleidung.

KRANKENSCHWESTER *siehe:* Ärzte/Krankenhäuser.

KRANZ *siehe:* Blumen.

KRAPFEN *siehe:* Lebensmittel.

KRAWATTE *siehe:* Kleidung.

KREBS *siehe:* Krankheit.

KREUZ *siehe:* Religion.

KROKODIL *siehe:* Tiere.

KRÖTE *siehe:* Tiere.

KUCHEN *siehe:* Lebensmittel.

KUH *siehe:* Tiere; Vieh.

KUPPEL *siehe:* Orte/Schauplätze.

KÜRBIS *siehe:* Gemüse.

L

LACHS *siehe:* Fische/Fischen; Lebensmittel.

LAMA *siehe:* Tiere.

LAMM *siehe:* Tiere.

LASTKAHN *siehe:* Meer/Wasser/Reise.

LAUCH *siehe:* Gemüse.

LAUTE *siehe:* Musik.

LAVENDEL *siehe:* Blumen; Gerüche.

M

N

O

P

PAKET *siehe:* Ankommen/Abreisen.

PALME *siehe:* Bäume/Pflanzen.

PANDA *siehe:* Tiere.

PANTOFFELN *siehe:* Kleidung.

PAPAGEI *siehe:* Vögel.

PAVIAN *siehe:* Tiere.

PERLEN *siehe:* Farben/Edelsteine; Schmuck.

PETTICOAT *siehe:* Kleidung.

PFANNKUCHEN siehe: Lebensmittel.

PFERD *siehe:* Tiere.

PFIRSICH *siehe:* Frucht.

PFLAUME *siehe:* Frucht.

PILZE *siehe:* Gemüse.

PIZZA *siehe:* Lebensmittel.

PLATZANWEISER *siehe:* Hochzeiten.

PRÄMIE/ZULAGE *siehe:* Geld.

PREDIGT *siehe:* Religion; Sprechen.

PREIS *siehe:* Erfolg.

PUZZLE *siehe:* Verwirrung.

PYJAMA *siehe:* Kleidung.

PYTHON *siehe:* Tiere.

Q

QUAL *siehe:* Schmerz.

QUALLE *siehe:* Fische/Fischen.

QUARZ *siehe:* Farben/Edelsteine.

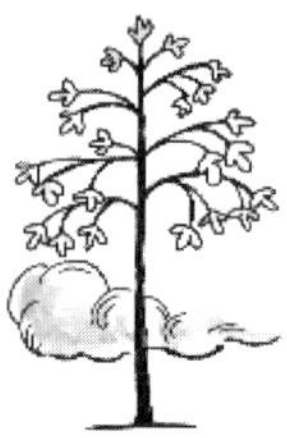

R

RACHENMANDELN *siehe:* Krankheit.

RASSEL *siehe:* Kindheit/Kinder; Geräusche.

RATSHERR *siehe:* Uniformen.

RATTE *siehe:* Tiere.

RAUPEN *siehe:* Insekten.

RAZZIA *siehe:* Polizei/Gefängnisse.

REGENMANTEL *siehe:* Bekleidung.

REHFLEISCH *siehe:* Lebensmittel.

REIS *siehe:* Lebensmittel; Hochzeiten.

RENTIER *siehe:* Tiere.

RETTICH/RADIESCHEN *siehe:* Lebensmittel.

RHABARBER *siehe:* Frucht.

RICHTER siehe: rechtliche Angelegenheiten.

RINDFLEISCH *siehe:* Lebensmittel.

RING *siehe:* Schmuck.

ROCK *siehe:* Kleidung.

ROGGEN *siehe:* Lebensmittel.

ROSEN *siehe:* Blumen.

ROSINEN *siehe:* Lebensmittel.

RÜBEN *siehe:* Gemüse.

RUBIN *siehe:* Farben/Edelsteine.

RÜCKEN *siehe:* menschlicher Körper.

S

SAFT *siehe:* Getränk.

SALAT *siehe:* Lebensmittel.

SAMT *siehe:* Kleidung.

SANDALEN *siehe:* Bekleidung.

SAPHIR *siehe:* Farben/Edelsteine.

SARDINEN *siehe:* Fische/Fischen; Lebensmittel.

SARG *siehe:* Tod.

SATIN *siehe:* Kleidung.

SCHAFE *siehe:* Tiere.

SCHAKAL *siehe:* Tiere.

SCHAL/HALSTUCH *siehe:* Kleidung.

SCHARNIER/TÜRANGEL *siehe:* Türen.

SCHAUKELPFERD *siehe:* Kindheit/Kinder.

SCHAUSPIELER/IN *siehe:* Auftreten.

SCHEUNE *siehe:* Orte/Schauplätze.

SCHINKEN *siehe:* Lebensmittel.

SCHLAFZIMMER *siehe:* Orte/Schauplätze; Sexualität.

SCHLÄGE *siehe:* Ärger/Konfrontation.

SCHLAGEN *siehe:* Ärger/Konfrontation.

SCHLANGE *siehe:* Tiere.

SCHLEIER siehe: Kleidung; Hochzeiten.

SCHLICHTUNG *siehe:* rechtliche Angelegenheiten.

SCHMETTERLING *siehe:* Insekten.

SCHNALLE/SPANGE *siehe:* Kleidung.

SCHNATTERN *siehe:* Geräusche.

SCHNECKE *siehe:* Tiere; Lebensmittel.

SCHÖFFEN *siehe:* rechtliche Angelegenheiten.

SCHOKOLADE *siehe:* Lebensmittel.

SCHRÄNKCHEN *siehe:* Möbel.

SCHREIBTISCH *siehe:* Möbel.

SCHUHE *siehe:* Kleidung.

SCHULDEN *siehe:* Geld.

SCHÜRZE *siehe:* Kleidung.

SCHWAN *siehe:* Vögel.

SCHWARZ *siehe:* Farben/Edelsteine.

SCHWEIN *siehe:* Tiere.

SCHWEINESCHMALZ *siehe:* Lebensmittel.

SCHWESTER *siehe:* Familie.

SEEHUND *siehe:* Tiere.

SEIDE *siehe:* Kleidung.

SELLERIE *siehe:* Gemüse.

SENF *siehe:* Lebensmittel.

SMARAGD *siehe:* Farben/Edelsteine.

SOCKEN *siehe:* Kleidung.

SORGE *siehe:* Furcht.

SPAGHETTI *siehe:* Lebensmittel.

SPARGEL *siehe:* Gemüse.

SPECHT *siehe:* Vögel.

SPECK *siehe:* Lebensmittel.

SPHINX *siehe:* Fremde Orte/Menschen.

SPINAT *siehe:* Gemüse.

SPINNE *siehe:* Insekten.

STACHELBEEREN *siehe:* Frucht.

STACHELSCHWEIN *siehe:* Tiere.

STADT *siehe:* Orte/Schauplätze.

STEAK *siehe:* Lebensmittel.

STECHMÜCKE *siehe:* Insekten.

STECHPALME *siehe:* Bäume/Pflanzen.

STETHOSKOP *siehe:* Ärzte/Krankenhäuser.

STIEFEL *siehe:* Kleidung.

STIRN *siehe:* menschlicher Körper.

STORCH *siehe:* Vögel.

STRAND *siehe:* Meer/Wasser/Reise.

STRAUSS *siehe:* Blumen bzw. Vögel.

STREIT *siehe:* Ärger/Konfrontation.

STRUMPFHALTER *siehe:* Kleidung.

STUHL *siehe:* Möbel.

WOLF *siehe:* Tiere.

WÜRFEL *siehe:* Spiel.

WÜRMER *siehe:* Insekten.

WURST *siehe:* Lebensmittel.

WÜSTE *siehe:* Orte/Schauplätze.

X

XYLOPHON *siehe:* Musik.

Y

YAMSWURZEL *siehe:* Lebensmittel.

YUCCAPALME *siehe:* Bäume/Pflanzen.

Z

ZAHNFLEISCH *siehe:* menschlicher Körper.

ZEBRA *siehe:* Tiere.

ZIEGE *siehe:* Tiere.

ZIMBELN *siehe:* Geräusche.

ZIRKON *siehe:* Farben/Edelsteine.

ZITHER *siehe:* Musik.

ZITRONE *siehe:* Getränk; Lebensmittel.

ZOBEL *siehe:* Kleidung.

ZUCKER *siehe:* Lebensmittel.

ZUNEIGUNG *siehe:* Beziehungen.

ZWIEBELN *siehe:* Gemüse.